ダントレーヴ

国家とは何か

政治理論序説

石上良平訳

みすず書房

THE NOTION OF THE STATE

An Introduction to Political Theory

by

Alexander Passerin d'Entrèves

Professor of Political Theory
in the University of Turin

凡　例

訳文中の記号は次の通り使い分けた。

一、原文の引用符 ‘……’ で他書からの引用文の場合は、「……」。語句を強調し、または特殊の意味に用いるために付されている場合は〈……〉。

一、著書名は『……』。著書中の章または論文の表題は「……」。

一、〔……〕は訳者の付した註。

一、＊は、巻末の〈訳者註〉の参照符号。

われわれは所詮《しよせん》
自分で作ったものに縋《すが》るのですな。
ゲーテ『ファウスト』*

*第二部第二幕（高橋義孝氏の訳による）。

序文

本書は最初一九六二年にイタリアで刊行された。それ以来私は、決定版ともなるような英語版を公刊するつもりで、これを書き改める計画を抱いていた。とうとう、ここに私の努力の成果が実ったのである。

ミス・マーガレット・カーライルは、原本の逐語的な訳文を私に提供し、また私の英語を訂正し、私の仕事を大いに容易にして下さった。彼女の名字〔即ちカーライルという姓〕が私の著書中の一冊と再び結びつけられることは、私にとって格別の喜びである。もしも著者が今から四十年前に、ホリウェル二十九番地〔オックスフォード〕のあの忘れがたき個別指導《テュートリアル》において彼女の父君の足下に坐する幸運に浴しなかったならば、おそらくこの『国家とは何か』は決して書かれることはなかったろうと思われるからである。*

またオックスフォードのイタリア研究講座を辞任した後に、私自身の主題を再び取り上げるように刺激されなかったならば、本書は書かれはしなかったであろう。したがって私は、ながい不在の後に私の帰還を喜んで迎えて下さったトリーノの私の昔の学部の教授諸氏と、教師としての私の生涯の最も楽しい経験の一つとなった、政治・法哲学の講義を年々私に託して下さったイェールの哲学部および法学院《ロー・スクール》に、特別の感謝の意を表明しなければならない。

これら三つの異なる環境――イギリス、イタリア、アメリカ――の中のいずれが、本書に展開された見解に最も大きな影響を与えたかと問われるならば、これに答えることは困難である。これらの環境には非常に多くの個人的《パースナル》なところがあり、些かでも学問的なものがあるとしても、それは第二次的な重要性しかもたない。

私が特に強調したいと思う一点があるとすれば、この『国家とは何か』は、政治学の論文でもなければ、政治思想の歴史でもなく、言語学的分析の練習でもない、ということである。本書の唯一の目的は、政治理論に対する或る一つの型の接近方法《アプローチ》を擁護することである。

わずか数年前には、そのような接近方法が流行おくれになりそうに見えた、少くともオックスフォードではそうだったことを、私はよく知っている。しかし、〈ウェルドニズムの全盛期〉以来、時勢は完全に一巡したようである。*「古いブランデーのように、古典を舌のまわりに転がして味わう」ようなことは、若い人々から嘲笑されたものであったが、昔風の政治哲学者たちがいつも論題としていたような問題が、今ではもはや、ポイントをはずれたもの或いは意味のないものとして、はねつけられることはなくなった。たしかに、サー・アイザイア・バーリンが言ったように、「理性的な好奇心——動機と理由による正当化と説明の欲求が存在するかぎり」、政治理論が地上から消滅することはないであろう。

言うまでもなく、私もまた固くそう信じているのである。

一九六六年十一月　トリーノにて

A・P・ダントレーヴ

目次

序論

㈠ われわれ人間の生活は、生れた時から死ぬ時まで、その行路を妨害したり保護したり、また時々はその運命を決定するような、無数の力《フォース》によって附きまとわれる。これらの諸力の中の若干のものは、われわれには全くどうにもできないものである――例えば、ある自然力の如きが即ちそれである。これに反して、その他の諸力は、時には故意に、時には故意なくして、われわれ自身や他の人々によって造り出された情況の結果である。これらの事情の中で最も多数のもの――いつでもわれわれに或ることを為すように要求し、あるいは他のことを為すことを妨げるような事情、つまり最も厳しく、最もしばしば経験される事情は、一個の神秘的でしかも何処にでも存在するもの、一個の判然としないが同時に尊大で抵抗できないような力の観念、即ち国家の観念 (the notion of the State) といつも結びついている事情である。

われわれが路上で行きずりに出会った人に、国家は存在すると思いますか、と質問したと仮定しよう。その人はぎょっとしてわれわれを見、からかおうとしているのではないかと思っているような顔をするだろう。だが、われわれが彼に、国家とは何であると思うか話して下さいと頼むならば、もしその人が、彼に出来合いの定義を提供してくれるような書物を読み、研究を積んで育って来た場合は別として、この語の意味を簡単明瞭に説明することは困難だと思うだろう。ところがこの国家という語は、たしかに彼にとって実に耳なれた語であり、しかも、実業においても、人間としてまた市民として彼が従事する如何なる種類の行動においても、会話をする場合に、毎日必ずぶつかったり使ったりする語であるのだ。

㈡ 日常の会話に用いられ、直接にわれわれに知られる、この語の意味を検討して見よう。

(a) 〈国家 State〉という語は、一般に個人の意志の外にあって、それより上位にあり、かつ命令を下すばかりか、命令を強制することのできる一種の実力《フォース》の観念に結びついている。

(b) 国家《ステート》の観念が一種の命令的・優越的な実力——この実力はほかならぬその命令と結びついているのだが——と結びついているという事実は、この実力が不可解な、専制的なものであることを意味しない。むしろ反対に、国家の観念は、一定した手続、よく知られている、または少くとも知られ得るような規則にしたがって行使される権力《パワー》という観念に、密接に結びついている。

(c) この権力が一定の規則にしたがって行使されるということを認めるのは、このような規則にしたがう義務があることを認めることを意味する。〈国家〉という語は、この意味においては、それらの義務に対する指示語*の役目を果しているのである。すなわちそれは、現実に存在する一個の実力《フォース》、あるいは一定の規則にしたがって自らの存在を感知させる一個の権力《パワー》があることを示すのみならず、実際において承認され正当化されたものとして認められる一個の権威《オーソリテイ》があることをも示すのである。

㈢ 以上の三点は、国家の問題に接近する三種の可能な方法に対応するのであって、この問題についてのこれまでの省察の長い過程のあいだに、これら三つの見解がすべて提出され、弁護されたのであった。

われわれが国家の存在を純粋に事実的な問題として考察するとき、まずわれわれの注意を専ら惹きつけるのは、実力《フォース》の有する重要性である。国家は、その名を帯びた実力〔即ち、国家の実力〕が存在するかぎり、〈存在する〉。国家と個人との間の関係は、国家間の関係と同様に、実力の関係である。国家の存在は、通常は単純に人々の平穏な共同生活を監視し確実ならしめるところの警官や徴税官という形において、表象される。それはまた、他の諸国家の〈実力〉の潜在的脅威から起こる外的危険に対してそのような共同生活を保護し防衛するために設けられるところの、大きな軍隊、強力な大砲、要塞という形において表象される。

㈣ 他方われわれが、国家にとって欠くべからざるものと考えられるこの実力がいかに発揮されるかを考察するとき、つまり、この実力が国家に所属するものとされるがためには、専断的《アービトラリ》な実力であることは断じて許されない、あるいは断じてそうであってはならない、という特殊な重要な事実を観察するとき、国家は、単に、諸個人の共存を統制するのみならず、国家の存在そのものの条件をなすところの、規則や規律の集合であるかの如く見えてくる。実力はもはや単なる実力ではなくなって、〈限定された〉実力、或る公認の一定した様式において発揮される実力である。それは、若干の規則および規定、即ち国家によって制定され、国家の特別の責任を定めた規則の〈名において〉行使されるのである。

こうなると、法の観念が、国家の観念と密接に結びついているように思われて来る。だが〈法 law〉という語は、ここでは、物理的な法則（physical laws）、いわゆる〈自然の法則 laws of nature〉などという際の法という意味とは全く違った意味で使われる。ここでは、人間の意志から独立した、純粋に事実的な画一性や規則性が問題になるのではない。ここに言うところの〈法〉は、人間によって造られるものであり、しかも、或る目的を達成するため人間の相互関係における〈秩序〉を――何よりもまず、それから先の種々の目的の達成を可能にする必要な平和的な共同生活を――達成した人々、また達成しようと欲した人々によって、造られたものである。

(五)　しかし、国家と法との密接な結びつきということで、大昔からこの主題について思索して来た人々の心に国家の観念が惹き起こした多岐多様な問題の全部が、説明し尽くされるものではない。

国家は実力ではあるが、限定された実力――〈法の名において〉行使される実力である。しかし、法そのものは、すでに見た通り、人間によって造られるものである。法は実力から恣意的な性格を取り除くことはできても、法自身が恣意的なものとなる可能性がある。法を〈義務的 obligatory〉なものにするところのものは、何であるか。法が国家によって課される、という事実だけでよいのか。だが、もしそうであるとするならば、われわれは再び国家と実力とを同一のものと見ることになるのであるが、実は、われわれが法の義務的性格を正当化するため法が国家のものであると認めるということは、国家の実力にもう一つの限定を課そうとしていることを意味するのである。その限定とは即ち、国家は法に従って行使される実力であり、しかも、国家によって制定される法であるが故に義務的である法に従って行使される実力である、ということである。ここでわれわれは循環論法に陥るのであって、国家の実力は現実には次のような二面的な限定を伴なうことをわれわれが認めないかぎり、以上の如き循環論法から脱けでることはできない。その限定とは即ち、国家の実力は法によって、また国家に固有のものであって、しかも法において表現される一種の〈価値〉によって、限定されるものである、ということである。実際には、そのような価値は、実力は人間の平和的共同生活の保証として必要であると言うにとどめる人々の心中にも、あるいは、〈法の名において行使される〉実力が国家行動の合則性および一様性の標識として効果を有することを強調する人々の心中にも、判然とは認識されていないにせよ、すでに存在しているのである。

㈥　以上の如き結論には、これとは異なる推論の方法によっても到達できる。一定の種類の実力（〈国家〉の実力）によってわれわれに課される強制や、このような実力が（〈法〉に従って）行使されるときの合則性と一様性の程度についてわれわれが語るときと、このような実力とこのような法とが義務的である、とわれわれが言うときとでは、われわれの語り方には著しい相違がある。ここには二つの異なる種類の命題が含まれているのであって、第一の命題は事実叙述的（descriptive）であり、第二の命題は価値判断的（prescriptive）である。*法および法を施行する手段が存在する、ということの単なる叙述は、必ずしもそれに服従する義務に関する何らかの言明を生ずるものではない。この種の言明は、法および法の施行の手段の存在するという叙述に附随するものではあるが、このような附随は暗黙の中に行なわれるのであり、しばしば注意されないものである。しかしながら、それは、われわれの論述の形式を根本的に変えるところの、事実的叙述から価値判断への重大な移行を意味するのである。

〈国家〉について通常行なわれるいろいろな議論の多くの場合に、このような移行が起きることを認知することは困難ではない。例えば、国家の命令が義務的性格を有するのは、それらの命令がいざとなれば実力によって強行されるという事実に由ると主張する人々は、実のところ、実力そのものに一個の最高の価値を附与しているに外ならないのである。こういう人たちは、もし問い詰められれば、実力は必要なものであるから、それはやはり良いものであると、あっさり認めるだろう。これと同様に、法は法なるが故に守られるべきである（*Gesetz ist Gesetz* 法は法なり。）

と主張する人々は、もしそうしなければ単に同義反復《トートロジー》にすぎないものの中に、価値判断的文言を挿入しようとしているのである。実際には、法の義務的性格について最もしばしば用いられる説明は、法が確実ならしめる目的、即ち、それがないと人間生活が不可能になるところの、人間関係〔社会〕の規律ということを論拠とする説明である。だが、これと同じくらい尤もらしい説明が、法は〈正義 justice〉と呼ばれる一種の価値の表現である、という主張を論拠としても行なわれるのであって、現にしばしば行なわれているのである。法に対する服従を一個の義務たらしめるのは、そのような価値の存在だ、というのである。

たしかに、純粋に事実叙述的《デスクリプティヴ》に、事実的に国家について論ずることは、完全に可能である。しかしそうすると、日常の談話で〈国家〉という語が用いられる場合の重要な一面を等閑に付することになる、という犠牲を払わなければならない。というのは、日常の談話では、国家というものは法によって規制される実力であり、尊重し服従するに価いする実力であると見なされているからである。

(七)　視点を変えて、国家に関するわれわれの心像が、それに対して接近する視点によって如何に変化するかを考察しよう。

第一に、国家は実力である。国家は実力の独占権さえも持っている。たしかに、わが近代世界においては、国家が掌握している実力は人間の想像力が及び得ないほど大きいものであり、人間の頭脳は、それの完全な行使から起こり得るもろもろの結果について考察することを差しひかえたくなるくらいである。一方には、如何なる場所にいようと如何なる人にも影響を与える心理的なもろもろの実力がある。これらの実力は、大衆的宣伝とか隠れた説得（hidden persuasion）とか呼ばれる技術の効果が強まるにつれて、日毎にその浸透の度を増してゆく。他方にはまた、何よりもまず、科学的機具、武器、攻撃防禦の手段の完全性の増加によって利用され得るようになった、今まで聞いたこともないような新しい実力がある。しかし、これらの実力は人間の手に――しばしば少数の人間の手に、握られているのである。たしかに、このような視点から見れば、国家を構成するのは、高級行政官、〈ボス〉、〈軍閥〉であって、こういう連中こそ、決定をおこない、命令を下すのである。彼らはわれわれすべての運命をその手中に握っている。われわれはただ服従する以外、どうしようもないように思われる。

(八)　第二に、国家は全く非人格的な様相を呈しているように見える。人間は法の背後にかくれて見えない。というよりはむしろ、われわれが国家を探し出そうとすると、見当るのはガウンや制服を着た冷厳壮重な人物たち――官吏、行政長官、判事と言ったような、要するに、法を〈守り〉、執行する任務を託されているすべての人々である。だが、役人や長官や判事が国家なのではない。彼らが遂行する職務は、法によって定められている。彼らの権能、彼らの〈権力 powers〉は、法によって彼らに賦与されるのである。法律家にとっては、国家は、或る一定の時と場所において効力を有する法の体系《ボディ》以外の何物でもあり得ない。国家そのものが法によって創造される。国家と法とは一致する、即ち、国家はまさに法的制度（legal system）である。[*]

このような事態は内部的関係についてのみ見られるのではない。国際的な面においても、国家は、存立するために、また目的を達成するためには自らが尊重しなければならぬ法によって拘束される。これらの法は、国家のその市民[**]に対する関係を支配する法よりは厳格でも有効でもなかろう。しかしそれは、必ずしも法典において、また法廷によってというわけにはゆかないが、少くともあらゆる文化的な諸民族の良心によって評価され、また承認され得ることは確かである。したがって、国際法の見地から見てもやはり、国家は一個の法的構成物である。法を無視すれば、実力は、如何にそれが徹底的に行使されようとも、やはり単に事実的な存在でしかないということになる。

(九)　最後に、国家の観念は更に一層広汎ではあるが、また一層漠然とした様相を呈して来る。一方には、社会的結合（social cohesion）という事実が見られる、即ち、常にそうであるとは限らないが多くの場合に、人々は何の強制を用いなくても自らの自由意志から共に生活し法を守るのである。他方には、その言葉、意見、行動が〈重要な作用をする count〉ような人々がある。即ち、投票によって一定の事態に決定を下す選挙民、遂行さるべき政策を策定する政党指導者、同じ市民たちの尊敬をかち得て彼らの行動に影響を与える政治家などがそれである。これら二つの場合のいずれにおいても、このような行動は、或る一種の義務感、――共同生活において追求されるべき目的について、服従を決定し条件づける規準についての〈合意 agreement〉に由来するもののように見える。この種の〈合意〉は、単に国家の観念における一個の重要な要素であるばかりでなく、これこその存立の条件である。

〈都市〔国家〕の守護神たち〉がそれを支配している。即ち、団結の絆《きずな》の意識、目的に関する合意、市民意識、愛国心、共通の主義に対する完全な献身などがそれである。こうした良きもの（goods）は、ただ実力だけでは、法の非人格的な声だけでは、確保することができない。ところが、国家はこういうものによって生存しているのである。国家はこれらの良きものの総計であり、恐らくは、人間がこの地上の巡礼において手に入れることを望み得る最高の良きものの一つである。

㈩　私は、これまで略説して来た三つの接近方法を次の三つの異なる名称によって区別することを提案する。即ち、〈実力 might〉、〈権力 power〉、〈権威 authority〉によってである。

〈実力《フォース》〉即ち単なる力と見なされる国家は、いわゆる〈政治的現実主義〉によって考えられているところの国家である。政治的現実主義とは、長い伝統を有する、国家に関する一種の考え方であって、恐らく今日の生活情況に由るものと思われるが、最近ではこれが、政治の問題への接近方法の唯一の客観的で尤もらしい方法になって来たようである。この伝統的な考え方は、歴史上の或る特定の時点に存在する実力的関係の考察と密接に結びついたものであるのに、政治の用語にも政治の理論にも、非常に多くの概念を与えることになった。実際のところ、後に述べるように、〈国家 state〉という語を最初にこしらえたのは、この〈現実主義者〉であり、しかも甚だ驚くべきことには目下この語が完全に不適当であることを主張しているのも彼らである。

〈権力《パワー》〉と見なされる国家は、法理論上の国家であって、法理論においては、権力とは法によって限定される実力《フォース》、即ちプラス記号の附いている実力〔つまり、実力プラス・アルファ〕を意味する。法学者たちの注意を専ら惹きつけたのが、まさにこのプラス記号であったことは、不思議ではない。国家の概念が精緻にされ、一段と練り上げられたこと、また国家が不可欠ないろいろの属性――それらの中で最も重要なのは、〈主権 sovereignty〉という属性である――の性質が明らかになったのは、法学者たちのお蔭である。〈権威《オーソリティ》〉と見なされる国家は、単なる力や単なる権力の行使によっては提供されない、また提供され得ないような一種の正当化《ジャスティフィケーション》を要求する国家である。この種の正当化は、非常に古くからあるものであって、激しい論争と深刻な思索とに材料を提供したものである。こうした論争と思索がまた、近代的な国家観念のみならず、その形式とその構造とに強い影響を与えた。単にこの特殊な構造をわれわれが理解するがためにも、政治理論は結局は哲学的認識によって導かれねばならない。

（二）　国家の問題の三つの側面を叙述するために選ばれたこれらの語〔「実力」、「権力」、「権威」〕は、単に語として有するところの価値を持っている。それらが通常用いられる場合に何を意味するかは、決して明瞭であるとは言えない。しかし言っておかねばならないのは、大多数のヨーロッパの言語においては、国家について議論が行なわれるとき、また国家がその存在と行動を明らかに示す際のいろいろの表示の仕方を叙述しようとするときには、さまざまな表現と文句とが用いられる、ということである。イタリア語の *forza, potere, autorità,* フランス語の *puissance, pouvoir, autorité,* ドイツ語の *Macht, Gewalt, Herrschaft,* 英語の might, power, authority のような語はすべて、その正確な含意に対して、普通の談話の際には余り重きが置かれないで用いられるような語であって、最も偉大な思想家たちでさえ、これらをいい加減に使っていることがある。しかし、これらの語はそれぞれ違った性質の事柄を指し示していると考えるのが正当であって、したがって、それらの意味を注意ぶかく評価し検討すべきである。政治に関する語彙が厳密な意味論的《シマンティック》見地から研究され出したのは、恐らくごく最近のことであろう。こうした研究はまだ始まったばかりであるが、必ずや何らかの興味ある発見に導くことであろう。こういう次第で、ウェルドンは、「〈power〔権力〕〉と〈Authority〔権威〕〉とは明らかに相互に密接な関係を持っている。これらの語の論理的文法がしばしば誤解されたために、多くの不必要な難問が生じたのだ。これらの語が二個の異なってはいるが、相互に幾分か依存し合っているところの、関連を有する存在《エンティティ》を示す名ではない、ということをわれわれが認識するとき、はじめてわれわれはこれらの語を正しく用いることになるのである(1)」と言っている。これは完全に正しい、しかしながらウェルドンは、*potestas*〔英語の power に当るラテン語〕と *auctoritas*〔英語のauthority に当るラテン語〕との間の区別と関係とは、ほかならぬキケロという〈権威者《オーソリティ》〉によってずっと昔に明白に述べられていた(2)、ということを指摘することを怠っている。これらの語の正しい用法は、単に論理的文法の問題であるばかりか、歴史的展望の問題である。権力《パワー》の概念は、権威《オーソリティ》の概念と同様に、その背後に長い歴史を持っている。その歴史においては、キケロのような法律家たちは、指導的役割――恐らく、政治哲学者たちや政治理論家たちが果した役割よりは重要な役割さえ、果したのであった。国家に関するわれわれの諸観念をもっと明白にするためには、彼らにこそ教えを請わねばならない。彼らの議論の中の或るものは、たしかに、われわれの扱う諸問題の大多数のものに対して、啓蒙的な解釈を与えてくれるのである。

(1) T. D. Weldon, *The Vocabulary of Politics*, London, 1953, p. 50.

(2) *De Legibus*, III, 28: 'quum potestas in populo, auctoritas in senatu sit……'〔権力が国民にあり、権威が元老院にある場合には……〕

(三) このようにしてわれわれは法理論家たちが、時として、彼らが研究する諸規則《ルール》の〈実効性 efficacy〉、〈有効性 validity〉、〈正当性 legitimacy〉の間に微妙な区別を行なっているのを見るのである。そして、これらの規則は、彼らにとっては(一個の体系、あるいは〈秩序〉として)まとめられて、国家の〈実体《リアリティ》〉を構成すると考えられるのである。このような区別こそ、一般的な国家の理論にとって極めて適切なものであると、思う。

政治的現実主義――前に述べたように、要するに、国家を単に実力の表現と見る態度であるが――は、その前提からして、国家を定義するにあたって、その効果性(effectiveness)または実効性(efficacy)に関係する属性以外には、どんな属性をも重大と見なすことは、論理上できないのである。国家が存立するか否かは、国境の内外において、その命令を課する力を有するか否かによる。実力が欠けている所には、国家はない。あるのは混乱と無政府状態のみである、というわけである。

これと異なり、法的国家理論は主として、命令の有効性または〈合法性 legality〉に関心を持つ。この説によると、国家の権力は、法の存在と遵守によって条件づけられる合法的権力であって、その法は、合法的に決定され制定される限りにおいてのみ〈有効である valid〉。法が消滅すれば、権力も消滅する——もっとも、その逆は必ずしも真ではないが。即ち、一個の法的制度（＝〈国家〉）の部分を成すものとして、有効《ヴェイリッド》ではあっても、（少くとも当分の間）実際的な効力を持たないような規則もあり得るのである。法律家、公務員、判事の任務は、合法性を擁護することである——どんな難儀を招こうとも、何が何でも合法性を擁護することである。実際のところ、たとえ悪法によって統制される実力でも、法の統制を全く受けない実力よりはましであろう。法の〈確実性〉は、無法状態の完全な不確実性よりはましである。〈法に対する忠誠〉が法曹の基本的な美徳であると言われて来たが、これは正しい。(1)

(1) L. L. Fuller, 'Positivism and Fidelity to Law—a Reply to Professor Hart,' in *71 Harvard Law Review* (1958).

この種の見解は、それ独自の高貴さと威厳を具えている。これが誤りを犯しているのは、また欠陥を有しているのは、〈合法性 legality〉を〈正当性 legitimacy〉と混同している点である。恐らく、〈混同〉というのは適切ではなかろう。実は故意に両者を同一視しているのであろうから。実力を合法化することが、もしも実力を正義《ライト》に服せしめることを意味するならば、それは高貴な仕事であり、人道と進歩の印《しるし》である。だが、そうだからと言って、すべての法は遵守されるべきであるとか、すべての権力は承認されるべきである、と言うことには必ずしもならない。たしかに、これまで哲学者たちが政治的義務（political obligation）の問題と呼んできた問題に対しては、批判的な接近を行なう余地は依然として残されているのである。われわれは、いかにして実力がまず合法化されて権力となり、次いで権威として正当的なものになるかを説明できないなら、国家の観念を完全に解明した、と思い込んではならない。

㈢　ここに提案した、〈国家〉に関して提起され得る問題の三形式の区別は、独創的なものだと名乗る程のものではない。これは大体において、少くともヨーロッパ大陸では、この問題を論ずる人々によって最も普通に採用されている区別に照応するものである。その区別とは即ち、社会・政治的国家観、法的国家観、哲学的国家観である。

ところが、これら種々の国家観を区別し対照しようとすると、甚だ誤解を招きやすい。〈国家〉という名詞によって示されるところの、それぞれ異なる属性および機能を有する三種の異なる存在《エンティティ》が実際にあるべきである、と言っているかの如く受取られがちである。実は、そのような〈存在〉はなく、われわれの注意を惹きつける、唯一個の特殊の複雑な事態があるだけである。〈国家〉という語は或る一つの〈もの〉の名称ではない、とウェルドンは述べている。しかしそれは、われわれがみな巻き込まれており且つわれわれが関心を抱かざるを得ないような、或る一つの事態を示す名称であることは、たしかである。右の三つの区別は、接近方法に、われわれの心中に造りあげられる心像《イメージ》によるのであって、われわれの基礎体験によるのではない。そしてその基礎体験とは、われわれの出発点となった体験であって、それは即ち、生れたときから死ぬときまで、われわれの生活が何処にも浸透して来る明々白々な国家の姿によって附きまとわれている、という事実である。

「人間は生れる時は自由であるが、到る処で鎖につながれている」、とルソーは彼の有名な著書〔『社会契約論』〕——恐らくこれは、近代において国家について書かれた最も重要な書物であろう——の冒頭に書いた。人間は生れる時に自由ではなく、また到る処で鎖につながれているというのも間違いだ、と言って反駁されようし、また実際にそのように反駁されて来た。しかしながら、キケロが指摘したように、人間が一個の孤立した種族に属するものではないという事実、またアリストテレスが言った通り、人間は政治的動物〔国家的動物〕であって、その運命が他の人間たちとの結合に密接に依存しているという事実は、依然として変らない。われわれ人間は、思い通りに何でも自由にやるという訳にはゆかない。われわれの可能性には限界がある。われわれがそれを好むか否かは別として、国家はこれらの限界の主要な創造者の中のひとりである。

㈣　かくて、人間の相互依存ということの自覚が、国家の本質に関するわれわれの省察のすべての根底にある。この相互依存ということが、政治の基本前提であり、政治的関係の精髄であるとは、われわれがこれまでしばしば聞かされて来た言葉である。重要なのは、この依存なるものが常に、また必然的に単に実力的なものではない、ということを忘れないことである。実力と権力と権威とは密接に織り成されているのであって、三者の中のどれ一つとして、他の二者から切り離されている場合を見つけるのは容易ではない。或る現代理論家たちの誤りは、この依存が、一個の経験的な与件《データム》として、――人間の行動の動機となる理由を探ることなく、あるいはまた、人間のなす選択が恐らく示すであろう諸価値を評定することなしに、測定され研究され得るものとして、論ずることができる、と信じていることである。現代の政治科学は、国家を単に実力関係と見る若干の古い考え方と、非常によく似たところがある。その最大の欠点の一つは、国家の実力がその中に包含され、またそれによって国家の実力が最も一般的に正当化され承認されるところの、法的構成の重要なことを無視していることである。

しかし、国家に属し、また国家の中に存在する実力が法によって限定される実力であるとの見方が正しいとしても、権力を取り巻いている後光が合法性の正確な限界を遥かに超えて広がっている、ということも真実である。法的国家観でさえ、その命令の本質が何であるかという問題を解決することができず、また命令の有する義務的性質を適切に解明することもできない。前者を説明し後者を解明するためには、国家の命令は、単に実力では持つことができず、また法が実力に訴える場合に必要と認めるような、一個の価値を〈賦与《インヴェスト》〉されていることを、われわれは認めざるを得ない。

本書は、実力が権威になるまでの、長い、しばしば神秘的であるような上昇過程を研究しようとするのである。さきほど私は〈賦与《インヴェスト》〉〔元来は「着せる」という意味〕と言ったが、〈賦与行為 investitures〉は、昔は奇妙な、だが目に見えるシンボル――仮面、権標《セプター》、冠、巻き形の冠《ダイヤデム》の如きによって表示され、こうしたシンボルは賦与行為を人々の目に見えるものとし、また人々の心情と想像力の中にしっかりと固定させた。現代では、故意に廃止されなかった場合でさえ、このようなシンボルは殆ど全く姿を消してしまった。だからと言って、この昔からあり、しかも今も繰返し提出される問題に答えるべく、われわれの力を試して見る必要が減少したのではない。その問題とはこうだ――実力を法に、恐怖を尊敬に、強制を同意に——必然を自由にと変形させ得るのは、何であるか？

註

〈実力 force or might〉、〈権力 power〉、および〈権威 authority〉という語の私の用い方について、ここでもう少し説明を加えておく方がよいだろう。すでに指摘したように、これらの語の意味は、現代政治科学の術語と称しているものにおいてさえ、決して明瞭なものではない。実際のところ、これら三語の中で最もよく用いられるのは、言うまでもなく〈権力〉であって、この語は、私がこの序論で区別しようと試みて来た三つの観念のすべてを一緒に表現しようとして、余り注意を払われずに用いられることが多い。そのために、さまざまな形式の権力を示すため、〈権力〉に形容詞を附け加える必要が生ずる、例えば、〈むき出しの〉権力、〈制度化された〉権力、〈社会的〉権力、また〈政治的〉権力、と言った具合である。まことに奇妙なことだが、〈実力〉という語は面白からぬ語と見なされ、現代政治科学者からは殆ど一斉にしめ出しを食わされている。

マックス・ウェーバーの正確な定義、特に *Macht* と *Herrschaft* との彼の区別(1)が忘れられていなかったならば、沢山の下らないおしゃべりは避けられたことであろう。

(1) この区別はマックス・ウェーバーの先駆的著作『経済と社会』 *Wirtschaft und Gesellschaft*, 2nd edn., 1925 (Eng. trans. by A.M. Henderson and T. Parsons, *The Theory of Social and Economic Organization*, London, 1947). に見出される。

Macht（英語の'might'がこれの同義語であるとする）は、ウェーバーによると、単に必ずしも物理的な力を指すものでもなく、いわんや暴力を指すのでもない。ウェーバーのいうところによれば、それは、手段の如何にかかわらず、また如何なる抵抗を受けようとも「或る一人の人間の意志を或る一定の社会関係の中で実現する可能性」を意味するのである。たしかに、国家を純粋に実力《マイト》的なものと見ていた従来の政治的著述家たちは、或る人間の他の人間の意志に対する依存が実に多様な諸要因の結果であることを、完全によく心得ていた。実力の平面において、重要なことは、そのような意志が遂行されること、命令が服従される、ということである。重点は、実際的効果性（effectiveness）におかれている。

Herrschaft は、人間相互の依存関係が如何に実現されるか、という見地から、まず *Macht* と比較対照される。ウェーバーによると、ここで問題になるのは、〈或る人々〉によって発せられる〈特定の命令〉が服従される、ということである。カール・フリードリッヒが、〈支配 rule〉が *Herrschaft* の欠くべからざる特色である、と指摘したのは正しい。[1] しかし、この語の適切な同義語は、〈rule〉でもなければ〈imperative control〉〔至上命令的な統制〕でもなくて、〈power 権力〉である。つまり、厳密な法的意味における power（権力）、――われわれが〈権力を賦与する規則 power-conferring rules〉とか、公務員は諸権力 powers（＝権限）を有するとかいう場合の意味での power である。重点は合法性 legality に置かれている。

（1） C. J. Friedrich, *Man and his Government*, New York, 1963, p. 180, note 1.

最後に、権威《オーソリティ》に対する私の接近方法に関する限りにおいては、それがウェーバーの言うところの *legitime Herrschaft*〔合法的支配〕の観念と密接な関係を有することを、私は喜んで認める。しかしながら私は、権威が一個の事実的な事態ではなくて、一個の義務的な事態を示すものと受取られるべきであることを、強調したい。私の考えでは、権威は、法、即ち制度化された権力、の存在と必ずしも結びつけられるものではない。むしろそれは、それの効力の最終的根拠――そこにおいては、効力は単なる事実叙述的命題としてではなく、真の規範的命題として受取られるのであるが――を提供する（あるいは、提供しなければならない）のである。

現代政治理論の最大の功績の一つ（また、その最も驚くべき結果の一つでもある）は、私の見る所では、権力の問題との関連において、正当性（legitimacy）の問題の重要性を再び明らかにしたことである。このことが結局は、権力の基礎に対する批判的関心の復活に――簡単にいうと、政治哲学の復活に、導くかどうかは、まだ明らかでない。

最近数十年間に奔流の如くに流れでた、厳密には国家を論じたものではないにせよ、少くとも法、権力、および権威を論じた尨大な文献について論じたり評価しようなどと、私は考えているのではない。

本書で取り上げる諸点に直接の関係のあるような著作だけは、各章の記述の中で言及することになろう。

第一部　実　力

一　トラシュマコスの議論

実力《フォース》に関する議論の最も古い表現は、いや、最も古いとは言えないまでも、そのあらゆる側面において、またそのあらゆる帰結をも含めて、首尾一貫して展開された最初のものは、プラトンがその『国家』の対話の参加者の一人であるトラシュマコスに語らせた議論である。

この議論は、プラトンによって劇的で忘れがたい筆致で描き出されている。ソフィストのトラシュマコスは、正義の本質に関してソクラテスとポレマルコスとが要約的に述べる冷静な議論を苛立たしさを隠し切れずに聴いていたが、終るや否や「獲物を狙う野獣の如く」に、彼らに飛びかかった。正義に関する学問的な議論などは、ばか気たものだ。正義とは、要するに〈都市《ポリス》〉＊において、支配者が欲するところのことを言いあらわす名前にすぎないのだ。命令を下す者が主人である、したがって、「健全な推理からは、いつも同じことが正しいという結論が出て来る――つまり、強者にとって有利なことのみが正しい、という訳だ。」

実力が人間社会の最も重要な要素であるという命題は、言うまでもなく、プラトンが彼の正義の本質に関する研究において提出した多数の論題中の最初のものにすぎない。周知のように、ソクラテスはそれらの議論を悠々と一つ一つ打倒して行く。彼はトラシュマコスに対して支配者は何が自分にとって有利かについて間違いを犯すかも知れない、また単なる服従ということだけでは政治的義務の問題に対する決定的な解答にはならない、と指摘する。ここでのわれわれの興味は、トラシュマコスが次々と彼の議論を変えて別な仕方で表現して行かねばならなくなる、その過程である。

ソクラテスの反駁に答えようとして、トラシュマコスはまず、支配者と被支配者との関係には、一見してすぐ知り得られる以上の何物かがあることを認める。われわれは支配者に或る特殊な知識があるものと想定しなければならない、あるいは、彼の意志に或る特殊の性質があるものと認めねばならない。「支配者は、支配者である限り、絶対に誤謬を犯さない、そして絶対に誤謬を犯さないものであるから、彼は自分にとって最も善いことを命令し、これを被支配者は行なわねばならない。」換言すれば、トラシュマコスは、服従は支配者の物理的な力の結果であるのみならず、その熟練と能力との結果であるかも知れない、と認めるのである。ソクラテスはこの点を追求し、熟練と能力がもし真にそのようなものであるとするならば、支配者のみならず被支配者の利益をも考慮に入れないはずはない、と言う。トラシュマコスはこれを認めようとはしない。彼にとっては、統治の技術とは意志を押しつける技術に外ならず、もし必要なら、人々の無知や弱さや卑怯さをも利用すべきである。問題は、どんな手段を用いてでも、或る意志が遂げられることである。したがって、国家との関連において正義について語るのは無用の業である。もし誰かが何としてでも正義を論じたいと決意したとするならば、その人は、「不正義《インジャスティス》は、それが充分に大きいときには、正義《ジャスティス》よりも有力であり、自由であり、また立派であることを認めねばならない。」

ここにわれわれは、〈政治的現実主義〉が採り得る、またその次々と行なわれた表明において現に採った立場の中で、最も極端な立場に直面しているのである。政治的な関係は実力関係である。政治的関係に関するすべての陳述は事実的な陳述——或る人々が支配し、他の人々が服従しているという事実の陳述であって、手段や目的に関する評価ではなく、価値的な陳述ではない。この見地からすると、唯一の可能な評価は、支配そのものの実効性に関する評価であるか、あるいは、手段の目的に対する適切さについての評価である。このような判断は、道徳や正義の名において到達する判断とは全く関係がなく、実際上きわめて対立する場合が多い。これは、後に明らかにするように、マキアヴェリによって提出された見解である。

しかし、この主張に関するプラトンの分析は、更にもっと議論を必要とする多くの論点を呼び起こす。

ソクラテスはトラシュマコスに、支配者の実力は単なる物理的な力ではなくて、或る特殊な能力と知識を伴なう力であると認めさせることに成功した。この主題は、支配の任務が〈守護者階級〉に委任される理想的な都市〔＝国家〕の叙述の際に、再び取り上げられる。守護者というのは、都市の善《グッド》なるものを〈認識し〉ており、統治の技術を教えられ訓練された人々である。しかし、この場合にもまた、物理的な力だけではこの目的のためには充分ではない。人間を行動に導くところの動機についての深い認識が必要である。力は知恵に結びつけられねばならない。すべての人間が真理を認識するというわけにはゆかず、人間が真理を認識することが必ずしも良いことではない。人々に服従するように刺激するためには、彼らの知性よりも彼らの心情と想像力をいかにして刺激すべきかを知ることが必要である。したがって守護者は、必要ならば、「都市の福祉のために敵か市民かを騙し」てもよい。彼らは「嘘を吐き」、熱情を呼び起こし、結局は真実として受け容れられるような信念を吹きこんでもよい。政治的共同生活にとって〈有益な〉、または〈必要な〉嘘がある。被支配者のみならず支配者をも説得しなければならぬ一種の高尚な、〈高貴〉な嘘がある、そしてこれが、都市の結合的要素、さまざまな階級——守護者、軍人、庶民——の調和のとれた協力の中心を構成するのである。この高貴な嘘は、プラトンによって、フェニキアから起った寓話として物語られている。この話は次のように教えている、——人間は、自分たちが住んでいるこの土《つち》によって鍛造されたものであるから、自分たちの土地を母とも乳母とも見なし、また自分たちをみな同胞《はらから》と見なさねばならない。だが、皆が同じものだからという意味からではなく、異なる金属から造られた者だからである。即ち、守護者は金で、軍人は銀で、農民やその他の手工業者は鉄と銅で造られたものだから。神がみずから「統治するに適わしい人々に金を流し込んだ。」そして「都市《ポリス》は、鉄や銅で守護される場合には、滅亡すべし、という神託がある。」

このプラトンの高貴な嘘という理論は、政治的現実主義の多様な面に一つの興味ある側光《サイドライト》をあてる。なるほどプラトンは理想的な都市について語ってはいる。しかし、広く人々を説得することによって服従を確保することが支配者にとって大切だと、彼は力説してはいるが、この力説は、実効性と能率性の観点からの支配の分析そのものに直接に関係しているのである。説得もまた、権力の一個の重要な要素であると言っているのである。実力説の最も頑強な主張者でさえ、このことは認めねばなるまい。現代にもっと近い時代になると、この高貴な嘘の理論は、新しい別な姿をとって再び現われて来た。それは、政治に対する事実的接近を提唱する著述家の間で、お得意の議論になっている。この高貴な嘘は、今では、〈イデオロギー〉とか〈神話〉とか、あるいは〈政治的方式語〉とか呼ばれている。名前はどうでもよい。重要なことは、実力は非常に複雑な現象であって、単なる物理的強制に帰せられ得ず、また帰せらるべきものではない、という認識である。

この高貴な嘘の理論と密接な関係があり、またそれと同様に、実力の問題の考察にとって関係があるのは、プラトンにおいてもアリストテレスにおいても重要な役割を果し、しかも政治的思考の発展においてたびたび大きな成功を収めた一個の理論である。それは国家を有機体にたとえる——もっと明確に言うなら、一個の〈身体《ボディ》〉または一個の〈人格《パースン》〉にたとえる理論であって、これによると、頭部は国家の支配の機能を代表し、四肢は国家のさまざまな活動を代表し、また個人個人は全体の部分、即ち〈機関《オーガン》〉、頭部から与えられる命令を遂行する従順ではあるが必要な道具にすぎない。

この有機体説——普通こう呼ばれているのだが——は、単に隠喩として用いられると、政治的関係をただ単に実力の関係として説明することが困難であるということの、もう一つの証明を提供するのである。たしかに、四肢や身体その他の部分は、頭部の〈命令通りにする〉とか〈服従する〉とか言えるだろう。だが、それらの服従の仕方は、単に物理的圧力を受けた場合に服従するという仕方とは異なるし、またそれよりは複雑な仕方である。国家を有機体にたとえることが何らかの意味をもつとすれば、それが機械装置《メカニズム》の如くに考えられる可能性を排除することを意味する。実は、この有機体の隠喩は、国家が単なる個人間の〈実力関係〉には還元し得られないことを強調するために、提出されるのである。国家は、それを構成する諸個人の実力とは明らかに異なっている、生きた、判然たる実力である。一個の有機体はばらばらに部分部分に分解すれば、もはや前のような一個の有機体ではあり得ない。その実力は部分部分の実力の単なる総計ではなくて、一つの新しい力、すべての部分の力を集めたよりも大きい力である。何よりもまず、部分間の調和のとれた協力が、有機体がその力を完全に発揮するために、必要とされるのだ、——こう言おうとしている。

勿論、この有機体の隠喩は、人々が国家のことを考える場合に心中に思い浮べる特殊な実力の或る一つの重要な側面を暗示することは確かである。それが好評を博したこと、無数の著述家たちがこれを利用したこと、またこれが政治学の用語の中に頑強に生き残ったのは、こうした事情によるのである。小中学生でもメネニウス・アグリッパの寓話*を暗《そら》んじている。この意味において、またこの意味においてのみ――つまり、国家の実力を成り立たせる特殊の協力の説明として――この隠喩は、偏見のない政治的現実主義からの批判に対抗できる。実際それは、政治的関係において現実に何が起こっているかをよりよく理解するための手段を提供するのである。

しかしながら有機体説はこの点でとどまっているのではない、少くとも、この説を利用した最も有名な著作家たちの若干の人々においては、単なる事実的陳述にとどまってはいない。国家を一個の有機体にたとえることは、国家の〈人格化〉に――国家は生きた社会的実在であるという主張に、しばしば変化する。もう一歩すすむと――そしてこの一歩をアリストテレスのみならずプラトンもまた進めたことは確かであるが――国家は、それを構成する諸部分に対して一個の目的としての価値を帯びることになる。国家に対してすべての部分が〈所属する《ビロング》〉。このようにすべての部分がそれに所属するということから、またそうすることによってのみ、その真の生命と意義とを与えられる、ということになるのである。

この種の命題がいかに経験的検証に耐え得るか、ということになると判断はむずかしい。たしかに経験によってわれわれは、複雑な社会的な力の存在することを認識させられる。だが、これらの力は常に人間によって揮われるものであって、抽象的な存在によってではない。純粋に事実的な平面においては、国家は〈存在〉しているのではない。血肉を具えた一個の実在的な人格としては、国家はどこにも見出されない。見出され得るのは個々の人間だけであって、それらの個人の決定と行動とが、或る一定の限定を受けるが故に国家の決定、国家の行動と言われるのである。このことは要するに、国家を〈人格化する〉〔人格を有するものと見る〕には、多くの前提が必要であることを意味するのである。それらの前提の一つ、恐らく最も重要な前提は、法的制度が存在するということである。すべての団体と同様に、国家もいろいろの権限と義務とを有すると言われているが、それらを創造し決定するのは、法であり、ただ法のみである。もう一つの前提は明らかに形而上学的なものである。これは、国家、あるいは〈全体〉、または〈一般意志〉が最高の価値であり、もろもろの義務の最終的焦点であると主張されるときに、想定されている前提である。これらの前提は政治的現実主義の視圏には全然入っていない。厳密に現実主義的な観点から見ると、国家は、個人間の実力的関係の一個の体系《システム》以上の何物でもない。もしわれわれが何が何でも有機体の隠喩を使いたいと思うならば、ホッブズのように使うこと、つまり、国家は、われわれが人間であると言う場合の普通の意味における人間ではなく、〈一種の人工的人間 an artificial man〉である、という外はないのである。

ここに述べた見解はただ常識的なものであるわけではなく、その背後には確固たる伝統がある。過去の法律家たちは、ローマ法学者も教会法学者も、注意ぶかく団体的人格の理論を展開した。この理論においては、団体なるものは――国家はその一つであるが―― *personae fictae* 即ち擬制的な法的存在と考えられた。この見解は十九世紀に至って、自らを〈実在論的〉学派と名乗る一派の思想家から挑戦を受けた。この学派は団体の擬制的性格を否定し、集団は〈実在的〉存在を有し、併せて、これを構成する諸部分とは異なり、またそれらより上位にあるところの、独自の生命と意志とを有する、と主張したからである。しかし、この理論が初めてドイツで提唱されたとき惹起された興奮は、ずっと以前にしずまった。この理論の裏付けのない主張から、法理論が多くの利益を得たとは思われない。また、〈集団的人格〉というようなものが、事実的な研究によって存在することを証明されたことは未だかつてない。これを時間的展望において見れば、国家有機体説がイデオロギーであること――たしかにそうなのだ――を暴露することは難しいことではない。百年来、政治的生活における個人の価値を低く評価し、その信用を失わせ、もって次の世代をあのような苦しい目に遭わせた部族主義《トライバリズム》〔ファッシズム〕への道を拓こうとする企てが、いろいろの仕方で行なわれたが、このイデオロギーはその一つであったのである。

政治を単なる個人の実力に還元するというような犠牲を払いはしたものの（マキアヴェリの場合がそうだが）、有機体説の誤謬を打破したことによって、真の政治的現実主義は政治哲学に多大の貢献をなし得る。その近代的な後嗣ぎである政治科学《ポリティカル・サイエンス》は、実力の〈社会的〉顕現のすべて（集団《マッス》現象、集団心理、そのほか何と呼ばれようと）に適切な注意を払うことを怠ってはいない。しかし政治科学は、厳密に経験的な企てであるから、この実力の人格化された抽象体が（すべての他の〈制度〉や団体と同様に国家も）、実力の終極的な起点をなし、また実力が適用される対象であるもの、即ち個々の人間とは異なる別個の実在であると想定されるべきである、とは断じて認めることはできないのである。

参考書

プラトン『国家』Plato, *Republic*, Book I, 336–44; II, 382; III, 389, 414–15; V, 459.（本書の引用はリンジー A. D. Lindsay の英訳による。）同『法律』*Laws*, Book II, 661 ff. アリストテレス『政治学』Aristotle, *Politics*, Book I, chs. i and ii (1252^a–1253^a)（引用はバーカー Sir Ernest Barker の英訳による。）ホッブズ『リヴァイアサン』Hobbes, *Leviathan*, Introduction and ch. 16.

政治におけるイデオロギーの役割についての傑出した著述は、やはりマンハイム『イデオロギーとユートピア』K. Mannheim, *Ideology and Utopia*, London, 1936. である。近代的なイデオロギー的宣伝の観念を先取りしたものとしての、プラトンの〈高貴な嘘〉の理論については、次の著書を参照。ポッパー『開放的社会とその敵対者たち』K. R. Popper, *The Open Society and Its Enemies*, 1st edn., London, 1945, vol. I, ch. 8. クロースマン『現代におけるプラトン』R. H. S. Crossman, *Plato To-day*, London, 1937, p. 130. プラトンに対する賛否両論としては、次の著書を見よ。ワイルド『プラトンに対する近代の敵対者と自然法の理論』J. Wild, *Plato's Modern Enemies and the Theory of Natural Law*, Chicago, 1953, ch. 2, sect. iv. コーンフォードの最近の『国家』の英訳の414に関する註解《ノート》。*The Republic of Plato*, translated with Introduction and Notes by F. M. Cornford, Oxford, 1941.

ドイツにおける〈有機体説〉に関しては、適切な報告がエマースン『近代ドイツにおける国家と主権』R. Emerson, *State and Sovereignty in Modern Germany*, New Haven, 1928. に見出される。しかしその背景と含意に関する最も生彩ある評価は、なお依然としてずっと以前にメートランドが行なったもの（*Political Theories of the Middle Age* by Otto Gierke, translated with an introduction by F. W. Maitland. 1st edn., Cambridge, 1900. の中の解説、Introduction）、および後に同じ方針に沿って、バーカーが取上げ発展させたもの（Gierke's *Natural Law and the Theory of Society*, Cambridge, 1934 の解説、Introduction）である。

次に掲げる最近の二論文は非常に有益かつ刺激的であると思われるだろう。マックロスキー「有機体、人格、目的自体、としての国家」H. J. McCloskey, 'The State as an Organism, as a Person, and as an End in itself', in *The Philosophical Review*, 1963. ロス「憲法における〈国家〉および〈国家機関〉の概念について」A. Ross, 'On the Concepts "State" and "State Organs" in Constitutional Law,' in *Scandinavian Studies in Law*, 1961.

二　現実主義と悲観主義

これまで私は、政治的現実主義は実際には政治的な問題に対する純粋に経験的な接近方法と同じものだと想定してきた。このように見る場合には、その結論は事実的検証によって正しさを保証されるべきものである。また現実主義者とは、真理を回避しない人であると想像され、その真理とは、実力があらゆる国家および政府の最終的な検査基準《テスト》であるということになろう。ところがこれに対して、次のような異論が提出されるかも知れない――実際はそれは違う。事実に対する探求と事実の選択とにおいて、現実主義者は必ずしも偏見を抱いていなくはない。現実主義者の態度は、いわば、この世界において事物がいかに起こるかに関する予め抱かれている或る観念によって、また決して議論の余地がないとは言えないところの、人間本性に関する見方によって、形成されている。正義《ライト》ではなく実力《マイト》が人間の相互関係を決定すると信じられているのは、人間はみな悪人である、少くとも、自分の意志を他人に押しつけたいという飽くなき欲望に取り憑かれていると考えられているからに過ぎない。背後にひそむ悲しい、あるいは汚れた現実を暴露するがために、権力と権威からベールを剝ぎ取ることに快感をおぼえるのは、度しがたき悲観主義者だけだ。そういう人だけが、詩人マンゾーニが死に瀕した主人公アデルキの口を借りて言わしめた、次のような判断を受け入れることができる、「……一つの残忍な力がこの世を握り、人々にそれを正義と呼ばせるのだ。」*

勿論、この種の異論には次のように反駁することができる――経験的検証に関する限りでは、問題は意見に関するものではなく事実に関するものである。したがって、政治というものを面白からぬ姿に描き出したといって現実主義者を攻撃する者は、現実主義者が間違っていることを証明すべきである、と。たしかに、後に述べるように、こうすることこそ、マキアヴェリに対する〈非難《スキャンダル》〉を処理する唯一の効果的な方法である。いずれにせよ、このような異論は、これまで追求して来た議論の本筋に影響を与えはしない。何となれば、最初から私は、政治の諸問題への接近方法にはさまざまなものがあるという見解を、公然と強調して来たからである。しかし、国家に関する現実主義的な見方が政治に関する悲観主義的な見方と合致する場合が多く、また悲観主義《ペシミズム》の方もまた殆ど必ずと言ってよいほど現実主義に導く、ということは依然として事実である。何らかの理由から他人について暗い見方をする人々は、必ず国家を本質的には実力の組織であると見るのである。その良い例は、『神の国』における聖アウグスティヌスである。この著書は、まことにおかしなことには、マキアヴェリより遙か以前に、政治的現実主義の一つの明白な例証を提供しているのである。

勿論、聖アウグスティヌスは彼のこの最も有名な著書において、政治的な問題を詳しく論ずるつもりは全くなかった。彼は雄大な歴史観の枠の中で、国家の問題に直面しているのである。のみならず『神の国』の中では、この著書の厳密に弁明的な目的――キリスト教がローマの滅亡の原因であるという非難を論破する目的と関連して、この政治問題が取上げられている。最後に、これもやはり重要なことだが、聖アウグスティヌスは、プラトンやアリストテレスとは違い、判然と定義された宗教的・神学的な前提から出発している。人間性は原罪《シン》によって汚されており、結局はあらゆる権力は神から来るものだという観念が、歴史および政治に対する彼の接近方法の基本的前提になっている。

実際には、聖アウグスティヌスにとっては国家の問題は、彼の時代のあらゆる政治的経験が要約的に表現されている特殊な国家、ローマ帝国の問題である。もしすべての権力が神に発するものであるならば、ローマ帝国が神の命令によって設立されたものであることは言うまでもない。ローマ人の〈美徳《ヴァーチューズ》〉に対しては、〈最も優秀な帝国の光栄〉という褒美が与えられた。だが、この光栄のためには、何という代価が支払われたことか！　戦争、虐殺、あらゆる種類の悪行が行なわれたのだ。ところで、もし真の正義がキリストとその教えの遵奉とにのみ見出さるべきであるとするならば、ローマの偉大さを保証した美徳はどういう意味で美徳と呼ばれ得るのであろうか。正義のこの絶対的基準から判断すれば、そのような美徳、そのような光栄は、単に幻想としか見られ得ない。自由、権力、祖国の光栄は、人間をただ一つの重要なこと、即ち彼の魂の救済ということから引離すものであってはならない。「まことに、われわれ人間の死を免れぬ生、僅か数日間を生き延びられるにすぎない生に関する限りでは、どうせ人間は死なねばならぬ以上、支配する人々が彼に悪行をなすように強制しないなら、どんな支配者の下で生きるかは、どうでもよいことではないか。」権力を熱望する者に、それを握らせよ。政治は汚れた、邪悪なことだ。国家はこの邪悪さの有りのままの映像《イメージ》である。「正義が存在しない（*remota iustitia*）とき、王国は盗賊の大集団以外の何物であるか。また、そのような大集団は王国の萌芽以外の何物であるか。」

ここにおいて、この有名な頓呼法《アポストロフィ》的文章によって、われわれは政治蔑視の極点に達したかのように思われる。しかし、敢えて指摘する必要はあるまいと思うが、聖アウグスティヌスが言わんとしている意味は、決して明々白々ではないのである。彼の言葉は、国家と犯罪的な事業との間には程度の差があるだけであって、両者ともに実力の上に打建てられ、人々に対してやりたくないことをやらせるように強制するために考案された組織である、と言おうとしているものと受取られるかも知れない。もしそうだとすれば、国家は実際上、悪魔の町の目に見える実現以外の何物でもない、ということになる。そこからは何らの善きものも出てはこない。それが自らの炎の中で燃え尽き、自滅に向って走り行くにまかせる方がよい、というわけだ。ところが、この文章にはまた、これとは全く違った意味を与えることができる。国家を悪行から救う一つの道がある、即ち、国家を正義に従属させることによって、それを神の国の道具の一つにすることだ、——こう言おうとしているものと解することもできよう。

これら二つの解釈のうち、どちらが正解であるか判定するのは、たしかに難しい。聖アウグスティヌス以来今日まで、キリスト教的政治思想はこれら二個の対立する極の間を揺れ動いて来たようである。たしかに聖アウグスティヌスの言葉には、歴史と政治への彼の接近方法にふくまれている悲観主義と照応している、どこか絶望の調子がある。そこでここで述べて置くべきことだと思うが、彼と同じような悲観主義を抱いていた後世の著述家たちもまた、やはり、正義ではなくて実力こそ国家の本質をなすものであることを力をこめて強調したのであった。例えばルターだが、彼にとって政治は剣の支配であった。だからキリスト教徒は自己の良心の内的世界に逃避しなければならない。その唯一の権利は、自分の十字架を負って苦しむ権利である。王侯は、「悪行をなす者たちを飼いならし、恐怖《テラー》の支配によって、外面的な秩序と平和を腐敗した人々の住む世界に行きわたらせるため」に必要な、「天罰」、神の「死刑執行者」である。軍人と絞首刑吏とは社会の柱石である。戦争さえ、神の怒りの表われとして、神聖なものであると彼は言う。このような見解は、決してプロテスタント派の独占ではない。カトリック派の著述家ド・メーストルもこれと全く同じ意見を抱いていた。悲観主義はこれらの著述家に、政治上の苦難について極めて憂欝な、しかし極めて現実主義的な見解を抱くに至らしめたように思われる。ここにおいてもまた、かかる見解に賛成することを拒む人々こそ、これらの著述家たちが間違っていたことを証明し、事実的証明がそのような純粋に否定的な判断を正当化しないことを明らかにする責任がある、ということになる。

もしも『神の国』が悲観主義と現実主義との密接な関係の例証を示すにとどまっていたものであるならば、それの国家理論への貢献はやはり疑わしく、この著書自体が政治的に見てどうやら浅薄なものと考えても差支えなかったであろう。ところがそれは、それ以上のもの、著しく重要な何物かを含んでいる。それは国家の最初の厳密に事実的な諸定義の一つを含んでいるのであって、その定義においては、価値に関するあらゆる配慮が排除され、国家の構成要素を、国家の目的や、国家が体現するかも知れぬあるいはしないかも知れぬような〈善きもの〉を度外視して、決定しようとする企てがなされている。この意味において、この現実主義的接近方法は、価値判断が意識的に除外されるかあるいは括弧に入れられるところの、現代政治科学を、驚くべきほどに早く予告している訳である。聖アウグスティヌスの国家の定義は、文字通りに、〈倫理的に中立な〉〔没価値的な〕定義である。

言うまでもないことであるが、この定義に到達した過程は、現代政治科学者が後に辿ることになる過程とは全く違っている。すでに述べた通り、聖アウグスティヌスの悲観主義は、彼を徹底的な国家蔑視——国家の偉大さを保証する純粋に地上的な〈美徳〉に対する彼の無関心に反映されているような蔑視と、国家を——「もし正義がなければ」——単なる実力の組織に等しいものと見る立場とに、導いた。聖アウグスティヌスは、ローマ史の政治的側面を解釈しながら、キケロから学び取った国家の定義[1]に恐るべき論争の手段を見出した。キケロの定義においては、正義が国家の正当化の根拠であるのみならず、国家の存立そのものに欠くべからざるものとして記述されている。もしも正義が国家存立の一条件であるならば、ローマは非常に早くから国家ではなくなっていたろう、いや恐らく、一度も国家と自ら名乗ることができなかったろう、と彼は指摘している。けだしキケロは、遙か遠い古代においてローマが国家であったことを認めながらも、ひとたび政治的生活が腐敗し始めると、国家の本質そのものが失われるものだ、と認識していたのである。「何らかの偶然によるのではなく、われわれの悪徳の故に、われわれがたとえ国家の名を持ち続けていても、われわれはもはや国家ではない。」

(1) Est igitur, inquit Africanus, res publica res populi: populus autem non omnis hominum coetus quoquo modo congregatus, sed coetus multitudinis iuris consensu et utilitatis communione sociatus.' [Cicero, de Republica, I, xxv.39]
〔右の引用文の大意――訳者〕
「スキピオ・アフリカーヌス曰く、さてそこで、国家は国民のものである。しかしながら、国民とは、方法はどうであれ全部の人間を集めた、というものではなくて、法についての合意と、福祉の共有とによって結合された多数の人々の集団のことである。」
聖アウグスティヌスはこの定義について解説して、キケロは *iuris consensus* ということばを、〈正義の尊重 respect for justice〉という意味に用いていると受取るべきである (*ubi ergo iustitia vera non est, nec ius potest esse*) と主張している。だが、この句はもっと簡単に〈法についての同意 consent to law〉とも訳すことができるのであって、そうだとすれば、キケロの定義は全く違った意味を帯びることになる。この点についての詳しい議論は、本書九〇―九三頁を見よ。

聖アウグスティヌスに国家の定義の問題の全体を再検討するに至らしめたのは、まさにこの逆説的な、しかも回避することのできない結論である。実に問題は、政治的現実を道徳的、あるいは宗教的な配慮から切離して理解することができるかどうか、――ローマが不正義を行ない、あらゆるキリスト教的価値基準を無視しているのに、なお国家と見なされ、国家として考えられ得るような、そのような方法で国家を定義することができるかどうか、について判断を下すことである。この点について、聖アウグスティヌスは全く定言的《カテゴリカル》である。「比較的に尤もらしい定義にしたがうならば、ローマはやはり一種の国家であった。そしてこの国家は後代のローマ人よりも古代のローマ人によってよく統治されていたのである。」このような定義は可能であるのみならず、必要である、と彼は主張している。必要なのは正義という条件よりはむしろ、組織ということ、即ち国家を一体ならしめ、その実力を支えている紐帯にこそ、注意を集中することである。この実力は、共同の諸目的を追求するために結束された人間の意志の力に外ならない。そのような諸目的は、国によって大いに差があるかも知れない。しかし、それが善であるか悪であるかは問題にすべきでない、と主張するのである。

　国家の実力と存立条件との双方を構成する団結の紐帯をこのように強調していることは、実はすでに、国家と犯罪的目的のための集団〔盗賊団〕とは同じものだと言う、あのぎょっとさせるような直喩《シミリ》の展開において、明らかに看取されるのである。前掲の一文において、聖アウグスティヌスはこの類似点を一層詳しく述べたのであった。盗賊団は、ひとりの首領によって支配されている人々の集団（*imperio principis regitur*）であって、相互間の同意によって結合され（*pacto societatis adstringitur*）、分捕品の分配において一つの法を守る（*placiti lege praeda dividitur*）のである。この団体が国家と呼ばれるべき完全な資格を得るには（*evidentius regni nomen assumit*）、一個の領土の支配者となり、そこに確固として根をはやすほどに強力になりさえすればよいのである。聖アウグスティヌスは、アレクサンドロス大王に捕えられた海賊が、大王に、いかなる権利があって海上を荒らし回るのかと訊かれたときの返答を想起する。「あなたが世界を荒らし回るのと同じ権利によってです。しかし、私はそれを小さい舟でやっているので盗賊と呼ばれるのに、あなたはそれを大艦隊でやっているので、皇帝と呼ばれるのです。」このような議論はすべて、正義を尊重することによって、国家そのものが結局は正当化され得るし、また正当化されるものだ、ということを意味している。正義が存在しなければ――*remota iustitia*――政治的団体は、犯罪を目ざす団体と殆ど同じものである。しかしながら、それが存立しているという事実そのものによって、それはすでに一個の国家であり、現在も常に国家である。

　国家という構成体を形成する種々の要素（政府、同意、および法）に関する右の如き目ざましい、透徹した分析に比べれば、聖アウグスティヌスが比較的〈尤もらしい〉ものとして提出した定義はがっかりさせるほど簡単なものに感じられるかも知れない。実際、それはキケロが与えた定義と正反対のものである。即ちキケロの定義では、国民を団結させて国家となす紐帯（*res publica=res populi*）は正義の尊重（*iuris consensus*）と共同の利益（*utilitatis communio*）の存在とに存するものと見られた。ところが聖アウグスティヌスにとっては、正義も利益も、〈国民《ピープル》〉の存立、したがって国家の存立を決定するものではない。人々の意志の或る一つの目的への単なる意識的な集中《コンヴァージェンス》があれば、それで充分である。「国民とは、自分たちが欲する事物に関する信念の一致によって結合された、理性的存在の集団である。[1]」このような定義は、何故「ローマの国民が国民であり、また彼らの国家が疑いもなく国家であった」かを理解することを可能にする。ローマの国民は、正義を知らず、また実践しなかった時でさえ、やはり常に国民であった。こう言ったからとて、聖アウグスティヌスが正義を軽視したり否定したりしているのでないことは勿論である——断じてそうではない。ただ構成の上では、一個の共同の目的を追求するための理性的存在の組織体がある所には、必ず国家が存在している、と言うのである。このような聖アウグスティヌスの定義は余りに簡略であるために適切さを欠いている、と批判されるかも知れない。それは国家を他の人間的結合体と区別していない。それは、国家に必要な複雑な組織を説明していない。だがそれは、〈中立的《ニュートラル》〉な定義の完璧な一例であることは確かである。ここには価値の要素が全く含まれていないからである。

（1） 'Populus est coetus multitudinis rationalis rerum quas diligit concordi communione sociatus.'

聖アウグスティヌスが『神の国』の中で彼の新しい定義を提出している仕方は、彼がその定義の利点をかなり詳しく説いているというところから見ても、それは行きずりの孤立した陳述ではなくて、彼の慎重熟慮の結果であることを、明らかに示している。この定義は——彼はこう指摘している——正義という条件が欠けている場合にも、〈国民〉の存在、したがって〈国家〉の存在を認めることを可能にするばかりか、その国家の性質と、その国家の善悪の程度を評価することをも可能にする。これこそ、価値判断が行なわれる点である、とわれわれは言わねばならない。もしも国家の本質《エセンス》が、追求されるべき諸目的についての共通の信念（*concors communio*）であるとするならば、国家について判断を下したり、正当化する場合に、考慮に入れねばならないのは、これらの目的である。「たしかに、或る一国民の性格を評価しようとするには、われわれはその国民が望むところの物事を見なければならない。」歴史はローマにおいて次のような国家の一例を提供している。即ちその国家は、美徳の比較的高い水準から出発し、腐敗のどん底にまで下り、その市民の悪徳によって、共通の信念を持つこと、即ち *concordia* そのものが消滅するまでは、やはり依然として国家であった。〈コンコルディア〉が消滅したとき、そのときにはじめて、このローマ国家は消えてなくなったと言い得るのである。そして聖アウグスティヌスによると、史上に知られたすべての大帝国、ギリシア、エジプト、アッシリアの帝国についても、同様のことが言える。それらの帝国は、それらの支配が実効的なものでなくなったとき、〈国家〉ではなくなったのである。

『神の国』の中に見出される国家の中立的定義は、政治思想史上の一個特異の、孤立した事件《エピソード》である。その特異性は、なかんづく、聖アウグスティヌスに続いて出て来た政治的著述家たち――少くとも中世のキリスト教的な政治的著述家たち――がそれを殆ど完全に無視したように思われるという事実によって、はっきりと浮び上って来る。キケロの定義が一般に好意を以て迎えられたのに比べて、それが好評を博さなかった理由は、主として、中世の思想の特色をなすところの、政治に対する態度の変化に求められねばならない。国家の概念と正義に関するキリスト教的な理念とは、国家そのものがキリスト教化されるに至った時から、対立するものではなくなった。中立的定義の存立の理由そのものが、この段階において消え去ったことは確かである。恐らく聖アウグスティヌスの行なった説明の完全な価値は、今日になって、彼が生きていた時代と非常によく似た政治的風土の中で、はじめて評価されるであろう。こう言ったからとて、社会的・政治的分野における〈倫理的中立性〉の学説が無条件に一般的に受け入れられるだろうというのではない。重要なことは、人間行動の研究と、それを評価し正当化しようとすることとは、別個のことであると認識することである。国家がもろもろの社会的な実力の複合体として叙述されると、これらの実力がいかに合法化されて権力《パワー》となり得るか、また権力が今度は如何にして、単に事実としてでなく、権威を保持するもの、義務の源泉としても受け入れられることになるか、ということが次の問題となるのである。

参考書

キケロ『国家論』Cicero, *De Re Publica*, I. 25, 39. 聖アウグスティヌス『神の国』St. Augustine, *De Civitate Dei*, II, 21; IV, 4; V, passim; XIX, 21–24. ルター『俗世の支配権について』Luther, *Von weltlicher Obrigkeit*, 1523. ド・メーストル『フランスに関する考察』J. de Maistre, *Considérations sur la France*, 1796, ch. iii; 同『聖ペテルスブルクの夜話』*Les Soirées de Saint-Pétersbourg*, 1821, I and VII.

聖アウグスティヌスの政治理論の相対立する解釈については次の諸書を参照。カーライル『西洋における中世政治理論の歴史』R. W. and A. J. Carlyle, *A History of Medieval Political Theory in the West*, vol. I, Edinburgh, 1903, part iii, ch. 14. フィッギス『聖アウグスティヌス「神の国」の政治的諸相』J.N. Figgis, *The Political Aspects of St. Augustine's 'City of God'*, London, 1921. マッキルウェイン『西洋政治思想の発達』C. H. McIlwain, *The Growth of Political Thought in the West*, New York, 1932, pp. 154–60.

政治に対する聖アウグスティヌスの現実主義的接近方法については、ニーバー『キリスト教的現実主義と政治的諸問題』中の「アウグスティヌスの政治的現実主義」R. Niebuhr, 'Augustine's Political Realism' in *Christian Realism and Political Problems*, London, 1954.

前述の〈倫理的中立性〉の観念については、ウェーバー『社会科学の方法論』M. Weber, *The Methodology of the Social Sciences*, trans. and ed. by E. A. Shils and H. A. Finch, Glencoe, Ill., 1949.

三　新造語としての国家《ステート》

正確に言うと、プラトン、アリストテレス、キケロ、聖アウグスティヌス（これまで論じて来た著述家を挙げて見ても、これだけあるのだが）が、それぞれ全く異なる語——*polis, res publica, civitas, regnum*——を当てているところの一種の事態を表現するのに、私がこれまで《国家 State》という近代語を用いて、わざとぼかして来たのだ、と思われても仕方がない。そこで今こそ、これらの語がそれらすべてに共通の何物かを表現しているかどうかを問題にし、これまで私が必要な証明も行なわずに便宜上それらの語に代用して来たこの近代語〈State〉の信任状を、検査しなければならない。

まず、古代の著述家たちは、中世の著述家たちと同様に、政治的な事態を論ずる場合に〈国家〉を言い表わすのにいろいろな語を用いたのは何故かということを考えて見よう。これについては主要な理由が二つある。第一に、彼らが指し示した事態《シテュエーション》がそれぞれの場合に違っていた——少くとも、彼らが活躍していた諸時期のそれぞれに関して、違っていたからである。ギリシアの政治的経験は、少くとも古典時代においては、〈ポリス polis〉に集約されていた。ポリスとは、都市国家、即ちプラトンとアリストテレスとが共同善の最高の表現、つまり一つの道徳的価値の体現であると想定したところの、小規模の排他的な団体であった。近代語においてはポリスは、単に〈国家〉と〈教会〉との両方を意味するに過ぎない。ところが当時は、人間の運命全体が国家に巻きこまれていたのである。今日の言葉ではわれわれはギリシア語の'Politics'を単に政治の科学と技術を指すに用いているので、そのようなことを忘れがちである。

ローマ人の視圏はギリシア人の視圏よりも遙かに広くかつ複雑であった——なぜなら、それは都市国家の狭隘な視野から帝国の普遍的な構造の視野にまで拡大したばかりか、それは国家の観念の中に、それまでギリシア思想には（少くとも部分的には）知られていなかった一つの要素——法的要素を導入したからである。この観点からすれば、キケロの国家 *res publica* の定義は特に重要な意味をもっている。ローマにおいては、重点が国家の目的《ゴール》からその構造へと移される。つまり、法 *ius* が政治的結合体の独特の特色となって来る。

聖アウグスティヌスに関する限りでは、彼の語の選択は時に困惑を感じさせるものがある。なるほど彼は政治的な事柄を指し示すのに、*res publica, civitas, regnum* のような種々の語を用いている。しかしこれらの語のそれぞれに彼が次々と与えている定義は殆ど同じである。たしかに、これらの語こそ、中世の政治的著述の中に極めて頻繁に現われて来る語であるが、それらが適用されるさまざまな状況に応じて、人間の結合体の極めて多様な形式や典型に応じて、異なる意味で用いられている。中世の政治用語においては、キウィタース（*civitas*）は、一般には、ヨーロッパの諸方面、特にイタリアで繁栄した都市国家を指すに用いられた。レグヌム（*regnum*）は、中世盛期以来形成過程にあった領邦的《テリトリアル》君主国家を指すに用いられた。レスプブリカ（*respublica*）は多くの場合、もっと広大な社会、即ちあらゆる信者を一つの囲柵の中に団結させたレスプブリカ・クリスティアーナ（*respublica christiana*〔キリスト教国家の意〕）を専ら、指し示すのに用いられた。この社会が教会であるか帝国であるかを決定するのは、見る角度の違いであった。

或る時期に至るまでは、〈ステート State〉という語は全く見当らない。それが見当らなかったのは——これの代りに他の語が用いられた第二の理由であるが、——この語がまだ造られていなかったからである、いや、もっと正確に言うなら、まだ一定した、正確な意味を持つに至らなかったからである。近代的な意味での〈ステート〉という語は新造語であって、比較的現代に近い或る時期においてはじめて、ヨーロッパの諸国語の中に見出されるのである。この語が用いられるようになったことは、若干の事実上の情況と関係がある。即ち、それが一つの新しい事態——古代および中世の政治的著述家たちの眼と想像力とに映じたものとは多くの点で異なる事態を指し示したという事実に、何よりもまず関係がある。

しかしながら、もしも中世の政治的著述家たちが近代的な意味での〈ステート〉をその名称においても実体においてもまだ認識していなかったとするならば、中世の最後の数世紀間に形を成しつつあった新しい政治的実在の本質を把握しようとして、彼らが払った努力を見ることは、それだけにいよいよ興味ふかきものがある。現在われわれが国家と言う場合に連想するような諸特徴の多くのものが、疑いもなくそこにあり、彼らの注意を免れはしなかった。彼らが一般に用いた便宜的方法は、ポリスに関するアリストテレスの観念を拡大して都市国家と領邦的王国とを単一の範疇《カテゴリ》の中に含ませることであった。ポリスが中世の写本に普通に、キウィタースあるいはレグヌム（*civitas vel regnum*）〔「都市国家あるいは王国」の意〕と翻訳されているのは、なかなか意味のあることである。だが、アリストテレスのポリス観念を拡大して一個の新しい経験を包含させようとしたことによって、この経験は、いわば、全く新しい光の中で見られ、また解釈されることになった。ギリシアの政治的理想が中世の政治的現実にその刻印を捺すことになったのである。アリストテレスの『政治学』が再び読まれ研究され始めた頃――ほぼ十三世紀中葉――から、政治思想に一つの驚くべき変化が生じた。重点と関心が、一体をなしたキリスト教的社会〔即ち〈レスプブリカ・クリスティアーナ〉〕から、この一個の社会が分裂してできた、あるいは分裂してできつつある複数の個々別々の社会――即ち *civitates* と *regna* へと移った。これらの社会のそれぞれに、個別的に、アリストテレスが専らポリスだけに認めたところの、一個の完全で自己充足的な社会の特色が帰属させられた。完全にして自己充足的な社会 *communitas perfecta et sibi sufficiens* という語句は、中世の政治理論において国家《ステート》の近代的観念に最も接近している表現である。しかしながら、ルネサンスの最盛期に至って、ようやくこの語がこの新しい事態に一つの新しい概念的な骨組みを与えることになることがわかるであろう。

この〈ステート〉という語の近代的意味を判然と定着させ普及させた第一の功績はニッコロ・マキアヴェリに属する、という広く支持されている意見がある。この意見はたしかに大いに根拠のあるものではあるが、これを無条件で承認するわけにはゆかない。実は、〈ステート〉という語はマキアヴェリ以前にすでに政治の語彙の中へ入って来ていたようである。そしてマキアヴェリ自身によっても、この語は、彼以前の言語学的用法にまで溯り得られるようなさまざまな意味をもって、しばしば無差別的に用いられた。これらの意味が如何にして徐々に発展し、ついには、〈ステート〉なる語が現在すべての文化的諸国語において受入れられているような特殊な意味に落ち着いたかを、ここで詳しく説明しようなどとは私は全然考えていない。ここには、この問題について特殊な研究を行なった著述家たちから拾い集めることができる、僅かばかりの大切な点を挙げておこう。

〈ステート〉という語の遙か遠い起源は、ラテン語の *status*——生活状態や生活様式などを意味する曖昧な語——である、ということについてはあらゆる言語学者の意見が一致している。この語が政治的意味で最初に用いられるに至ったのは、普通には低ラテン語と中世ラテン語においてであると見なされており、そこでは、*status* が或る特殊の社会——教会、帝国、または王国——の繁栄、幸福、健全な秩序の同意語として用いられている例が見出される。このような方法の最もしばしば引用される例は、ユスティニアーヌス皇帝の有名な文句、*statum reipublicae sustentamus*〔われわれは国家の秩序を維持する〕である。しかし、必要とあれば、中世の資料から幾らでも用例を引き出すことができる。例えば、*precari pro statu ecclesiae* or *regni*〔教会（または王国）の繁栄のために祈る〕、*tractare de statu ecclesiae* or *populi christiani*〔教会（またはキリスト教国民）の幸福について論ずる〕の如きである。

以上のようなまだ非常に曖昧で一般的な意味の外に、次に述べるような、もっと厳密な二つの限定を挙げなければならない。第一は、或る特定の社会的、ないし経済的な地位《コンディション》を示すために、したがって人々の或る特定の部類《カテゴリ》または階級を示すために、この〈*status*〉という語が用いられるようになった時に現われる限定である。これは、フランス語において *état*（元来は *estat*）という語が帯びている、また長いあいだ持ち続けている意味の一つであって（*États généraux, Tiers État*）、他方、他の諸国語ではそれを表現するのに別の語が用いられている（例えばドイツ語の *Stand*）。言うまでもなく英語では、*status* と *estate* の両方ともこの本来の意味を今日もなお保存している。

しかし、*status* のもう一つの、われわれにとって遙かに重要な限定は、それが一定の社会の特殊の法的構造——今日ではこれをその憲法上の構成要素と呼ばねばならないが——を示すのに用いることによって明らかにされるところの限定である。この意味は、若干の著述家たちが主張しているように、ローマ法の『学説類集《ディゲスタ》』の中の有名な一節によって示唆されたものと見てよかろう。即ち、そこでは〈公法 *ius publicum*〉は *quod ad statum rei romanae spectat*〔ローマの国家組織に関するもの〕と定義されている。(1) その出典はどうであれ、要するに重要なことは、ラテン語の *status* とイタリア諸の *stato* とが中世後期の文献において、この意味においていよいよ頻繁に用いられるようになったことである。例えばダンテは『神曲』地獄篇第二十七章第五十四行において、〈自由な国家 *stato franco*〉を専制国家（*tirannia*）と対比している。〈ステート〉という語を次第に純化して、今日用いられているような意味にしたことが、ここに判然とうかがわれる。しかし、この語が依然として、権力の現実的行使または統治《ガヴァンメント》と、或る特定の権力または統治が行使される国民《ピープル》または領土とを、無差別に表示するに用いられたという事実は、（例えば the 'State' of the Church〔教会領〕とか the 'mainland State' of Venice〔ヴェネツィア共和国の有する内陸上の領土〕とか言う如し）、われわれがなおこれを正確に用いるまでには、まだまだ至っていないことを示している。

(1)　この文章は、前に引用したユスティニアーヌスのそれと同様、本書九七―九八頁において詳しく論ずる。

これらすべてのさまざまな用法を念頭におくならば、マキアヴェリがこの〈ステート〉という語の用法において必ずしも首尾一貫していないからと言って、驚くことはない。われわれが以上に列挙して来たこの語のさまざまな意味が、彼の諸著の中に、時には同じ文脈の中でさえ用いられているのを見つけ出すことができるのである。数名の非常に権威のある学者の説によると、『君主論』におけるマキアヴェリの用語と文体は、彼の諸著のいずれにおけるよりも、文学的伝統にとらわれることが少く、率直平明であるという。われわれは、以前の文献には殆ど見出されないような、〈ステート〉の新しい意味の最も決定的な形跡をそこにこそ見出すのである。実際、『君主論』の冒頭の文章から、〈ステート〉という語が、一個の集団（a collective unit）――その統治の態様形式は変っても、一つの本質的特色においては常に同じものであり、政治学の適切な対象となるような集団――を指すに用いられているように見える。「人々を支配していた、あるいは現に支配しているすべての国家 States〔原文は *stati*〕、すべての統治体 Dominions

〔原文は *domini*〕は、共和国か君主国か、いずれかであった、また現にそうである。」ここでマキアヴェリは一つの新語を、一つの新しい事態、即ちその〈ステート〉の二つの形式、共和国と君主国とが存在する当時の世界の新しい事態を示すのに意識的に用いようとしているかの如くに見える。この語のかかる全く新しい、近代的用法を例証しようとするなら、『君主論』から更に多数の例を拾い出すことができよう。例えば、マキアヴェリが〈新しい〉ステートと古いステートを比較対照しているところ、彼がイタリアを〈数個のステート〉に分裂していると述べているところ、また彼がイタリア人を〈matters of State〉〔国事、政治〕の知識を持っているとして褒めているところ——この知識こそ、彼が友人ヴェットーリへの有名な手紙の中で、自分がフィレンツェ共和国における長いあいだの勤務において得たものだと自慢しているのだが——などを見るがよい。

勿論、この段階において、マキアヴェリの如き非体系的な著述家から国家《ステート》の成熟し切った定義を期待するのは、ばか気たことである。しかしながら、われわれは彼のこの著書の中に、〈ステート〉という語が、彼以後において国家《ステート》の基本的で不可欠の特色と認められるようになるものと関連して用いられているのを見出す、と言っても間違いではあるまい。その特色というのは、即ち、それは一定の国民に対し一定の領土内において実力を行使し、またその実力の行使を統制する資格を具えた一個の組織体である、という特色である。また、この語がついには、あらゆる近代諸国民の政治的用語の中で公認の特殊の意味を持つようになったのは、このマキアヴェリの著書が途方もなく広汎に普及したことに由るのだ、と想像しても、たいして的はずれではなかろう。少くともイタリアに関する限りでは、このことは疑いもなく真実である。だが他のヨーロッパ諸国では、この語が最終的に受容されるに至ったのはずっと遅れ、若干の反対に出合ったようである。

実はこれらの他の国々では、〈ステート〉という語は、以前の用法に由来した、あるいはラテン語から諸国語に譲り渡された、他の幾つかの語と競争しなければならなかった。したがって、例えば近代の国家理論の発達の上で最も重要な地位を占めるフランスの著述家ボダンは、やはり彼の著述を *De la République*（1576）と題し、国家《ステート》をこの *république* という語で表現しているのである。彼のこの著書では *état* という語が、若干これと反対の意味を示す興味ぶかい例もないではないが、やはり状態とか秩序とかいうような狭い意味に使われている（例えば、*estat d'une république, l'estat de la France* の如し）。これと同様に、同じ時代の英国の著述家たちも普通には国家《ステート》を 'realm'、'*body politic*' または '*commonwealth*' ——後者はラテン語の *res publica* の非常に正確な訳語である——というような表現で示している（だが、当時の英国においても、近代的意味での国家を語ることが、すでに可能になっていたことは勿論である）。'State' という語がすでに国際関係においては広く一般に用いられ始めていたのに、ホッブズにおいて初めてわれわれは '*civitas*'、'commonwealth'、'State' の三語が意識的にかつ明白に等置されているのを見出すのである（『リヴァイアサン』の序説）。ホッブズ以後、プーフェンドルフとその翻訳者バルベーラックにおいて、〈State〉（*status=état*）という語が決定的に政治理論の一部となる。他方、恐らくモンテスキューの偉大な権威によるものであろうが（『法の精神』*Esprit des Lois.* 一七四八年刊、第二巻）、'republic' という語の用法は、今や、前にすでにマキアヴェリがやったように、王国と異なり、また王国に対立するような、特殊な国家の形態を指すに限られるようになる。

英国において 'commonwealth' という名称が王制の崩壊〔一六四二年の革命〕後に公式に採用されたことは、恐らくもっと重要な意味をもつであろう。したがって、この特殊な語は、王政復古〔一六六〇年〕後は評判が悪くなって用いられないようにならざるを得なかった。しかしながら、それほどひどく評判を失ったわけではなく、ロックはこの語を、明らかに弁解口調を以てではあるが、依然として用いている。即ち彼は『第二政府論』（一六九〇年）の第一三三節で、次のように書いている。

> 私が commonwealth と言う時は、ずっと前から民主政治だとかその他の如何なる統治形態をも意味したのではなく、ラテン人が *civitas* という語で表わしたところの独立の社会を意味したものと解して頂かねばならない。
> このcivitas という語に我が国語において最もよく当てはまるのは commonwealth であって、英語の community とかcity とかいう語では表わせないような或る一種の人間社会を非常によく表現している。何故なら、一個の統治体《ガヴァンメント》の中には幾つかの従属的な社会があり得るからである。……そこで曖昧さを避けるために、この commonwealth という語を、国王ジェームズ

一世が用いているような意味で――そして私はそれがこの語の正しい意味であると思っているのであるが――用いることを許していただきたい。もし誰かがこの語を用いるのが好ましくないと言うならば、その人がもっと良い語に換えるのに私は同意しよう。

実際には、〈ステート〉という語は、ヨーロッパ大陸におけるほど、英国および英語を話す国々でははやらなかったようである。外国の観察者は、自分の国の言葉でならば何の疑いも曖昧さもなく、〈ステート〉と呼ばれるものを、今日でもなお英語では大変遠回しの言い方で表現していることにびっくりすることだろう。これには、できるならなるべく平明単純な言葉を用いようとする傾向があることはさることながら、根深い伝統があるらしい。専門用語に関する限りでは、ステートという語は「英国の法典に落ち着き場所を見出すのがのろかった」と、ずっと前にメートランドが指摘した。たしかに一八八七年の制定法《スタテュート》の一つは、'Service of the Crown'、'Service of Her Majesty'、'Service of the State' の如き語句はすべて同じ意味を持つことを説明しなければならなかった。* 他方アメリカ人は、ヨーロッパ大陸の人々なら〈ステート〉と呼ぶものを〈Federal Government 連邦政府〉と呼び、少くとも国際的用法では確かにそう呼ぶにふさわしくないもの〔州〕を〈ステーツ States〉と呼んでいるのである。日常会話ではアメリカ人もイギリス人も、ラテン諸民族とは異なり、殆どステートという語を使わない。彼らはむしろ government とか people とか、また nation とか country とか言いたがる。にもかかわらず、このステートという語は『オックスフォード辞典』には載っており、名誉ある地位を与えられている。

そこで、本章の冒頭で提出したような問題が依然残っている。即ち、〈国家《ステート》の観念〉とか〈国家《ステート》の理論〉とかいうような現代的な通用句における〈ステート〉という語を用いることが、特に、それが知られてもいないし、いわんや承認されてもいなかった時代について論ずる場合に、どこまで正当と認められ得るか、という問題である。われわれはまず次のことを認めることにしよう、即ち、もしこの近代語を用いることによって、それらの時代の政治的構成体とわれわれの時代のそれとの間に存在する本質的な差異を無視することになるとすれば、ギリシアの *polis* や、*res roman* や、あるいは中世の *communitas perfecta* を論ずるのに〈国家《ステート》〉という語を用いるのは、言葉の乱用であるとして直ちに非難されることになろう、と。しかしこのような乱用に関する非難も、この〈国家《ステート》〉という語がそれらの種々の経験的事象に共通しているものを簡単に――いわば速記的に――示すものとして受け入れられることになれば、消え去るとまでは言えなくとも、少くとも大いに減少するわけである。この共通の要素とは、私が便宜上から政治的現実主義者と呼んだ著述家たちによって絶えず強調されたような、正確な意味における組織された実力、という基本的な事実である。例えばギリシアのポリス〔都市国家〕と近代国家との間の差異を理解しようとすれば、われわれは政治的現実主義の次元《レヴェル》を全く見棄てねばならなくなろう。これらの差異は法的なもの、つまり権力の構造と配分に関するものであるかもしれない。それらは、政治哲学者にとって興味があるような、価値と目的との差異であるかもしれない。だが、政治理論の第一歩は、これらの目的を達成するためには、即ちこれらの構成体を打立てるためには、実力に訴えねばならず、また実力が実際的効果を持たねばならない、ということを認識することであり、現在も然りである。国家の観念には、いろいろの立場があろうが、どれも結局は、人間の意志をつつがなく遂行すること、或る社会的脈絡における命令と服従の関係に必ず立戻るのである。

以上のような考慮、あるいはこれと似たような考慮が、政治的現実主義の比類なき理論家たるマキアヴェリの著述を読む際に必要な手引となる。またそれらは、国家を純粋な実力と見なす見地がなぜ彼の世界観全体において最も重要な役割を果しているかを、解明してくれる。マキアヴェリの新しいところは、実は政治的経験に対する彼の見方ではない。或る特定の事態にあって実力が最後の手段《ウルティマ・ラティオ》であり得る、とかあるとかいう認識は、新しいものではない。トラシュマコスも聖アウグスティヌスも、それぞれ違った気持からではあったが、実力を政治的な事象の中核にあるものと見た。またマキアヴェリが自分独自のものと公言したところの〈実際的真実 effectual truth〉の方法*も、何人もそれほど容赦なく徹底的に適用したことはなかったが、やはり彼以前に全く知られていなかったわけではない。新しかったものは、マキアヴェリが記述し、そこから彼の結論を導き出した、その事態であった。新しかったのは、実は〈近代国家〉であった――つまり彼が〈新しい君主国〉と呼んだものであり、彼自身の語を用いるなら、そこに

〈いろいろの困難が存する〉ものである。この事態において、初めて、実効性（effectiveness）への関心以外には何らの関心も抱かれずに、政治が接近《アプローチ》され、実践され、分析されたのである。かく言うことは、要するに、マキアヴェリが彼の時代の子であり、しかも彼がその時代の最も優れた理解者であった、というに等しいのである（しかも、何度も何度も、こう言われて来たのである）。

参考書

本章で行なって来た簡略なスケッチは、多くの著述家たちの研究を土台にしたものであって、これらの著述家に対しては私は厚く感謝する次第である。

大先輩たる著述家たちの中では、次のような人々の名を特に挙げねばならない。ギールケ『中世の政治理論』O. Gierke, *Political Theories of the Middle Age*, trans. by F. W. Maitland, Cambridge, 1900/22. メートランド『論文集』の中の「法人としての王位」F. W. Maitland, 'The Crown as Corporation', in *Collected Papers*, vol. III, Cambridge, 1911. フィッギス『近代国家における教会』の附録「レスプブリカ・クリスティアーナ」J. N. Figgis, 'Respublica Christiana', 'Appendix I to *Churches in the Modern State*, 2nd edn., London, 1914. ダウドール「〈国家〉という語」H. C. Dowdall, 'The Word "State",' in *39 Law Quarterly Review*, no. 153, Jan. 1923. エルコレ『マキアヴェリの政治学』の中の「マキアヴェリの思想における国家（stato）」F. Ercole, 'Lo Stato nel pensiero del Machiavelli' in *La Politica di Machiavelli*, Rome, 1926.

もっと最近の著述の中では、次に挙げるものが特に有用である。ドラテー『ジャン＝ジャーク・ルソーと当時の政治学』の附録「国家・主権・政府」R. Derathé, 'État, souveraineté, gouvernement', Appendix I to *J.J. Rousseau et la science politique de son temps*, Paris, 1950. マーシャル『教父遺著研究』の中の「〈神の国〉の政治的および社会＝宗教的用語の研究」R. T. Marshall, 'Studies in the Political and Socio-religious Terminology of the *De Civitate Dei*', in *Pat-*

ristic Studies, LXXXVI, 1952. キャッペルリ『マキアヴェリの用語の研究』F. Chiappelli, *Studi sul linguaggio del Machiavelli*, Florence,1952. クロサーラ「レスプブリカとレスプブリカイ、ローマ時代から十一世紀に至る用語法略説」F. Crosara, 'Respublica e Respublicae. Cenni terminologici dall' età romana all' XI secolo', in *Atti del Congresso Internazionale di Diritto Romano e di Storia del Diritto*, vol. IV, 1953. シャボー『民族の観念』の附録「十六世紀の用語における国家、民族、祖国」F. Chabod, 'Stato, nazione, patria, nel linguaggio del Cinquecento', in Appendix to *L'idea di Nazione*, Bari, 1961. イスナルディ「État, République, Stato の歴史に関する覚書」M. Isnardi 'Appunti per la storia di État, République, Stato', in *Rivista Storica Italiana*, vol. LXXIV, 1962. ゲインズ・ポースト『中世法思想の研究—公法と国家』Gaines Post, *Studies in Medieval Legal Thought. Public Law and the State, 1100-1322*, Princeton, 1964, part ii, chs. v-x.

マキアヴェリの『君主論』（および『ローマ史論』）からの引用は、エドワード・デイカーズ（Edward Dacres）の英訳（一六三六—四〇年）によった、今後もできる限りそうするであろう。

四 〈新君主国〉と〈実際的真実〉の方法

〈新君主国〉〔マキアヴェリのいうところのもの〕は、勿論、近代国家ではなかった。それはまた、マキアヴェリが関心を寄せ、分析した唯一の国家の型でさえなかった。しかし、いろいろな種類の王国〔一人者の支配する国家〕の中で、それは、マキアヴェリにとって政治の中心問題であったところの、実力《フォース》の問題を最も生々しく力強く例証している王国の一種である。それが簡潔であるにもかかわらず、いや恐らくその故にこそ、フィレンツェの書記官長〔即ちマキアヴェリ〕の死後の名声に他のいかなる物よりも多く寄与したところのこの小著〔『君主論』〕の全体が、この新君主国を論ずるために費されている。

たしかに、マキアヴェリが彼の政治的視野の中心に実力の観念を据えたということは、否定しがたい。彼にとって、実力は単に国家の存立の条件であるにとどまらない。それは国家の特有の合言葉《カウンタサイン》であり、殆んどその構成要素であると言ってもよい。実は、マキアヴェリは〈実力《フォース》〉と〈権力《パワー》〉とを明らかに区別するかの如き態度を見せているのである。例えば、彼が「支配権（*imperio*）を手に入れながら、力（*forze*）を欠く者は、滅亡する運命にある」と言っている場合がそうである。何故かというと、国家は権力である前に、実力であるからだ。外国に対する防禦と攻撃、国内における服従と規律が、国家の生命と生存における決定的要素である。実力を軽視する政治家は国家に対して〈罪を犯す〉ものである――あたかも、かの臆病な君主たちが、外国人が彼らの国土を侵略し、「それを白墨で征服する」*のを許した時に、イタリアに対して〈罪を犯した〉如くに。読者はもしマキアヴェリが如何にこの点を痛切に感じていたかを知りたいと思うならば、『君主論』の第十二章か、『軍事論』の最後の数行を見るがよい。** 私としては、心に思い浮んで来る無数の文章の中で、『君主論』の中の一文が特に意味ふかいものと思う。何故ならその中でマキアヴェリは、数年前に一つの短い政治的覚書の中ですでに展開した基本的主題《テーマ》を要約しているからである。* その覚書を書いたときには、彼の気乗りうすの市民たちにフィレンツェ共和国の防衛のために義務を尽すように説得することが、問題であった。今度は、『君主論』という政治論文の簡潔な言葉を用いて、新君主国のために同じ議論が再び打ち出された。だが、言わんとする趣旨は、殆ど一語一語、違ってはいない。即ち、我れに敵する大軍に対抗しようとすれば、国家は強くなければならない、と言うのである。「君主は二つの恐れを抱かねばならない。即ち一つは内部におけるもので、自分の臣民に関する恐れであり、もう一つは外部から生ずるもので、自分の有力な隣国に関するものである。これらの恐れから彼は良き軍備と良き味方とを以て身を守るのであるが、もし良き軍備を有するなら、必ず良き味方を持つことになろう、また、対外関係が安固であるならば、内部においても万事は安全になろう。」実力の鉄則で支配され、したがって絶えず無政府状態に陥る恐れのある世界においては、国家だけが団結、秩序、安全の要素を代表するのである。

しかしマキアヴェリは、国家を維持し、その安全を確保する実力が単に物質的な力でないことを、よく知っている。「現代の事象に関する長い間の経験と、古代人の事象について絶えず読書したこと」が彼に、実力（*potenzia*）と安全（*securtà*）が「良好な武器」（*buone armi*）によるのみでなく、「道徳的な伝統」（*virtuose successioni*）によって保障されるところの、無限に多くの国家の形式があることを、教えた。王国であれば「みな新しい」というわけではない。「世襲的で、君主の一門に慣れ親しんでいる王国」にあっては、伝統的な忠誠心という強味がある以外に、「非常に多くの良い制度」が存在し得るのであって（例えばフランス王国の場合がそうだ）、かような制度が「国王および王国の安全の根拠」をなしている。「自由という名詞が力を有する」ところの共和国にあっては、自由への愛こそがその「大きな活力」の主要な根拠であり、したがってその不屈の力強さの主たる根拠をなすのであって、このことはスパルタ、ローマ、さらには「粗野」ではあるが「甚だ自由な」スイスの諸都市によって明らかに証明されている。物質的な実力の所有と、一人の人による他の人々に対するその行使とが決定的要素を成すものと認められるのは、ただ新君主国においてのみである。「突如として一人の人の手中に入った国家は、早く芽を出して成長するその他の自然界の物と同じように、しっかり根を張ることができず、またその人的関係を強固にしていないため、嵐が襲って来ると、たちまちそれを滅ぼしてしまう。」しかし、かかる新君主国の場合においても、物質的な実力は、君主が自分の政治家的力量（*virtù*）に応じて多かれ少かれ適切に使用する道具にすぎない。彼は自然界の物に喩えたけれども、国家はマキアヴェリにとって、自然界の実在と同じ種類の〈実在《リアリティ》〉ではなかった。それは人間によって創造されたもの、ブルクハルトの古典的な定義によると、〈人為の作品 'work of art'〉であり、いかに卓抜であっても君主の能力（*virtù*）が神秘的な運命（*fortuna*）が好意的であるか敵意をもつかによって条件づけられるのと全く同様に、人間がそれを用いて行動し、またその上に働きかけるところの、当の事実的な諸要素によって制約され条件づけられるような、一種の被造物であった。

勿論、〈新君主国〉は近代国家ではない。むしろそれは、マキアヴェリが生活し活躍していた当時のイタリアの典型的な産物であった。マキアヴェリの思想の本質的な欠点は、君主の創造的な支配能力、つまり〈ヴィルトゥー virtù〉を専ら重視したことにあるのであって、このことはまさに、もっと深く基盤と伝統に根をおろしていた他の国国と衝突するや否や、たちまち崩壊する運命にあったところの、当時のイタリアの政治的被造物の欠点でもあった。しかしながら、シャボー教授が彼の称讃すべきマキアヴェリ研究の一つにおいて偉大な洞察力を以て指摘している如く、「熱情的な願望を満足させ、当面の目的を達成すべく『君主論』を創作した際には、マキアヴェリは自分がこれによってヨーロッパに対して、その歴史の二百年間の青写真《ブルー・プリント》を手渡しつつあるのだとは、気付かなかったのだ。」マキアヴェリ以後の数世紀にわたって西洋の歴史を支配するに至るべき諸国家は、一個の人間が単独で創造したものではなかった。それらは歴史的進化によって徐々に造られたのである。それらは、頑丈な樫の木のように新しい不意の嵐にも耐え得るようにする「根やこれに類するもの」をそれが生えた土の中に張った。ところが、それらの国家を支配した君主たちはすべて、程度の差はあれ、独自の有り方において〈新君主〉であった——マキアヴェリがアラゴンのフェルディナンドに〈新君主〉の称号を与えたように。彼らは「国内的」にも「対外的」にも実力行使の名人であり、また「彼ら自身と彼らの国家の安全を確保するために」、「新しい制度と方法」を導入することにかけても名人であった。なかんづく彼らは、そうしたことを非難するような振りを見せながらも、マキアヴェリが外国の「蕃族」からイタリアを防衛し解放するために一人のイタリアの君主〔ロレンツォ・デ・メディチ〕に教えようと夢みたところの、かの新しい〈政治的技術〉を操ることにかけては、名人であった。

　私は政治的技術と言って、政治的科学とは言わなかった。これは単に、マキアヴェリが国家の〈科学《サイエンス》〉と言わず〈技術《アート》〉と言ったからでもなく、また無理をしなくては彼の思想を一個の体系にすることは全く不可能であるから、というだけではない。なおまた、しかも主として、彼の現実の教えの中の困惑させるような曖昧さをごまかして、処理すべきではないからである。たしかにマキアヴェリは絶えず事実の分析から一般原則の定式化へ、事実叙述的《デスクリプティヴ》な語り口から価値判断的《プリスクリプティヴ》な語り口へと、スイッチを切換えているようである。あれほど多くの論争をまき起すに至り、また彼の教説をめぐって惹き起された〈非難《スキャンダル》〉――この非難たるや、わが学者諸君の幾人かが弁明これ努めたにかかわらず今まで些かも鎮静されなかったし、また鎮静されそうもないのだが――の決定的原因をなすものは、このような曖昧さである。数世紀来マキアヴェリにつきまとって離れなかった、あの〈不道徳〉なりとの非難は、軽々に扱うべきものではない。彼が政治家に対して、「いかにして善人たらざるべきかを学べ」、「吝嗇と呼ばれること」や「残忍なりとの非難」を「気にかけるな」、「約束を守る」ことを軽視せよ――要するに、「必要な場合にはいかに悪徳を利用すべきかを知れ」と忠告することをためらわなかったのは、事実である。マイネッケが強調しているように、勿論われわれもまた、彼を理解する鍵となる〈必要〉〔*necessità*〕という語を強調し、彼の〈ヴィルトゥー〉の観念をも含めてマキアヴェリの教説の一切がこれによって条件づけられていると、指摘してよいし、またそうすべきである。あるいはまたわれわれは次のようなクローチェの意見に賛成してもよい。即ち、マキアヴェリは、「政治的な問題を扱う場合には、理知《マインド》と精神《スピリット》との板挾みになっている」ように見える。「何となれば、彼にとって政治は、時には、邪悪な人々を扱わねばならないために自分の手を汚すという悲しむべき必要性を惹きおこすものに見える、かと思うとまた或る時には、政治は崇高な仕事、即ちあらゆる制度の中の最も偉大なもの、つまり国家の建設とその維持という崇高な仕事になるかのように思われるのである。」実際のところ、いかに注意ぶかくマキアヴェリの著書を読んで見ても、彼が胸中において「キリスト教的生活に対してばかりか人間的生活にも敵対的な、かかる残忍な行為」を本当に非難しているのか、それとも実は彼は一種の新しい福音、即ち国家の善〔国益〕が最後的な価値であるとされるような新しい道徳を提唱しているのではないか、どちらであるのか、どうも何とも確信が持てないのである。「されば君主には、勝利を確保し国家を維持するために、できる限り確実な手段を用うるようにさせよう。手段こそは何人からもいつも尊敬すべきもの、称讃されるものでなければならない。」そもそもこれは、政治的目的を考慮に入れる場合には、それに応じて手段を考量すべきであると言おうとしているのか、それとも、政治家が追求する目標は非常に高いから、手段についての議論はおよそ場違いであると言おうとしているのか。われわれがここで或る曖昧さに直面していることは、否定すべくもない。われわれがこの点をもっと詳しく見つめるとき、はじめてわれわれは、この曖昧さが専ら規範的な分野に限られていること、つまり、それはマキアヴェリの教説の規範的性格と密接に結びついていることに、気付くに至るのである。われわれもまた、彼の教説《プリーセプト》の本質と衝撃《インパクト》とを正確にはっきりさせ得ない限り、やはり理知と精神との板挟みになることになろう。

　他方、彼の議論の事実叙述的《デスクリプティヴ》な面に関する限りでは、マキアヴェリは彼が何を言おうとしているかについて、われわれに何の疑惑をも抱かせない。政治的現実は現にあるがままのものであり、そういうものとして受け入れて研究しなければならない、と言うのである。ここでは、このマキアヴェリの政治論文〔『君主論』〕の第十五章の挑戦的な一節に述べられている〈実際的真実 effectual truth〉〔原語 *verità effectuale*〕の方法*が、完全に威力を発揮している。この一節は、現代語に訳して見れば、政治の研究における厳密な〈倫理的中立性〉〔没価値性〕の告白と同じものになる。マキアヴェリが意識的に採ろうとしている方法は、純粋に事実として政治的事実に接近すること、〈われわれは如何に生きるべきか〉ではなくて、〈われわれは如何に生きているか〉について探求すること、国家を権力《パワー》や権威《オーソリテイ》の問題としてでなく実力《フオース》の問題として研究することである。ベーコンによってマキアヴェリに献げられた讃辞は、この点において特に意義ふかい。「われわれは、人間が何をなすべきかでなく、何をなしているかについて書いているマキアヴェリ等の如き人々に、大いに恩義を感じている。なぜなら、人間は蛇の生態のすべて、即ちその卑劣さ、腹ばいで進むこと、うねり歩くこと、ぬらぬらしていること、嫉妬ぶかいこと、毒針を持っていることなどを知らなくては、蛇の賢さと鳩の素直さとを共に身につけることはできないからである。」もしわれわれが本当にマキアヴェリを非難しようと欲するならば、その唯一の方法は、彼の事実的叙述の正確さを問題にすることである。なぜ政治の世界は、蛇が一杯いる溝にのみ喩えられねばならないのか。たしかにマキアヴェリの〈実際的真実〉の見方は、全く偏見に満ちているとは言えないまでも、少くとも全く悲観主義的である。人間性は根本的に腐敗しているという古い考え方が、彼において再び極端に強く現われている。しかし、アウグスティヌスやルターの悲観主義とは異なり、マキアヴェリの悲観主義には神学的な根拠はない。それは心理的な悲観主義である。それは、彼に「あらゆる種類の醜悪さで汚れている」ように見えた彼の国土および彼の時代に関する、暗い見方によって駆り立てられたものである。人間は、マキアヴェリの見るところでは、狡猾で邪悪（*tristi*）である。人間は支配権と富とに対する押えがたい渇望に取り憑かれている（「金持になりたいと願うのは、たしかに非常に当然であり、有りがちなことである」！）。たしかに、政治を正しく理解しようとすれば、「すべての人間は潜在的な犯罪者であり、思い通りにやれる場合にはいつでも自分の悪い意図を実現しようとしているものだ、ということを前提にしてかかる必要がある。」このような言明は、これを非難の種にするよりは、むしろ論駁すべきである。ところでマキアヴェリの著述の中にも、そうした言明を論駁するような議論がなくはないのである。例えば、古代ローマや、いまだ腐敗した文明の影響を受けていない単純素朴な社会の〈美徳 virtues〉について語っている如きがそれである。「もし今日誰かが共和国を形成しようとすれば、粗野な山岳民族を扱う方がらくだと思うだろう！」

このような〈実際的真実〉の特殊な解釈〔彼の現実に対する見方〕がマキアヴェリの教説の中の多くの〈不快〉なものの前提である、という事実に変りはない。何故なら、このような解釈に基づいて彼は、まことに奇妙なことだが、殆ど無限と言えるほど沢山の教説、〈一般原則〉に表現される一個の政治理論を構成しているからである。しかし、勿論、これらの原則の真の性格を理解するためには、近代のイタリアの批評家たちが好んで行なう如く、〈政治の自律性〉即ち政治は〈善悪を超越した〉ものであるというような考え方を、引きずり込んで来る必要はない。それらの原則は、いわば、マキアヴェリが〈事物の真相〉に関する独自の解釈に基づいて到達したもろもろの結論を独特の方法で伝達しようとしたものであった。実際のところ、これらの原則は大部分が、全く〈命令〉ではなく、せいぜいのところ、カッシーラーが指摘したように、〈仮言的命令 hypothetical imperatives〉、〈技術的〉原則である――つまり、或る特定の目的を抱いて或る一定の事情においてなすべき適切な行動様式、即ち、政治家がもし国家を失策を犯さず指導して行こうと思うなら従わねばならぬ行動方針――を述べようとしたものである。ただ、ごく少数の場合に、――しかしこれらは重要なものであるが――これらの原則が目指している特殊の目的（国家の安泰、国土の安全）が、明らかに最高目的として、絶対的な善として表明されている。その結果、〈もし諸君が国家を救おうと欲するならば、諸君はしかじかの行動をしなければならない〉という条件つきの命令が、〈国家を救うことは人間の最高の義務である〉という定言的命令になるのである。

しからばわれわれは、何としてでもマキアヴェリを現代政治科学の創始者と認めようとする見解を、この際断然見棄てるべきであろうか。彼が説いたのは〈国家の技術 art of the State〉であった。この言葉は彼が使ったものであって、彼が選んだこの称号《タイトル》を彼が自慢するのに任せておいてはならない、という理由はない。しかし彼はこの技術の諸原則を〈実際的真実〉の認識によって獲たのだと強く主張しているのであって、少くともこの彼の方法《メソッド》においては、たしかに彼は、今日〈科学者〉〔現代政治科学者〕によって為されているような研究を先取りしたのである。彼のもろもろの結論が規範命題的な言葉づかいで述べられたということによって、われわれは迷わされてはならない。何となれば、これらの命令的命題を事実的叙述の形式に変えるのは、極めて容易なことであって、それはあたかも、〈もし諸君が健康になりたいと思うなら煙草を服むのを慎しみなさい〉という原則《ルール》を、〈煙草を服むのは健康に危険である〉という言い方に変えることが容易であるのと同様だからである。したがって、マキアヴェリの〈国家の技術〉は、やはりそれなりに、科学である、と言って差支えないのである。経験的な研究に厳しく閉じこもる一種の政治学の現代の支持者たちは、もしお望みなら、マキアヴェリと親縁関係があると主張してもかまわない。しかし唯一つの違いがある、しかもこれは重大な違いである。現代の政治科学者たちは、彼らの結論をマキアヴェリが用いたような命令形で定式化することを注意ぶかく避けている。もし彼らが敢えてそのような形式で表現したとすれば、彼らの命令は彼らの愛する祖先たる〈オールド・ニック、Old Nick〉〔英語で「悪魔」の意味。マキアヴェリの名ニッコロ Niccolò から由来したという伝説がある〕の命令よりも、もっと物議をかもさないとは誰が言えようか。

参　考　書

マキアヴェリ『資金調達に関する演説』Machiavelli, *Parole da dirle sopra la provisione del danaio* (1503). 同『君主論』*Il Principe*, Dedication and chs. 1-3, 5-7, 10, 12, 15-19, 21. 同『ローマ史論』*Discorsi*, I, chs. 3, 11, 26; II, Preamble and ch. 19; III, ch. 41. 同『フィレンツェ史』*Istorie Fiorentine*, ii, 34. ベーコン『学問の進歩』Bacon, *Advancement of Learning*, 1629 edn., II, xxi § 9.

本章で参考にした著書は次の通り。掲出の順序によって挙げる。シャボー『マキアヴェリとルネサンス』F. Chabod, *Machiavelli and the Renaissance* (a collection of essays trans. by D. Moore, London, 1958.) マイネッケ『近代史における国家理性の理念』F. Meinecke, *Die Idee der Staatsräson in der neueren Geschichte*, Munich, 1924 (Engl. trans. by Scott, *Machiavellism*, London, 1957), part i, ch. I. クローチェ『政治学綱要』B. Croce, *Elementi di Politica*, II, i. 同『倫理学と政治学』*Etica e Politica*, 4th edn., Bari, 1956 に今では収められている「マキアヴェリとヴィーコ」'Machiavelli e Vico. La politica e l'etica'. カッシーラー『国家の神話』E. Cassirer, *The Myth of the State*, London, 1946, part ii, chs. x-xii.

五　〈国家理性〉と実力国家《マハトシュタート》

われわれがこれまでマキアヴェリについて考察して来たのと同じ種類の政治的技術、あるいは規範的政治理論に属する一つの理論が、十六世紀後半および十七世紀初期において、一種の借り物の名称のもとで、彼の教説を普及させるのに大いに貢献した。これが即ち〈国家理性 reason of State〉の理論である。この理論は、今ではわれわれの書架に塵にまみれて忘れられている多数の著述を生み出す刺激となったものである。実は、クローチェ、マイネッケその他の如き優れた学者たちが、それらの著述を書架から下ろして塵を払い、それらが近代政治思想に積極的な寄与をなしたことを明らかにしようと企てたのに、このような惨めな有様になっているのである。

イタリアで〈国家理性〉の理論が好評を博したことは、われわれの歴史の最も悲しい時代の一つに光をあててくれる。それは、ヨーロッパの他の部分では国家に関する近代的な理論が、権力《パワー》の問題に対する新しい接近方法と共に、形成されつつあった時代であった。それはまた、法理論と政治理論においてあのように重要な役割を果すことになる主権という観念が、はじめて生れた――少くとも明白な定義を与えられた――時代であった。なおまた、権威の問題が新しい観点から激しく論議され、またしばしば真正面から対立するあらゆる種類の理論が、政治的義務の問題を解明するために提出されつつあった時代でもあった。ところがイタリアではわれわれは、〈良心の命令にしたがって〉国家を統治することができるかとか、国家の利益のためには政治家は道徳的規範を如何なる点まで犯すことが許されるかとか、「われわれが維持または確立しようと企てている国家の本質または形態に反することなく、何を為すべきか」に関する知識として、国家の科学あるいは〈根拠《リーズン》〉を如何にして建設すべく手をつけたらよいかなどと、際限のない議論をもてあそんでいたのである。

しかしながら、このような議論も全く意味がなく、価値がないわけではなかった。それらは、マキアヴェリの〈非道な格言〉に直面して、再びめざめた道徳的感受性が抱いた不快の念を明らかに示しているばかりではない。或る一定の事態の事実的要求と、そのような要求に対して下され得る、また下さるべき道徳的判断とを区別する、この国家理性の理論は、やはりそれなりに、政治の問題には種々な角度から接近できるのだという、明白な認識を示している。すでに述べた通り、これら種々の角度は、われわれが国家の機構《メカニズム》を理解することに関心を持つか、それともその行動に価値判断を加えることに関心を持つかにしたがって、国家がさまざまな様相を呈しなければならない、ということを明らかにする。マキアヴェリがあのように判然と区別したものを調和させ得る何らかの方法を見出だそうとすることの必死の試みこそ、われわれが「国家理性を論じている、衒学的で、軽蔑され罵倒されているイタリアの著述家たち」（これはクローチェの言葉だ！）を読んで、何となくわれわれが偽善的なものではないかという感じを抱くに至る原因である。あたかもそれらの著述家たちは、彼ら自らがその提唱者であると名乗っているその政治的技術を弁解しようとしているかの如くであり、また彼らの偉大な同国人〔マキアヴェリ〕がそれについて敢えて定式化した格言を周到な注意を払って正当化しようとしているかのように思われる。しかし、偽善とは、有名な定義にある如く〔ラ・ロシュフコー『マクシム』二一八〕、悪徳が美徳に献げた敬意以外の何物であろうか。ここでもまた、国家理性の理論家たちが何を言おうとしていたのか、あるいは彼らがどれほどの価値があったのかを理解するために、いわゆる純粋な政治の発見、その〈自律性〉などと言うことを今更引き合いに出す必要はない。

彼らが言おうとしたことは――もし彼らの〈規範的記述〉を〈事実的記述〉に翻訳するとすれば――本質的には、マキアヴェリが前に言ったことと同じである。即ち、政治は実力によって支配される世界である、したがってもし人が国家を創設し確立し、また繁栄させようと欲するならば、実力を考慮に入れる必要がある、と。そこで彼らの価値だが――もしこれらの著述家を他のヨーロッパ諸国の同時代の著述家たちと比較するならば、――ボダン、フッカー、またはグロティウスのような偉大な政治思想家たちと比較するならば、その価値はごく小さいものになる、と認めなければならない。彼らは君主に対する助言者の役目を果すことで満足を感じ、マキアヴェリが脳裡に思い浮べつつ解剖した事態に比べて、道徳的には高くもなく、実際のところ若干の点ではもっと憂鬱な事態を別に不安もなく受け入れたのであるから、彼らの思想は、彼らの道徳的気骨が弱かったのと同じくらい、弱いものであった。彼らもまた彼らなりに、政治的現実主義の唱道者ではあったが、マキアヴェリのように悲痛な、しかも高潔な意味においてそうだったのではない。マキアヴェリの心は、彼の同胞を覚醒させ、イタリアを〈蕃族〉から解放することに傾注されていたのであった――ところが、この連中の教説は狭少で腐りかけていた――あたかもイタリアの政治的生活の視圏がこの時期にあっては狭少で、その国民の義務意識が腐りかけていたように。しかもその国民は、君主政治の外面上の安泰さを見て疲れ果てて屈服し、ヨーロッパの他の諸国民を揺り動かしていた誇り高き討論や激烈な論争からは超然としていたのである。

彼らの中の一人は、国家理性は「高貴な事と同様に醜悪な事をも大いに重視し、正義におとらず不正義にも関心を持つ」と言っているが、このように言うのは、政治的現実は現にあるがままに、またその存在を決定する実力相互間の競争《プレイ》において、考察されねばならぬ、と言おうとしているものと解されよう。しかし、これはまた、これらの実力がいかにして一点に集中するか、国家が採る形態、また国家の行動を刺激する諸原理に対する、無関心を意味するものとも解されるのであって、また実際にもそうだったのである。国家理性論者たちは、純粋に事実叙述的《デスクリプティヴ》な面に注意したという点で間違っていたのではなく、国家の終極的な秘密がそこにのみ見出されるかの如くに、そこに止まっていたという点において間違っていた。彼らは、一定の時点において存在した政治的事態を終局的なものと認めた点で、間違っていた。つまり、その事態が急速に進展して行くこと、新しいもろもろの実力のみならず新しい諸形態が生れて来ることを考慮に入れなかった点で、間違っていた。このような新しい形態は、イタリア的な〈新君主国〉を近代国家の唯一つの或いは独占的な要素ではなく、一個の要素たらしめることになったのであって、このことはマキアヴェリが判然と見通していたことなのである。

国家理性論の尨大な文献は、たとえ国家の近代的理論に対しては永続的な寄与はしなかったにしても、ヨーロッパ思想に対するマキアヴェリの教説の影響が破壊的なものであったことを、雄弁に証明している。マイネッケはこう書いた、「マキアヴェリの理論は、西洋の人類の政治体の脇腹に突き刺された剣であり、これに悲鳴を上げさせ、そして成育させた。」マキアヴェリによって赤裸々に示された実力の原理と、なかんづく、その実力の行使と操縦について明白かつ容赦なき冷酷さを以て記された諸原則とは、キリスト教的良心のみならずヒューマニズム的文化の伝統的見解に極めて明らかに挑戦したので、これらの伝統的見解のための合理的な説明を見出し、またそれらの見解が含んでいた真理を保存するために、努力がなされねばならなかった。これらの国家理性論者たちが行なったのは、まさにこうした努力であった。そして彼らは、結局のところ、マキアヴェリによって容赦なく詳細に解明されたもろもろの不快な真実の多くのものを、〈国家理性〉の名にかくれて、受け入れやすいものにするに至ったのである。彼らは、政治には、しばしば道徳的な法則と対立する独自の法則があり、これらの法則は政治家によって知られかつ心中に銘記されねばならぬ、ということを明らかにした。ここでは実力は目的としてではなく手段と考えられているのであって、たしかにこれは、多くの場合におけるマキアヴェリの実力に関する考え方と大して違うところがない。国家は実力ではあるが、この実力は〈必要に応じて〉善用したり悪用したりするように、人々の手中に置かれている、と言うのである。

しかし、マキアヴェリの教説にはもう一つの側面があり、この点については、先に私が、彼の著述においては国家の善《グッド》が時には最高善と見なされているようであり、また時には彼の〈仮言的〉命令が至上命令のように聞えることもあるようだと述べた際に、ついでに触れたに過ぎなかった。すべてそのような場合には、実力は単に手段ではなくなって、目的になる。したがって、実力の最高の表現である国家は、それ自身が最高価値の体現である。国家は自己独自の目的を追求し、自己独自の法を創定するのであって、一般に通用している道徳的判断に従わない。ところが気の弱い国家理性論者たちが、このような国家の人格化と礼讃を決してやろうとはしなかったことは確かである。そして私の見るところでは、あらゆる偏見を免れていたマキアヴェリは、実際はこうした国家の人格化に思う存分に耽ったのではなかった。しかし、或る人々は彼を〈権力の悪魔的な力〉の発見者、〈現実主義的〉国家観の創始者であると見た。この現実主義的国家観なるものは、リッター（前に触れた著述家たちの中の一人）によると、いろいろの理由により、またさまざまな影響のため、英国において、また一般に英語を話す国々において流行した〈遵法主義的 legalistic〉、〈道徳主義的 moralistic〉な国家観に対抗して、ヨーロッパ大陸において支配的となった国家観であった。このような、実力としての国家（*Machtstaat* 実力国家）の讃美は、ドイツにおいて十九世紀の歴史家、哲学者、政論家、「フィヒテ、ヘーゲルから、ランケとその学派を経て、ハインリッヒ・フォン・トライチュケに至るまで」、充分に発展させられるに至った。「全く新たな、途方もないことが起こったのは、」実にドイツであって、マキアヴェリズムはもはや〈技術〉、即ち支配者たちのための一連の金言ではなくなって、一種の新しい倫理の様相を帯びるに至った。国家の理性《リーズン》は会議室の暗がりの中での惨めな頼りない生活を終えて、明るい場所に出て来て、〈国家の魂〉として歓呼されるに至った。

マイネッケはこれをやや婉曲に〈私生子の認知〉という言葉で表現したが、それどころかもっともっと重大なことがこれに懸っていたのである。ここに起こったのは、伝統的な政治的現実主義の観点の完全な転回であった。トラシュマコス、アウグスティヌス、そしてマキアヴェリ自身、つまり政治における実力の有する至上の重要性をこれまで証言してきた人々はみな、実力と正義、実際的効果と正当化、事実と価値を混同しようなどとは夢にも思わなかった。実際、〈ある is〉と〈あるべきである ought〉とをマキアヴェリ以上に判然と区別した人はなかった。彼は、〈いかに生きているか〉と〈いかに生きるべきか〉との間、〈善の道〉と〈悪の道〉との間には大きな隔《へだた》りがあることを生《なま》のままに認識していた。したがって、『君主論』刊行以来しばしば現われた見解には幾分かの道理があろうと、時には思いたくなるのも尤もである。その見解はルソー、アルフィエーリ、またフォスコロ*によって支持されたものであるが、これによると、マキアヴェリの託宣は暗号で綴られた託宣であると見なされた。それは、君主に対する教示としても、またその他のすべての読者に対する警告としてでも、どちらにも読みとれるものである。なるほど、マキアヴェリの著述の多くのものには一種の警告がなくはない。例えば『ローマ史論』の中で彼は、政治が要求するものは非常に恐しくかつ甚だしい苦痛を与えるから、政治家の生活より一市民としての生活の方が望ましい、と率直に言っている。これとは違ってもっとユーモアを含んだ調子でだが、彼は或るときグィッチャルディーニへの手紙の中で、良い説教者というものは、人々が地獄への道を進まないようにするために、地獄への道を描き出すことによって〈天国への本当の道〉を人々に教える人だ、という考えを述べたことがある。

　ところが今や、政治家が「必要な場合には如何に利用すべきかを知ら」ねばならぬ〔とマキアヴェリが言った〕、その悪そのものが、天国への道と見なされるに至った。ヘーゲルは青年時代の著書の中で次のように書いた――マキアヴェリは真実を語った、しかも真剣に語ったのだ。彼の『君主論』は、イタリアを一個の国家とすべし、という至上命令を体現した。政治の技術を個人的道徳の基準で判断することほど、ばかげたことはない。「国家に対する最大の、いや唯一の犯罪は、無政府状態《アナーキー》である。……国家の第一の任務は、自己を維持し、その存立を敢えて脅かそうとする者があれば、すべてこれを打倒することとである」と。実力国家《マハトシュタート》の理論の最も徹底した支持者であったトライチュケも、同じような讃辞を呈した。「国家をそれ自身の足で立たせたこと……国家は権力であると初めて判然と表明したこと、これこそマキアヴェリの永遠の名誉である。……この思想のもろもろの帰結は遠大な影響をおよぼしている。それは真理である、だからそれに直面する勇気のないものは、政治にかかわらぬ方がよい。この点におけるマキアヴェリへの恩義をわれわれは忘れてはならない。」

　このような全く新しい展望の中に置かれることになると、それまで国家理性論者たちを甚だ深刻に悩ましてきたところの、道徳と政治との間の関係の一切が、根本的に変えられた。このことは次に掲げるヘーゲルの有名な文章において、最も明らかにうかがわれる。「政治が道徳と衝突すれば、つねに政治の方が悪いのだと主張される場合には、そこで提唱されている教説が、道徳、国家の本質、および道徳的見地に対する国家の関係に関して皮相な見方に立っているのである。」道徳および国家の本質に関するヘーゲルの〈深遠な見方〉が現実にはどんなものであったか、ということはここではわれわれの関心事ではない。それはマキアヴェリのような見方ではなかった、ということは確かである。恐らく、マキアヴェリと初期の彼の説の祖述者たちは、ヘーゲルが国家を〈倫理的理念の現実態〉とか、〈自由の現実化〉とか、〈世界における神の行進〉などと定義したのを聞いたとしたら、何を言おうとしているのか殆ど理解できなかっただろう。彼らは国家が実力に基づくものであると考えはしたが、この考え方は全く事実に関するものであって、そこには形而上学的なところは一切なかった。彼らは権利《ライト》に関心を抱いたのではなく、実力《マイト》に関心を持っていた。彼らは、一方が他方を必然的に伴い来るものではないことを、完全にはっきりと知っていた。ところが、実力国家《マハトシュタート》を礼讃した人々にとっては、実力《マイト》こそ権利《ライト》の終局的な源泉であった。彼らの主張は、政治的現実主義の限界を遠く越えたものであった。彼らの理論は権威《オーソリティ》の理論であり、彼らの血に飢えた神が終局的な価値であった。彼らの問題がここでのわれわれの関心事でない以上は、われわれは大して遺憾とも感ずることなく、少くとも当分の間、われわれの進む道から彼らにのいていただく次第である。

参考書

ボテーロ『国家理性論』Giovanni Botero, *Della Ragion di Stato*, 1589 (Eng. trans. by P. I. and D. P. Waley, New Haven 1956), Dedication and Book II, §§6 and 15. ツッコロ『国家理性論』Ludovico Zuccolo, *Della Ragion di Stato*, 1621 (ed. by B. Croce and S. Caramella, Bari, 1930.) ヘーゲル『ドイツ憲法論』Hegel, *Die Verfassung Deutschlands*, 1802 (ed. by G. Lasson), §9 (Eng. trans. by T. M. Knox in *Hegel's Political Writings*, ed. by T. M. Knox and Z. A. Pelczynski, Oxford, 1964, p. 221). 同『法の哲学』*Grundlinien der Philosophie des Rechts*, 1821. (Eng. trans. by T. M. Knox, Oxford, 1942), §§257-8 and addition 152-3, §337. トライチュケ『政治学』H. von Treitschke, *Politik*, Leipzig, 1897-8 (Eng. trans. by B. Dugdale and T. de Bille, 1916, repub. by H. Kohn, New York, 1963), Book I, ch. 3.

〈国家理性〉の教説に関する先駆的著述は次の二著である。クローチェ『イタリア・バロック時代の歴史』B. Croce, *Storia dell'età barocca in Italia*, Bari, 1926, I, §2. マイネッケ『近代史における国家理性の理念』F. Meinecke, *Die Idee der*

Staatsräson in der neueren Geschichte, Munich, 1924 (Eng. trans. by D. Scott, *Machiavellism. The Doctrine of Raison d'État and its Place in Modern History*' London, 1957).

本章で触れた実力国家（*Machtstaat*）の理論の解釈については次の書を見よ。リッター『実力の魔力』G. Ritter, *Die Dämonie der Macht*, Munich, 1948 (Eng. trans. by F. W. Pick, *The Corrupting Influence of Power*, Hadleigh, 1952).
〈国家理性〉論の中世における先例については、ゲインズ・ポーストの優れた論文 Gaines Post, '*Ratio Publicae Utilitatis, Ratio Status, and "Reason of State", 1100-1300*' を見よ。この論文は今では『中世法思想の研究』*Studies in Medieval Legal Thought*, Princeton, 1964, ch. v.に収められている。

六　〈階級闘争〉と〈支配的エリート〉

マルクス主義の国家観は、ぜんぜん形而上学的前提を持っていないわけではない。それには価値に対する一定の判然たる見地が浸透していることは確かである。だが、少くともその結論においては、それは政治的な諸問題については現実主義的な評価を行なうという、紛う方なく明らかな特色を示している。それが最も重要視しているのは、人間関係の決定的要素としての実力《フォース》である。〈逆立ちさせられた〉ヘーゲルの弁証法がマルクスとエンゲルスに、歴史の進行過程に関する彼の基本的解釈を提供した。この解釈が次には、国家の問題を明快に見うるようにするところの骨組を構成した。政治のありのままの事実が、この骨組に実にぴったりあてはまるように見える。社会生活のもろもろの対立と衝突、人間の人間に対する支配の特色をなす恐るべき紛争は、歴史の弁証法の結果として説明することは容易である。国家は、マルクス主義者にとっては、歴史的矛盾の結果であった。「過去および現在のあらゆる人間社会の歴史は、階級闘争の歴史であった。」「厳密に言えば、政治的権力は、或る一つの階級が他の一つの階級を服従させるために行なう、実力の組織的な行使である。」「近代の国家権威は、一個の全体としてのブルジョア階級の統合された事柄を管理するための委員会に過ぎない。」以上は、一八四八年の共産党宣言の言葉である。だが、これより数年前に、マルクスとエンゲルスはすでに、次のように論じていた。「国家は……ブルジョアジーが外部的および内部的な目的のために、彼らの財産と諸利益を相互に保障し合うために、必然的に採用するところの組織形態にすぎない。……国家は、一個の支配階級に属する諸個人が彼らの共同の利害を主張するところの形態である。」

これまでは、われわれは単に、人々の間に存在する実力《フォース》関係の事実的叙述——さまざまの形式で現われる政治的現実主義の特色をなしているのと同じ種類の叙述――に直面しているように思われる。ところが、これとは異なる次元の議論――この次元では、問題になるのはもはや事実ではなくて価値である――への移行が、やがて明らかになる。まことに奇妙なことであるが、この移行は、歴史の内在的《イマネント》進行過程なるものを論拠とすることによって遂行されたのである。われわれはまず諸々の実力間の矛盾の存在を認識する、それからその矛盾の〈弁証法的解釈〉に導かれ、次いで、あらゆる対立や圧迫がなくなるような未来社会においてはそのような矛盾が取って代られる、という予見にまで導かれるのである。このような解釈と予言は、すでに共産党宣言の中に略説されている。これらは、マルクス主義的教説をその成熟した形で説明している諸著作において再び現われ、もっと詳しく展開される。エンゲルスは次のように書いた。国家は一個の歴史的産物――「或る進化の段階における社会の産物」である。しかしそれはまた同時に、歴史に固有の弁証法の証明でもある、何故ならそれは、「この社会がどうしようもないほど内部で分裂してしまって、自分では除去できないような、調停不可能な矛盾に巻き込まれてしまったということの告白」だからである。このような矛盾の解決は、プロレタリアートによる権力の獲得と、すべての生産手段の社会そのものへの引き渡しに見出さるべきである。かような権力の獲得と所有権の譲渡が行なわれることによってのみ、階級差別と階級対立は除去され得る。そして「服従されるべき階級がなくなるや否や、階級支配とわれわれの現在の生産の無政府状態に基づく個々人の生存闘争が……除去されるや否や、もはや圧迫されるべきものはなくなり、特殊な圧迫の実力たる国家は、もはや必要ではなくなる。」勿論、国家は〈廃止〉されることはなかろう。それは〈枯死〉して行くのであって、それと同時に、それまでその支配の特色をなしていた圧迫のもろもろの道具もまた枯死するだろう。ここで歴史上はじめて人間は完全に自己の運命の支配者となり、〈必然の王国から自由の王国への人間の上昇〉が行なわれるであろう。

これが、政治の問題に対する純粋に事実叙述的《デスクリプティヴ》な接近方法では断じてないことは、明らかである。診断が治療に導き、その治療が今度は完全な健康回復の約束へ導いた。階級なき社会の到来は歴史的発展の論理的帰結であるという予言の上に、そのような社会を実現せよとの命令が二重に焼きつけられて (superimpose) いる。「このような普遍的解放の行為を遂行することは、近代的プロレタリアートの歴史的使命である。」自由の達成に帰せられる終局的価値が、この命令に絶対的、至上的な意味を与える。しかしこのことは、自由の支配がまだ前途遼遠であり、今日ある如き社会関係が別の異なる法則によって、別の異なる命令によって決定されるという事実を排除するわけではない。必然の支配は実力の支配である。この故に、階級闘争の結果であり、また人間の圧迫の道具でもある国家は、一定の社会における権力の独占体に外ならない。少くともこの点においては、マルクスの政治観は、マキアヴェリのそれと本質的な違いはない。

このような関係において、〈必然〉という重要な語が再びここに用いられていることは、特殊な意味をもっている。イタリア人にとってもっと重要なことは、イタリアの最も偉大なマルクス主義の祖述者の一人であるアントーニオ・グラムシがマキアヴェリに敬意を表していることである。グラムシはその『獄中ノート』の中で、彼が『君主論』の〈神話〉と称したものについて、若干の奇妙な、しかも啓発的な論証を加えている。彼の信ずるところでは、その神話は、「或る一定の政治的目的を追求する、或る一定の集団的意志の形成過程」を、マキアヴェリが「造形的《プラスティック》」に、また「擬人的」に叙述しているところにある。グラムシによると、このような神話は、現代の政治的情況にもあてはまる。この情況は、もはや一個特定の個人に具体化されるのではなく、或る特定の目的を達成するために団結した人人の行動において具体化される。このような言葉を書いたとき、グラムシは明らかに、解放のための革命を遂行する任務、つまり「新しい型の国家を建設する」任務を彼が割りあてた人々のことを念頭においていた。彼は共産党に組織されたプロレタリアートのことを考えていたのである。マキアヴェリが彼の時代において彼の君主のために書いたすべての原理は、〈新しい君主〉にそのまま当てはまるだろう。即ち、〈必要に応じて〉良い手段も悪い手段も無差別に利用すること、これらの手段を〈目的を考慮して〉、即ち権力の獲得を考慮して正当化できるということ、――このような原理はそのまま適用できる。かくて〈実際的真実〉の認識は、政治行動のための新たな一組の原則に表現され、それらの原則は、今度は、変形されて、新しい倫理の体系として神聖化され得るだろう。

かくてここに、実力説の整然たる近代版、トラシュマコスとマキアヴェリの古い議論に類似したものができ上った。しかし、国家からあらゆる幻想を剝ぎ取り、現実主義的な主張を新たな力強い方法で述べたという功績をもつのは、あるいは非難をこうむるのは、マルクス主義者だけではない。彼らとは正反対の極に、一団の著述家たちがおり、この人々は、現代世界において、政治に関しては前者に劣らぬほど現実主義的な見地を採り、したがって〈新マキアヴェリ主義者〉と呼ばれたのも全く尤もなことであった。これらの人々が用いている論法は、例の実力論者たちが用いた、あのお馴染みの論法であるが、彼らが到達した結論はマルクス主義者とは正反対のものである。この人々の悲観主義は、〔マルクス主義者の抱いているような〕差し迫った浄化《カタルシス》の期待によって救われてはいない。私がここで言おうとしているのは、いわゆる〈支配階級〉の理論、ないし〈支配的エリート〉の理論のことであって、この理論は最初に二人のイタリアの著述家モスカとパレートによって定式化され、今日では現代政治科学者たちに非常に人気のある理論である。この理論は、政治的事実および現在の権力的情況の純粋に事実叙述的分析たらんとする点において、いとも〈現実主義的〉であるとして推奨されている。この理論は、モスカの言葉を借りると、次のように主張している。

あらゆる政治的有機体の中に見出される不変の事実と傾向の中にあって、次のことは非常に明白であるから、どんな無頓着な人の目にも看取されうる。すなわち、あらゆる社会には……人々の二つの階級が現われる――支配する階級と支配される階級とである。第一の階級は、いつも人数は少いが、すべての政治的機能を遂行し、権力を独占し、また権力のもたらす特典を享受する。これに反して、第二の階級は、人数においてはまさっているが、第一の階級によって、或るときは多かれ少かれ合法的に、或るときは多かれ少かれ専断的かつ暴力的に、指導統制されるのである。

パレートもほぼ同じような言葉で自己の主張を述べている。「少くともわれわれは社会を二つの階層、即ち通常は支配者を含むところの上流階層と、通常は被支配者を含むところの下流階層とに分けることができる。この事実は非常に明白であるから、どんな無頓着な観察者の注意をも必ず惹きつけずにはいなかったのである。」

モスカとパレートが叙述したような事態が、彼らが言うほど明白であるとすれば、現代の研究者たちから大いに高く評価されている彼らの教説の新味は一体どこにあるのか、と疑わざるを得ないではないか――と指摘することは容易であろう。その新味は——新味があるとしての話だが——このような事態をもたらすのに実力《フォース》が果した役割を彼らが強調していることと、彼らがこの議論を保守主義を擁護し、社会的変革と革新とに反対するために用いている点にある。パレートの言葉によると、

> われわれは〈国民代表制〉という擬制《フィクション》にいつまでも拘《こだ》わる必要はない——つまらぬ無駄話からは何も生れて来ないから。支配階級におけるさまざまな権力形態の底にある実体は何であるか、検討しよう。数も僅かで時間的にも長く続かない例外的な場合を無視するならば、到る処にわれわれは比較的少数の個人から成る支配階級が、一部分は実力を用いて、また一部分は、数においては遙かにまさる被支配階級の同意を得て、権力の地位を維持しているのを見るのである。実体について言えば、その差は主として、実力と同意とが占める割合より生じ、また形式について見れば、どのようにして実力が行使され、同意が得られるかによって、生ずるのである。

　明らかに、同意は単に実力の余波にすぎず、この実力は必ずしも物理的な力を意味せず、支配者の側が特殊な技量(skills)を持っていることである、と見てよかろう。政治の研究において、ただ一つ重要なことは、人間が人間に服従するという基本的な事実である。彼ら以前にも保守的な著述家はあったが(私は先にド・メーストルについて触れた)、それらの人々と同様に、モスカとパレートも政治の避け得ない困難を叙述し強調することを楽しんでいる。〈国家は祈禱書で統治されるものではない〉のであって、情容赦なき紀律を以てしなければならない、と。

　たしかに、モスカとパレートの見解の保守的傾向は、それをマルクス主義者の見解と比較して見るとき最もよく明らかになる。彼らの基本的前提は、マルクスおよびエンゲルスのそれと実によく似た所がある。モスカもパレートも、政治的権力の存立は敵対的な階級間の闘争に依存し、したがって国家は、人数の上では限られている一個特定の階級による、権力の手段の、多かれ少かれ安定的で永続的な独占である、と信じている。モスカによると、「文明人の歴史の全体は、要するに、支配的分子が政治的権力を独占する傾向と、……古い勢力が解体して新しい勢力が台頭して

来る傾向との間の矛盾である。」パレートもこう書いている。「貴族政治は永続きはしない。その原因はどうであれ、或る相当の時間がすぎるとそれが崩壊することは争うべからざる事実である。歴史は貴族政治の墓場である。」また更に曰く、「革命が起るのは、社会の上層部に、権力の地位を維持させるに適した素質（文字通りには〈残基 residues〉）をもはや持ち合わせず、実力を行使する勇気のない退廃分子がたまって来るのに反して、他方では社会の下層部には、統治の機能を果すに適した素質を持ち、実力を用いる意欲を充分に有する、すぐれた質の分子が前面に出て来るからである。」このようなモスカとパレートの言明には、明らかにまるでマルクス主義思想の反響《こだま》がきこえてくるようである。しかし一つの明白な相違がある。ここには闘争、対立、〈矛盾〉からの逃走あるいは解放の可能性については一言も述べられていない。社会的現実はこれまで常に、一団の人間による他の一団の人間に対する圧迫と搾取であって、今後も常にそうであろう、と言うのである。

エリート理論における〈事実の教訓〉の正体が、ここに歴然と現われている。それは非常に明白であるから、最近の或る学者はこれを正当にも〈ブルジョア的弁護〉の理論であり、既存秩序の保持を祈るための聖務日課書と呼んでよいものだ、と定義した。〈支配階級〉は警戒を怠ってはならぬ。歴史の教訓を大切にしなければならぬ。実力と同様にまた同意に基づいて権力を築き上げる術策を学ばねばならないが、それは常に、適切なイデオロギー的装備に頼ることによって可能である。（イデオロギー的装備とはモスカの言う〈政治的定式語 political formula〉であり、パレートの言う〈派生体 derivations〉である。これらはプラトンの言う〈高貴な嘘〉と何処が違うのか？）何よりもまず支配階級は常に監視を怠ることなく、あらゆる手段を用い、実力と奸策を用いて身を守る用意をしていなければならぬ、その昔マキアヴェリが言ったように、〈狐とライオンの如く〉！　ここでまたもやマキアヴェリが引合いに出されていることは、意味なきにあらずである。パレートは〈狐〉と〈ライオン〉にそっくりだ。実力理論は彼における方がモスカにおけるよりも遥かにむき出しの形を帯びている。モスカの政治観は遥かに複雑であり、彼の国家観はやはり合法性と正義とを重んずる感情によって影響されている。しかし両者とも〈人道主義《ヒューマニタリアニズム》〉の危険を倦むことなく訴えている。即ちそれは、実際的真実を覆いかくし、支配階級に「下層階級に属する人々を直接に相手にしたり、彼らに命令を下したりする習慣を失わ」しめることによって（モスカ）、あるいは、「権力の地位にある人々の側の抵抗」を弱め、「被支配階級の側における暴力への道を開く」ことによって（パレート）、支配階級のエネルギーを減少させるだけだ、などと言っている。

先に私はこれを保守的防衛の理論と呼んだ。しかしこれまでのところ、新マキアヴェリ主義者たちの比較的挑発的な主張も、やはり単に一組の技術的処方を構成するものとして、――次のような原則《パターン》に則って沢山の実践的公式を定めたものとして、解釈することができよう。つまり〈政治が現にある通りのものとすれば、支配階級はその権力を維持して行くために、これこれしかじかの行動をしなければならない〉と言うのが、その原則である。ところが、モスカとパレートはまた、これとは全く違ったことをも言おうとしている。彼らもまた多かれ少かれ意識しながら、事実叙述の次元から価値判断の次元へずるずると移って行っている。彼らは単に実力理論を説こうとしているだけでなく、またその正当化をも行なおうとしているのだ。このような議論の次元の移動は、〈最良の人々〉とか〈エリート〉とか言うような語の曖昧な用い方に最もよく現われている。このような語を曖昧に用いているために、権力を保持している一個の集団ないし階級の支配的地位と、このような保持の〈正当性〉とを同時に主張することが可能になっているわけである。こういう次第だから、モスカによると、支配階級は、或る能力を有するが故に、支配している、と言うことになる。「彼らが支配階級であるということ、そのことが、一定の時点において、一定の国土において、彼らが支配するのに最もよく適した人々を含んでいることを示している。」パレートによると、エリートは、定義からして、「彼らの行動部門において最高の指数を有する人々の」階級である。このような陳述は、事実を述べているような口調で述べられているにもかかわらず、また〈才能ある故に〉エリートである者と〈事実上〉エリートである者との間の食違いを認める可能性――それはなお大いにあるのだが――があるにもかかわらず、一種の価値判断をともなっている。もはやあることが語られているのではなく、あるいはただあることだけが語られているのではなくて、あるべきことが語られている。もっと正確に言うなら、あることは、あるべきことに照応するものとして、あるいは、あるべきことの標識として、考えられているのである。隠喩的に言うなら、〈お偉ら方たち《ボス》〉だけが〈町の守護神〉

であり、そのようなものとして尊敬されるに価いする、だから、実力が最後の根拠（ultima ratio）である世界において、他のどんな保護者たちに訴えることができようか？　と言うに等しいのである。モスカとパレートは、〈実際的真実〉の名において、単に〈人道主義的夢想〉に対して挑戦しているのみではなく、平等に対して、国民主権に対して、民主主義の諸原理に対して、当時の政治的イデオロギー全体に対して挑戦しているのであって、彼らは、現今のその他の非常に多くの新マキアヴェリ主義者と同様に、それらすべてのものを転覆しよう、それらに挑戦しようとしているのである。この半世紀来の歴史は、彼らの努力が大いに実ったことを物語っている。

支配階級および支配的エリートの理論に対する以上のような酷評――酷評と呼んでよいとしての話だが――は、この理論の正しい解釈と用い方とについて近年行なわれたところの、詳細で成果のあった論争によって、その効果を減少させられるとは思わない。最近、〈エリート・モデル〉の妥当性、つまり事実との合致について大いに議論が行なわれ、今もなお続いている。これは、政治哲学者よりはむしろ政治科学者に関係のふかい問題である。政治的権力は少数者の手中にあるか多数者の手中にあるかの問題、また或る一定の社会におけるそれの実際の配分は民主制の型《パターン》よりも寡頭制《オリガーキー》の型にしたがうかどうかという問題は、実地に就いて、つまり証拠の注意ぶかい検討によってのみ判定され得る問題である。しかしまた、エリート理論は民主的な諸理念、つまり西洋において現に承認されている価値体系の全体と調和され得るか否か、また如何にして調和され得るか、という問題に関しても、大いに議論が行なわれた。実はこれらの理念に対しては、モスカは少くもその青年時代において、パレートは一生涯、軽蔑と嘲笑以外のものを加えなかったのである。政治的エリートの観念は健全な民主政治の運用と必ずしも両立しないものではない、ということを証明するために、念の入った努力がなされた。つまり、少くともエリートと言うものが〈開放的エリート open élites〉と見なされるならば、あるいは、複数の互いに競争する立場にあるエリートの存在が保障されるならば、あるいは最後に、パレート自身が脳裡に描いていた〈エリートの周流〉の過程が促進されて、全社会からその権力構造が自由にかつ意識的に承認されるばかりか、支配階級の不断の更新と統制とを確実にするに至るならば、政治的エリートの観念は健全な民主政治の運用と必ずしも両立しなくはない、と主張されたのである。かように主張することによって、〈エリート主義的〉学説の近代の民主主義的弁護者たちは、それを全く新しい鋳型にはめこみ、かくてそれをモスカとパレートが提唱したのとは非常に異なる理論に変えつつあったことは、明らかである。彼らが、近代社会に存在する機会の平等を強調することによって、初期の〈エリート主義的〉学説に非常にはっきり現われていたあの反平等主義という毒針を抜き去ることに成功したかどうかは、まだ明らかではない。また、その平等なるものが本当に現代社会に存在するのか、それとも現存の富、階級、教育の諸条件によってまがい物にされているのかも、やはり問題である。しかし彼らは、エリートの支配を正当化するため同意の必要性を強調することによって、同意ではなくて実力が人間対人間の関係の決定的要素であり政治の基本的要素であるという、モスカとパレートの主要な主張から訣別したことは確かである。ところが実は彼らが、少くとも最初は全く没価値的《ヴァリュー・フリー》であろうとした学説、つまり昔の政治的現実主義の本当の後継者になろうとした学説に、一種の価値的なものを引き入れているのである。このような特殊な価値については、やがてわれわれが現実主義的接近方法を論ずるのをやめて、国家の基礎および政治の本質に関する批判的評価を論ずる際に、再び立戻って論ずることになろう。

参考書

マルクス＝エンゲルス『共産党宣言』Marx and Engels, *Manifesto of the Communist Party*, 1848 (Eng. trans. by Eden and Cedar Paul, *The Communist Manifesto of Karl Marx and Friedrich Engels*, London, 1930), §§ i and ii. 同『ドイツ・イデオロギー』*The German Ideology*, 1845–6, ed. by R. Pascal, New York, 1947–60, ch. i, § 2. エンゲルス『反デューリング論』F. Engels, *Anti-Dühring*, 1878 (Eng. trans., *Socialism, Utopian and Scientific*, Marxist Library, vol. II, New York, 1935), part iii. 同『家族、私有財産および国家の起源』*The Origin of the Family, Private Property and the State*, 1884 (Eng. trans., Chicago, 1902), ch. IX. グラムシ『著作集』中の「マキアヴェリに関するノート」A.

Gramsci, *Opere*, vol. V, *Note sul Machiavelli*, Turin, 1949. モスカ『政治学要綱』G. Mosca, *Elementi di Scienza politica*, vol. I, Rome, 1896, vol. II, 1923 (Eng. trans., *The Ruling Class*, New York and London, 1939, ch. ii, §§ 1 and 8; ch. iii, § 1; ch. iv, § 6; ch. xvi, § 4). パレート『一般社会学概論』V. Pareto, *Trattato di sociologia generale*, Florence, 1916 (Eng. trans., *The Mind and Society*, New York, 1935), §§ 2031, 2047, 2053, 2057, 2174, 2178, 2185, 2227, 2244.

支配階級の理論およびその歴史的背景ならびに意義の優れた評価として、次の書を見よ。マイセル『支配階級の神話』J. H. Meisel, *The Myth of the Ruling Class. Gaetano Mosca and the Élite*, Ann Arbor, 1958.

イタリアにおけるエリート理論の消長および再定式化の概観としては、次の書を見よ。ボッビオ『現代イタリアの政治理論とイデオロギー』N. Bobbio, 'Teorie politiche e ideologie nell'Italia contemporanea' (*La filosofia contemporanea in Italia*, vol. II, Asti, 1958 所収)。また世界全般においては、ボットモア『エリートと社会』T. B. Bottomore, *Élites and Society*, London, 1964.

〈支配的エリート・モデルの批判〉としては、この表題で書かれたダールの論文 R. A. Dahl in *52 American Political Science Review*, 1958, 2 と座談会記録『政治的エリート』*Le élites politiche* (IV World Congress of Sociology, 1959), Bari, 1961. を見よ。

〈新マキアヴェリ主義者 new Machiavellians〉という名称は、バーナムの有名な論文 J. Burnham, *The Machiavellians: Defenders of Freedom*, London, 1943 から出たもので、既に非常に普及するに至っている。

七　現代政治科学における国家観念の解体

これまで私は現代政治科学に対しては行きずりに言及したに過ぎなかった。しかし私が行なった言及だけでも、この〈新しい科学〉が何をしようとしているか、いや、この方がもっと大切なことだが、何になろうとしているかについて、幾分か明らかにするのに充分であろう。それが科学としての地位を占めると自称しているのは、政治的事実に厳密に経験的な接近方法を用い、また倫理的中立性を厳重に守っていることに基づいている。このような前提を考慮に入れて見るならば、現代政治科学が達成しようとしている意図および目的は、マキヴェリや昔の政治的現実主義者たちが心中に抱いていたものと、本質的に違ってはいないように思われる。後者が抱いていた意図と目的とは即ち、〈事物の真実〉を追求しようとする意図であり、政治的現象に関する、〈価値〉あるいは選択に関する限りにおいては全く判然たる態度を示さないような、叙述および説明を与えようとすることであった。

しかしながら、現代の〈科学者〉と昔の〈政治的現実主義者〉とを区別する二つの重要な相違点がある。第一点は、前者の尨大な量にのぼる著述が、可能な場合にはいつでも、原則を表明すること――昔の政治的現実主義者が〈統治の技術〉を発見し教えようとする余りに、倦むことなく定式化した〈技術的《テクニカル》な〉原則を表明することさえも差控えて、いかなる種類の教育的ないし規範的な言葉づかいをも注意ぶかく避けていること（あるいは、避けようとしていること）である。現代政治科学者の第一の関心は、もはや〈教えること〉ではなくて、綿密に研究し解明することである。彼は、自分が蒐集して一個の体系にまとめた事実的データから実際的な推論を導き出すことは、これを余人に――政治家、政治評論家、そして結局われわれ各自に――まかせるのである。第二の、右に劣らず重要な相違点は、伝統的な政治思想の観点《パースペクティヴ》を完全に変えるところのものである。現代政治科学は、政治現象の研究を国家の問題を専ら中心とする立場から引き離そうとする。それはどんな社会的関係にも存在する実力関係に対して一般的に関心をよせるから、或る特定の社会において或る時点における組織された実力にたまたま適用されるような或る特殊のラベルあるいは〈名称〉に対しては、余り注意を払う余裕がないのである。

現代政治科学における国家観念の解体は、非常に刺激的で異常な出来事であるから、それを説明し解明するための詳細な研究がまだ行なわれていないのは不思議である。本章では私はただ、この新しい科学が最も大きな影響力を持っているアメリカからわれわれに伝わって来た教説に言及することによって、この出来事を簡単に説明して見るだけに止めよう。ところが実は、最近数年間にアメリカの政治科学者たちによって展開され強調された主題《テーマ》の大部分は、ずっと以前のアーサー・F・ベントリの著書――一九〇八年発行の先駆的著書――の中に見出され得るのであって、この挑戦の真の性格を把握するためには、この書物以前にまでさかのぼって見る必要はない。このベントリの著書の表題――『政治の過程』*The Process of Government*――そのものが、すでに多くのことを語っている。この表題をラテン的な言語に適切に翻訳することは、殆ど不可能である。初っ端から、ベントリの接近方法は、国家と政治に関する伝統的なヨーロッパ大陸的思考方法とは全く異質なものであるという感じを起させる。

ベントリの主張は、かいつまんで言えば、次の如くである。〈Government〉（われわれは古い言葉を用いれば、やはり 'politics' の名でこれを呼ばねばなるまい）は、「最初にも、最後にも、そして常に、活動、行動、〈何かすること something doing〉である」。そのすること *doing* とは、即ち、「或る人々が、他の人々に対して前とは変った方針に沿って行動するように強制することであり、そのような切換えに対する抵抗を圧倒するため勢力を集めることであり、あるいは、一つの勢力の集中を他の勢力の集中によって追い散らすことである。」他ならぬここにこそ、「政治《ガヴァン》《メント》の研究の素材がある。」それは即ち、人間相互間の、あるいは人間の人間に対する行動である。それはわれわれの目前に、「他の目的意識的行動によって評価される、目的意識的行動の形をとって」あらわれる。つまり、〈思想〉とか〈制度〉とかの形においてではなく、〈過程《プロセス》〉の形をとってあらわれる。

このように政治的経験を過程《プロセス》に還元することから生ずる第一の、不可避的な結果は、その流動における停止または結晶を表示するすべてのものの重要性を、現実に否定しないまでも、軽んずることとである。ベントリによると、政治の真の性質は、「単に或る政治への参加者たちが則るべき方法を述べているにすぎない」法律書《ローブック》から推論することができないし、また「法律書の背後にある〈法〉からさえも——これが人民の現実の機能を意味しているものとされる場合は別であるが——」推論することができない。それは「憲法制定会議の議事録に」も、「専制政治や民主政治に関する論文、演説、訴え、また非難に」も明らかに示されてはいない。それは、「国民性」とか彼らの「感情」や「思想」、彼らの「心情」とか「精神」とかに求めらるべきではない。政治《ガヴァンメント》の素材は、「国民の現実に行なわれている立法・行政・司法的活動の中に、また人民の間に集まり、それぞれの分野に奔流して行く幾つかの活動の流れや潮流の中にのみ、見出され得るのである。」

ベントリはこのように政治の本質を定義した上で、その研究の輪廓を次のように描いている。政治学の任務は、一般の社会科学の任務と同様に、人々のもろもろの行動を決定し、それらを結合して無限に多様な関係、あるいは〈集団《グループ》〉を成さしめるところの、もろもろの意図あるいは〈利害《インタレスツ》〉を選び出すことである。ところが、集団《グループ》の観念を利害《インタレスト》の観念から分離することはできない。両者は別個のものではない。両者は密接にからまり合っている。「その利害を持たぬ集団はなく、」そして「利害は……集団の同義語である。」しかしベントリは、利害の観念が単なる経済的利害よりも広い意味で理解されねばならぬことを、しきりに説明しようとしている。よくよく観察すれば、利害とは、或る特定の集団の結合原理であることが明らかになる。そのような原理が研究の対象となり得る。われわれはそれを、「鳥や蜜蜂や魚の習性や有機的機能を研究する場合と同じように冷静に」研究しなければならない。

しかし、政治現象は、単に、利害を具現するもろもろの活動であるばかりではない。それは更に、利害と同じように注目しなければならぬ一種の要因の存在を、その特色としている。それらは「最初から最後まで、力《フォース》の現象である。」だが〈力《フォース》〉というのは「いやな言葉」である。それは自然科学においてさえ不正確な語であるが、「やはり、いわゆる〈物理的な力 physical force〉と殆ど同じものと見られ、共感を呼ぶような、道徳的ないし理想的な性質を有する非実力的な諸要素に対立するものとして、余りにも解釈されがちである。」そこでベントリは、その代りに〈圧力pressure〉という語を用うべきであると提案する。何故ならば、「集団《グループ》そのものに」注意を集中する方が、「集団の下にあってこれを支えていると想定される何らかの神秘的な〈実在《リヤリティーズ》〉に注意を集中するよりも、」有利だからであり、また、「その意味は狭い意味の〈物理的《フィジカル》〉なものに限局されない」からでもある。「これから圧力《プレッシャー》という語を使うが、これは常に集団的現象のことである。それは諸集団の間の圧迫と抵抗を意味する。もろもろの集団的圧力の均衡が即ち、現存の社会状態である。」

まさにこの点において、ベントリは国家の観念に攻撃を加えようとする姿勢を明らかに示しているのである。彼は〈government〉という語を定義し、それを用うることを正当化することが、なかなか困難であることに気づいている。この語は、一般に政治的現象という語の意味するものとは正確に一致しない。それはもっと狭くもあれば広くもあるのであって、この語はその最も普通の用法においては、それによって或る一定の社会における利害の調整あるいは均衡が達成されるような、或る種の〈分化された〉諸活動を指すのだ、としか言えないだろう。しかし、このような活動を言い表わすために〈国家《ステート》〉という語を用い、「他のいろいろな形態の社会組織の制裁《サンクション》とは判然と区別される制裁を具えた一つの部類に」入れて、いまさら事態を紛糾させたところで何の益もない。このような区別は全く〈人為的〉であって、ただ〈無益な形式主義〉に導くに過ぎず、何よりも重要なこと、即ち政治過程（the process of government）そのものを見失わせることになるだけだ。「たしかに、従来の知的娯楽の中では一段と際立っていた」ところの〈国家の理念《アイデア》〉なるものは、「或る特殊の場所と時点においては……、或る特定の集団の活動に対して、わかり易くて勿体ぶった表現を与えるのに貢献」したかも知れない。しかしその主張は、「余りに些細な要素」に基づいているので、政治の研究において一個の特定の場所を占めるに価いしない。行政、立法、または司法、あるいはまた憲法を論ずるにあたっても、政治科学はこの〈形式的な要素〉〔〈国家〉のこと〕の「背後に踏み込んで」、「これを手段として相互に作用し合っているところの真の利害は何か」を明らかにしなければならない。結局のところ、残るのは、或る人々は他の人々の行動《ビヘイヴィヤー》をこちらの思い通りに決定することによって自分たちの意志を通すことに成功する、というあらわな事実だけである。

以上が五十年以上も前にベントリが提出した意見であって、その背景と由来とをもっと詳しく探究するのは、たしかに、大いに興味あることではあろう。この見解の中に、アメリカの言語学的用法には、〈国家《ステート》〉という語に対する正確な意味づけが欠けていたという事実（これについては既に触れたが[1]）が恐らく反映されているだろうと思うが、それと共にまたここに、プラグマティズムの明白な影響の跡を見つけることは、たいして難しいことではない。国家の観念にもっと細かな注意を向けるならば、われわれはベントリの酷評と、アメリカの法学的現実主義者たちによる法の形式的概念の崩壊の間に、まことに興味をそそるような類似を見出すことができよう。両者とも、一つの共通の根、即ちアメリカの社会科学の特色をなしている行動主義的《ビヘイヴイヤリスト》接近方法から出ていると見られよう。それはともかくとして、重大なことは、ベントリの議論が彼のこの著書が現われてから半世紀以上も経ったのに、なお現代の著述家たちによって口真似されていることである。

（1）　本書四一頁を見よ。

かくてわれわれは、デイヴィッド・B・トルーマンが、その表題（『政治過程』*The governmental Process*, 1951）においてさえベントリに直接の恩恵をこうむっていることを認めている著書の中で、「政治過程の集団《グループ》的解釈は、……社会とか国家とか呼ばれる大型の単位をどうしても無視しなければならない」と率直に認め、「政治の制度」は「利害に基づく権力の中心」に外ならない、と結論しているのを見出すのである。もう一つのしばしば引合いに出され、大いに影響力のある著書（『権力と社会』*Power and Society*, 1950）において、ラスウェル、カプランの両氏は、「〈国家《ステート》〉や〈主権〉のような政治的抽象観念を影響力《インフルエンス》と統制力という具体的な個人間の関係によって」分析しようと試み、「権力に関する或る一定の型《パターン》の同一視、要求および期待が、或る集団における或る選択された頻度を越える場合にはいつでも、」その集団を〈国家〉と呼んでも差支えなかろう、とみとめている。だが、国家観念に対する恐らく最も猛烈な攻撃は、デイヴィッド・イーストンの著書『政治制度』*The Political System*（1953）に含まれている攻撃であって、この書物はアメリカでは実際上、政治学専攻の大学生と大学院生の必読書と見なされている。イーストンは、この問題を詳論している一つの章の中で、次のように主張する、――その意味が混乱しておりまた多様でもあるから、政治科学者は〈国家《ステート》〉という語を用心ぶかく避けるべきである。経験的研究のためには、この語からは成果は何も期待できないからである。政治科学は特殊の種類の制度や組織を扱うのではなく、〈一種の活動〉、即ち「社会的な政策の定式化と執行に、つまり省略的表現を用いて……政策決定過程（policy-making process）と呼ばれるに至ったものに」含まれる活動を扱うのである。政治科学は、「最少限度の同質性と一体性」を達成するがためには、「権力の行使と分配によって影響されつつ行なわれる、或る社会における価値の権威的な配分」に注意を集中しなければならない、と。このような耳馴れぬ、いやにひねくった表現の背後に、あの政治的現実主義者〔マキアヴェリ〕の、言葉の上の幻想のベールを剝ぎ事実を直視せよとの叫び声を、再びわれわれは聞きつけるのである。

　現代の経験主義者たちによるこのような国家観念の最後的な解体と共に、政治の問題に対する厳密な現実主義的方法によるすべての接近方法の不可避的な結果として、一つの結論が浮び上って来るように思われる。その結論とは何かと言えば、純粋に経験的観点からすれば、国家は人々の間の一種の実力《フォース》関係としてのみ〈存在する〉――実力《フォース》という終極的与件《データム》が、〈圧力〉、〈影響力〉、〈統制力〉などという如き明白でおだやかな表現、即ち近代的著述家たちが実力《マイト》という荒っぽい古い言葉、トラシュマコスとマキアヴェリが使った言葉よりも好んで用いる表現によって、いかにごまかされていようとも――ということに外ならない。現実主義的接近方法の誤謬――欠点と言った方がもっとふさわしいかも知れない――は、実力《フォース》が、限定されるというそのことによって、すでに実力ではなくなっているということ、もっと正確に言うと、単に量的な分化ばかりか、質的な分化〔変質〕をも認める余地のあることを、みとめない点にある。ところで、ほかならぬこの質的分化〔変質〕こそ、現代の政治理論においてまことに評判の悪くなった国家の観念に、或る意味を与えるかも知れないのである。たしかに政治的現実主義者は、経験的に見れば国家の多くの集団の中の一つの集団、多くの実力（あるいは圧力、影響力、統制力）の体系《システム》の中の一つの実力の体系に過ぎない、と主張する点において、完全に正しいのである。しかし、国家の概念が〈抽象的〉あるいは〈形式的〉概念であると主張するのは――現代政治科学者たちもこのように主張するのであるが――、この概念が、実力という経験的与件《データム》の概念的精密化――社会的文脈《コンテキスト》において存在する無限に錯綜しているもろもろの実力関係の中から或る一定の事実を選択することを研究者に可能ならしめるような、一定の事実を経験し組み立てる特殊な方法――を提示しているのだ、と認めるのに等しいのである。重要なことは、実力が或る種の方法で行使されるということ、即ち、或る種の集団によって行使される影響力はその他の集団によって行使される影響力とは質的に違うということ――例えば、警官が下す命令はピストル・ギャングが下す命令とは異質のものであり、法の支配は有力な院外団《ロビー》の行使する圧力や統制力とは異質のものであるように――である。

さて、実力に関する種々さまざまな限定の中で、最も特徴的なものは法的《リーガル》限定である、ということを否定するのは困難であるように思われる。それは、次のように定義され得る限定である。「実力は、或る一般に知られている原則にしたがって、或る画一性と規則性を以て、行使される」。このような言葉を用いて表現すると、法的限定なるものは、現実に起っている事の叙述――純粋に事実叙述的な命題――に過ぎない。勿論、これとは異なる別の実力の限定を考えることもできる、例えば、〈正しい実力〉、〈共同善のために〉、あるいは或る〈道徳的〉目的のために〈行使される実力〉の如きがそれである。このような限定は単に事実叙述的ではなくて、一種の価値判断をふくんでいる。それらは、存在しているかどうかは別として、とにかく望ましいものと見なされる事態を指示している。たしかに、法の〈規範的〉性格を理解するためには、そのような価値判断の性質に若干の注意を払わねばならない、と言えよう。しかし、当面われわれは、実力の法的限定を、経験的な与件として、もっと正確に言うなら歴史的与件として、全く事実叙述的に探求するに止めよう。たしかに、近代社会にあっては、実力は或る一つの法的制度の中で、一定の通路を流され（channelled）、利用され（harnessed）、統制され（controlled）ている――一言にして言えば（政治科学者たち自身がこの語を自由にかつ頻繁に使っているのであるが）〈制度化され institutionalized〉ている、ということは本当である。法に関して幾分でも知識をもつことが、国家の観念を理解するのに欠くことのできない条件である、と私は信ずる。おだやかに言うと、政治理論が、国家を〈法的擬制〉と見ようとする長い間の努力をもっと重視しないということは、どうも不思議である。

参考書

ベントリ『政治の過程』A. F. Bentley, *The Process of Government: A Study of Social Pressures*, Chicago, 1908, repr. 1948, part I, ch. iv; part II, chs. vi; vii, x, xii. トルーマン『政治過程』D. B. Truman, *The Governmental Process: Political Interests and Public Opinion*, New York, 1951 6th repr. 1959, part i, ch. 3, 1. and part iv, ch. 16, 1. ラスウェル、カプラン共著『権力と社会』H. D. Lasswell and A. Kaplan, *Power and Society: A Framework for Political Inquiry*, New Haven, 1950, 5th repr. 1963, Introduction and part III, ch. viii, § 8, i. イーストン『政治制度』D.Easton, *The Political System: An Inquiry into the State of Political Science*, New York 1953, 3rd repr. 1963, ch. iv, 4; ch. v, 2-4.

本章で論じた諸見解の一般的評価として、次の著書を見よ。ドワイト・ウォルドー『アメリカの政治学』Dwight Waldo, *Political Science in the United States of America*, Unesco, Paris, 1956. クリック『アメリカの政治学』B. Crick, *The American Science of Politics*, London, 1959. ユーロー『政治における行動的説得』H.Eulau, *The Behavioral Persuasion in Politics*, New York, 1963.

私が近代政治学における〈国家観念の解体〉と呼んだものと非常によく似た興味ふかい見方が、全く異なる前提から出発しながらイタリアの哲学者ベネデット・クローチェが国家に関して到達した非常によく似た結論によって、提供されている。クローチェの見るところでは、国家は「一団の人々による、あるいはその団体の成員間における、功利主義的な諸活動の過程」に外ならなかった。〈国家《ステート》〉という語そのものが誤解をまねき易いから、政治の研究者は避けるべきである。その語はルネサンス期のイタリアの著述家たちによって新たに造られたものであって、まるで一個の逆説《パラドックス》のような感じがする。「何となれば、それは、一般の生活と同様に、本質的に動態的《ダイナミック》であり、もっと正確に言えば、精神的に弁証法的である政治的生活の如き分野において、何か〈静態的 static〉なものの観念を思いおこさせるからである。」これらの見解はクローチェの『政治学綱要』*Elementi di Politica* の中に充分に展開されている。この著書は一九二五年に最初に出版されたが、今では、他の論文と共に『倫理学と政治学』*Etica e Politica*, 4th edn., Bari, 1956 の中に収められている。

第二部 権力

一　人による統治と法による統治

国家を法的なものとして把握すること、あるいは同じことだが、権力を法にしたがって、また法の名において行使されるものと定義することは、必ずしも、国家が如何なるものであるべきかについて、また権力の行使において目指すべき目的について価値判断を下すことを意味しない。この定義はただ、国家というものは単に実力《フォース》として把握され得るものではなく、その本質を理解しようとすれば、人々の間に命令・服従の関係が存在しているというゆるやかで自明な陳述から、その命令自体の分析と、その命令が社会的脈絡において表明され遂行される仕方の分析に移らねばならない、ということを重視しているに過ぎない。われわれの最初の諸定義にさかのぼれば、或る特定個人の意志が他の人々の意志に対して或る仕方で、また或る条件の下で押しつけられ得るようにするところの、もろもろの根拠を考察しなければならない。われわれは、その命令を発する人、あるいは人々の集団の特定の事情と条件を、その命令を受け、もし必要ならばこれを遵奉するように実力を以て強制されることになるような人々の事情や条件と共に、知らねばならないのである。

右の但書は極めて重要である。これは、〈人による統治 government by men〉と〈法による統治 government by laws〉の間の対比の裏にともすればかくれている曖昧さを避ける唯一の方法である。なぜなら、このような対比は、あたかも〈実力の支配〉と〈法の支配〉との対比が、一般には、後者の方が前者より優れており好ましいものだということを意味すると理解されているのと同じように、〈法による統治〉が〈人による統治〉よりも良い統治であるとして、前者に対して判然と好意的な立場を採ることを表示するために、古代このかた用いられて来た対比であるからである。

このような選択《このみ》の表示は、とりも直さず、一種の価値判断の表明である。それは〈法〉と〈統治〉との関係の概念的分析とは何ら関係がない。あるいは、近代的な言葉を用いて言うなら、当面われわれの問題となっているところの、国家と法との間の関係の概念的分析とは何の関係もない。もちろん私は、この種の判断が成り立ち得ること、つまり、国家は実力に対する統制を示している故《ゆえ》に、法と秩序とを確保するが故《ゆえ》に、正当であるとするような、国家の正当化が成り立ち得ることを、否定しようとは思わない。われわれの当面の問題はこれとは別である。われわれは、〈権力《パワー》〉と〈実力《フォース》〉とは区別できるか、できるとすれば如何なる意味においてか、ということを判定しなければならず、実力を法にしたがって用いるということが如何にして実力そのものの性質を変え、われわれに人間関係の全く異なる様相を示すか、ということを確認しなければならない。換言すれば、国家の観念そのものが、実力《マイト》と権利《ライト》とは国家に関係あるあらゆる事柄において密接に結びついているという意味においてだけでなく、国家の首尾一貫した概念構成は法的な枠組みの中でのみ達成され得るという意味において、法の観念と緊密に結合しているということを、われわれは人々に納得がゆくように証明しなければならないのである。

周知のように、〈人による統治〉と〈法による統治〉との対比は、ギリシアの政治思想において非常に大きな役割を果した。この点に関するプラトンとアリストテレスの意見の相違は、西洋の政治理論の長い間の発展を通じて繰返し現われて来る思想の対立の劇的な例証を提供している。

『国家』にあらわれているプラトンの理想は、賢明で優秀な人々、即ち〈哲人＝王〉によって統治される国家である。〈哲人＝王〉とは、何が善であるかを〈知り〉、したがって、自分の命令や決定よりも上位にあるような如何なる統制にも従うことのあり得ない人のことである。一個の国家を一体ならしめる紐帯は、法の非人格的《インパースナル》な規則ではなくて、一方では支配者たちの特殊な天分であり、また他方においては市民《シティズンズ》の教育（今日では、自己調節 proper conditioning と言うべきである）である。セイバイン教授がその著『政治理論史』（Sabine, *History of Political Theory*）で正しく述べているように、現代の読者がプラトンの『国家』を読んで最も驚くのは、〈法の無視 omission of law〉

である。プラトンの前提を考慮に入れれば、このような法の無視は完全に論理的で矛盾する所のないことではあるが、『国家』を法理論にとって余り重要でないものにしているものである。

プラトンは彼の後の著述『政治家』および『法律』においては、このような〈人による統治〉に対する決定的な選択《このみ》から逸脱しているように見える。これらの著述では彼は〈法による統治〉の利点を力説しているが、これは恐らく、彼が理想的なものから実際的現実に向ったからであろう。『法律』において彼は「国家の共通の法」を、「われわれ各人が守り、決して抛棄してはならぬ」「黄金の……神聖な糸」であると述べている。『政治家』においては、法の支配は〈良い〉統治と〈腐敗した〉統治との区別の基礎を提供するものとされている。中で最も悪いのは専制政治、即ち只一人の人物による専断的統治である。しかしプラトンの見るところでは、これらの種類の〈法的〉統治はいつも必要性によって左右されるものであった。理想的な統治は、法に基づく統治ではなく、やはり善の合理的認識に基づく統治である。単に法の支配を確立することではなく、善を追求することが、国家存立の理由である。

アリストテレスは、プラトンとは全く立場を異にして、〈法による統治〉の方がどんな〈人による統治〉よりも優れていると、力をこめて主張した。「法が支配すべきであると命ずる人は、神と理性のみが支配すべきであると命ずるものと見なされてよかろう。人が支配すべきであると命ずる人は、更にこれに獣の性格を加えるのである。欲望にはそのような性格がある。また、たとえ最良の人間の場合にも、旺盛な元気は公職者を過らせるものだ。法（即ち神と理性の純粋な声）は、かくて、〈あらゆる熱情を免れた理性〉と定義されよう。」「熱情の要素を全く持っていないものの方が、そのような要素が附着しているものよりはよい。法はいかなる熱情の要素をも含まない。ところが人間の心には、常にそのような要素がある。」アリストテレスの法の優位の説が以上の如き短い引用文では到底明らかになし得ないほど複雑なものであることを、ここで指摘する必要はない。法が最善のものとなるためには、賢明に作成され、〈正当《ジャスト》〉なものでなければならない。たとえそうであっても、あらゆる不測の事態の発生を予見することはできない。したがって法による統治は、法がその一般的性格の故に精密な規則を定めることのできない場合にはいつでも、人による統治（単独の人か、または一団の人々による統治）によって補われることが必要である。最後に、アリストテレスは法の優位について一つの重要な留保をつけた――例外的に優れた人々、即ち「他のすべての人々が到底かなわないほど卓越した」素質と能力を有する人々の出現する可能性を認めたのである。そのような人々は、普通の人々に適用されるような法に服従させるわけにはゆかない。「彼ら自身が法である」、そして彼らに制限を受けない権力を与え、彼らに服従することが正当である。

プラトンとアリストテレスとが法と統治との間の関係についての彼らの見解を説き明かしている主要な文章の、以上の如き短い要約から、何か一つの結論が導き出されるとすれば、次のようなものである。即ち、彼らの好みはどんなにちがっていようとも、彼らの目指すところは一つである。彼らは統治や権力の〈本質〉を見定めようとしているのではなくて、それがどうしたら最もよく行使されるか、その方法を判定しようとしているのである。彼らは、法が国家の不可欠の属性であると強調したのではなく、むしろ、法は国家の活動を遂行し、その目的を達成するのに多かれ少かれ必要な手段であることを強調したのであった。もしそうであるとすれば、アリストテレスの国家観さえも、人による統治よりも法による統治を採用する必要があることを大いに力説しているにもかかわらず、やはり〈法学的、または法的 juridical or legal〉な国家観と呼ぶにはふさわしくはないのである。

アリストテレスは、『政治学』の初めの部分、即ち政治的団体と家族や村落の如きその他の形態の社会生活との差異を検討している部分においては、そのような国家観に非常に接近したのであった。彼は次のように指摘した――それらの間の差別は量的であるのみか質的であって、政治家の権力は一家族の首長や奴隷所有者の権力とは、質的に異なっている。それらの差異の中で最も重要なものは、正義の達成という点にあり、この正義というものはまた、法と離れて存立することはできない。「法はポリス〔国家〕に属する。何故なら、正義、即ち何が正当《ジャスト》であるかを決定することは、政治的団体を秩序《オーダリング》づけることであるから。」これと同じ考え方が、『倫理学』ではもっと強く表現された。「正義は、自己の他人に対する関係が一個の法の体系によって支配されているような人々の間においてのみ存在する。」しかし、もっと詳細に検討して見るなら、たとえそうであるとしても、法、即ち〈秩序づけ《オーダリング》〉は、国家の実体ではなく、ただその一つの側面にしかすぎなかった、ということがわかる。国家の究極の目的は道徳的なものであって、厳密な意味での法的なものではなかった。「社会生活のためでなく、善き行為のためにこそ……政治的団体は存在するものと見なされねばならない。」サー・アーネスト・バーカーが指摘したように、国家に実現される正義は、単に〈特殊な〉あるいは形式的な意味での正義、つまり、規則を尊重し、各人を公平に扱うという意味での正義ではなかった。それは〈一般的な〉あるいは実質的な意味での正義、即ち、単に規則の外面的秩序づけによってばかりか、或る一定の〈生活様式〉を保障する国制の中で「市民を善良なものにする」法によって達成されるような正義であり、なかんづく、習慣づける過程によって、意識的な善に向う基礎を準備するように仕向けられた教育制度によって、達成されるような正義である。このような点を見ると、それだけで既にアリストテレスの国家観が、われわれ現代人が――〈倫理的〉国家観と対立する厳密な意味での――法的国家観という語から連想するすべての国家観と区別されるものであることは充分に明白である。ここに言う法的国家観とは即ち、国家は第一にその国民の道徳的生活を促進することを任務とするのではなく、何よりも法を保証することを任務とするものであるという考え方である。

恐らくアリストテレスは、『政治学』の別の部分において提出した国制の異なる定義において、法および国家に関する近代的観念に最も接近したように思われる。その箇処においては、道徳的観点――それによると国制は〈一つの生活様式〉と定義されている――が、全く異なる接近方針によって置き代えられた。「国制（即ちポリテイア）とは、〈一般的にはそれの諸公職に関する、しかし特に、あらゆる問題について最高の権力を有する一個の特殊な公職に関する、ポリスの組織化〉であると定義してよかろう。」もう少し後の箇処でアリストテレスは彼の言わんとした意味をもっと充分に、もっと詳細に説明した。「国制は、〈これによって諸公職の配分方法が定められ、最高の権威が決定され、またその団体とそのすべての成員によって追求さるべき目的の性格が規定されるところの、一国家における諸公職の組織化〉であると定義され得よう。」国制の骨組と区別される意味での法は、これによって役人がその権限を行使し、違反者を監視し抑制しなければならぬ諸規則である。

周知のごとく、これら二つの定義の中の第一のものが、政治形態に関するアリストテレスの有名な分類の基礎を提供した。この有名な分類は、ギリシアの政治思想において前例がなくはなかったが、『政治学』の恐らく最も有名な学説の一つであろう。ここで採用されている分類の基準は、たしかに厳密に〈法的〉なものである、即ち、形式的、技術的である。その基準は国家の目的よりはむしろ構成に、もっと正確に言うと、権力の組織化と配分とに関連している。究極の、〈最高の〉《サヴリン》権力が〈一人か、少数の者か、それとも多数の者〉の手中にあるかにしたがって、三つの典型的な統治形態が現われ、今日の言語においてもなお用いられている名称を帯びる。しかし、アリストテレスは純粋に形式的、〈法的〉な基準を用いていながらも、なおその外に一種の道徳的基準をも用い、これがもっと広範な分類を行なわせるに至ったことを、忘れてはならない。国制は、単に、数を基礎とする三区分に分けられるだけではない。国制は、国家が追求する目的にしたがって、つまり、権力の行使が正か不正か、善であるか悪であるかにしたがって、更に三つの区分に分たれる。こうして、三つではなくて六つの典型的統治形態が現われる、即ち、共同善を目指す三形態（君主制 Monarchy, 貴族制 Aristocracy, および〈立憲制 Polity〉）と、個人的利害を目指す三形態（僭主制 Tyranny, 寡頭制 Oligarchy および民主制 Democracy）とである。道徳的標準と法的標準、実質的標準と形式的標準を結合したこの分類は、後世の政治理論のお馴染みの道具となる運命にあった。ただマキアヴェリとモンテスキューだけがこの分類からの根本的逸脱を敢えてしたのであって、このことはやがて明らかにしよう。

このように厳密に技術的に国制を定義したことによって、また恐らくこれよりもっと重要なことだが、権力の行使における法の果す役割をこのように精密に限定したことによって、アリストテレスは次のような問題――国家と法との間の関係は正確に言って如何なるものであるか、単なる実力《フォース》の行使を権力《パワー》の行使から区別させるのは何であるか、という問題に対する解答を得る手掛りを与えているのである。ポリスは国制がなくては、つまり、権力の配分がなくては存立し得ない。逆に言うと権力の掌握者がそのような地位にあるのは、法が彼らの公職と任務とを決定しているからである、とわれわれは教えられた。この言葉は、国家が、一般に知られ得、また審査され得るような諸規制に従うところの人間と人間との間の諸関係の複合体である――つまり、国家は一個の〈法的制度 legal system〉である、ということを意味するにすぎない。勿論われわれはアリストテレスに、国家の観念にとって法が重大な意味を有することを最初に把握した功績、国家を法的概念として解釈する道を開いた功績を帰することを躊ってはならない。しかしわれわれはこのように言いながら、アリストテレスの政治思想の視野の広さを小さく見ようとしているようだ。これまでアリストテレスの政治思想は、その法的見地の故にというよりは、むしろその哲学的および倫理的意義の故に、歴史的に評価されて来たのである。そこで、ここでは当分われわれは、国家と法との間の関係の問題がギリシア人に決して知られていなくはなかった、ということを想起するだけで満足しよう。しかし、この関係の明晰な最後的な解釈は、やはりローマの法理論の不滅の栄光なのである。

参考書

プラトン『法律』Plato, *The Laws*, Book I, 645. 同『政治家』*The Statesman*, XXX–XLI, esp. 293–6. アリストテレス『政治学』Aristotle, *Politics*, Book I, ch. ii; Book III, chs. i, vi, vii, xi, xiii, xv–xvii; Book IV, chs. i, xi; Book VII, ch. i; and, more especially, 1253^{a}, 1274^{b}, 1278^{b}, 1281^{a}, 1282^{b}, 1284^{a}, 1286^{a}, 1287^{a}, 1288^{a}, 1289^{a}, 1295^{a}, 1323^{a}; 同『ニコマコス倫理学』*Nicomachean Ethics*, Book V, ch. vi, 1413^{a}.

アリストテレスの『政治学』からの引用文はサー・アーネスト・バーカーの英訳によった。彼の解説的序論、註、および附録は本章を書くにあたって非常な助けになった。

二　国家と法——基本的観念

われわれが今でも法と国家の両者を論ずる場合に頼りにする基本的観念は、大体において、ローマに起源を有するものである。

特に、国家の正確な定義を与えようとする場合には、そうである。キケロが『国家論』第一巻でスキピオの口を借りて与えた定義は、この点で特に重要なものである。(1) その定義の最初の *res publica res populi*〔国家は国民のものである〕という誤解をまねき易いくらい単純な文句にどんな解釈を与えるにせよ、その後に続く陳述は全く明快であって、何らの曖昧さもない。即ち、国家は利益ばかりでなく、また法を基礎とするものであって、法的経験に緊密に結びつけられている、と言うのである。「国家は国民のものである。(A commonwealth is the weal of the people.) しかしながら、国民とは、方法はどうであれ全部の人間を集めたもの、というのではなくて、法についての合意と利益の分有とによって結合された多数の人々の集団のことである。(2)」'A commonwealth is the weal of the people; but a people is not any and every sort of human association brought together in any fashion whatever, but an association of many united in partnership by consent to law and by sharing of interests.'

（1）キケロの定義については前に述べた。ラテン語原文は二九頁にある。

（2）私以前の多数の優れた学者たちと同様に私もまた、マッキルウェインおよびバーカーの英訳から多くの助けを得たとはいえ、この難かしい文章を新しく訳して見ようとして苦労した。すでに指摘した通り（四〇頁）、古い英語の commonwealth が文字通りにも意味の上からもラテン語の *respublica* に非常に近いと思う。

キケロは、政治的社会の基礎を査定《アセッス》するにあたって、明らかにうかがえるように、功利主義的な動機——今日では〈経済的〉あるいは〈社会学的〉基盤とでも呼ぶべきもの——を無視しなかった。だがキケロは、利益の外に、これと並べて *consensus iuris* 即ち法の制定ということをも国家の特徴として持ち出している。「何となれば確かに」、と別な文章で彼は附け加えて言っている、「法に対する同意によって結合されていない限り、私は国民というものを考えることができないからである。」アリストテレスと同様に、キケロもまた国家を人間性の一個の産物と見た。「このような結合の第一の原因は、人間の弱さと言うよりは、むしろ一種の人間本来の群居性である。」ところがアリストテレスと異なってキケロは、政治的結合体の目的、〈善い行為〉、それが助長する〈善い生活〉に重点を置かず、むしろ国家の構造、国家を支配する〈計画 *consilium*〉、国家が保証する人間関係の正常化に重点を置いている。「私が述べたような多くの人々の団体であるところのすべての国民、国民の秩序づけ（*constitutio populi*）であるすべての都市（*civitas*）、すでに言ったように人民のものであるすべての国家（commonwealth）は、もし永続的なものであろうとするならば、何らかの計画にしたがって統治されねばならない（*consilio quodam regenda est*）。そしてこの計画は何よりも先に、そして常に、その都市を成立させた原因を参照して作られねばならない。」ところで政治的社会の形態は、権力が一人者の手中にあるか、少数者の手中にあるか、万人の手中にあるかにしたがって変化するであろう。或る形態が他の形態よりも善いかどうかに関する議論は、有り得ようしまた有益でもある。だが、すべての政治的組織には一つの共通したものがある。即ち、それらは一個の原則《ルール》、つまり正規の手続という拘束的な基準の名において、あるいはそれを基礎として、実力を用いなければならない。何故なら統治体《ガヴァンメント》なるものは、「最初に人々を国家（commonwealth）という共同体に結合させた紐帯を確実に守って行く」場合にのみ、受け入れらるべきものであるから。その紐帯はつまり法という紐帯である、何故なら、社会を結合させるのは法であるから（*lex*〔*est*〕*civilis societatis vinculum*）。

　キケロの『国家論』から抜き出した以上の如き有名な文章だけでも、ローマ人には法の観念と国家の観念とがいかに緊密な関係にあるものと思われていたかを明らかに示すに充分であろう。しかし、キケロの国家の定義が厳密な意味での〈法学的《ジュリディカル》〉な定義ではないことに注意しなければならない。キケロは法を国家の必要条件として、国家存立の一つの条件として認めるべきことを強調してはいるものの、その内容の如何にかかわらずどんな法でもそのようなものと認めるべきだとは、恐らく考えていなかっただろう。(1) *ius*〔法〕と *iustitia*〔正義〕とは切離し得ないものであって、不正な法が法でないのと同様に、国家は正義がなくては国家ではあり得ない。このことは少くとも、われわれがよく知っている如く、聖アウグスティヌスの説によると、キケロが彼の、国家とは *consensus iuris* に基づくものであるとの定義について、自ら与えた解釈であった。もしこの解釈が正しいものとすれば、言うまでもなく、国家は法的に定義されるのみならず、また道徳的にも定義されることになる。法を必要条件とすることは、直ちに道徳的な価値評価に導くからである。想い出していただきたいが、聖アウグスティヌスは道徳的価値判断が排除されているような国家の定義、つまり完全に〈中立的〉な定義を弁護したのであったが、彼がこうしたのは、まさにこのような解釈の逆説的な帰結を考慮に入れていたからである。

（1）私は *ius* と *lex* を共に 'law 法' という語で訳したが、このようにした理由は、〈客観的〉意味における（換言すれば *norma agendi* としての）*ius* は、ラテン語では事実上 *lex* と同じ意味だからである。しかしながら、周知の如く、*ius* は（そのヨーロッパ大陸の同意語である *droit, diritto, Recht* と同様に）*lex* よりは広い意味を持っている。それは〈主観的〉意味に（*facultas agendi* として）も解され得るのであり、その場合には〈right 権利〉と訳した方がよい。最後に、語源から言うと、*ius* は正義 righteousness（*iustitia*）の観念と密接な関係を持っており、英語の〈right 正義〉に似ていて、著しく道徳的な意味を含むことがあるのである。

勿論、キケロの言う *consensus iuris* は〈正義の尊重 respect for justice〉と〈法に対する同意 consent to law〉との二つの意味に解され得るのであって、前の意味においては、彼の定義は、国家を正義によってあるいは自然法——即ち彼自身の述べているところによれば、「自然に合致し、広く一般に行きわたり、不変にして永久的な」、「真の法」——によって更によく正当化したいという要求であると理解しなければならない。しかし単なる定義としては、特に重要なのは、法そのものの質ではなく、法という要因に重点が置かれていることである。このような狭い意味においては、キケロの定義の重要性は、それが法の観念を国家の観念の中に決定的に挿入したこと——そして少くともその後の数世紀のあいだ、両者は二度と切り離されなくなったこと——にあると言ってよいだろう。そして、国家を純粋な実力的現象にしてしまうことを拒否し、国家を合法性の枠内において行使される権力として考える人々すべての心中において、今もなおその定義が生きているのは、まさにこのような意味においてである。

しかし、いましがた引用した文章には、考察すべき更に二つの観念がある。その第一は、どの政治的社会にも、法の源泉である一個の最高権力（*summa rerum, summa potestas*）があり、それが何処に存するかにしたがって、それは統治形態のみならず、国家の構造そのもの（*status reipublicae*）をも決定する、という考え方である。伝統的なローマの見解においては、この最高権力は国民にあり、したがって法は国民の意志であった。古典時代の最大の法学者の一人であったガイウスは、この原理を有名な言葉で力強く言明した、曰く「法は、国民が命令し制定するものである」と。[1]また次の世代の法学者パピニアーヌスは同じ観念を違った言葉を用いて繰り返した、曰く、「法は社会の一般的誓約である」[2]と。このような意味において制定法〔あるいは成文法〕（*lex*）は法の基本的な源泉である。そこで、以前の著述家ユリアーヌスが、慣習（*consuetudo*）の法的有効性を説明するために、それを *lex* と同じ水準のものと見ることを以て最もうまい議論だと思ったのは、意味ぶかいことである。と言うのは、彼は次のように言ったからである——国民がその意志を意識的に（*suffragio*）に表明しようと、暗黙のうちに（*rebus ipsis et factis*）表明しようと、変りはない、[3]と。

（1）'Lex est quod populus iubet atque constituit'（Gai. *Inst.* I, 2-7).
（2）'Lex est... communis reipublicae sponsio'（*Dig.* 1, 3, 1).
（3）*Dig.* 1, 3, 32.

すべての権力は国民の本源的な権力 *potestas*（個々の政務官に個別的に属する権力たる命令権 *imperium* とは区別

される potestas）に由来するものである、という原理は、当面は、一つの政治的原理としては、つまり今日ならば国民主権を基礎とする〈民主的〉政治体制と呼ばるべきものに対する好みを意味するものとしては、われわれの興味を惹かない。『国家論』の中でキケロは、このような好み〔民主的体制〕は極端な人民的党派のものだ、としている。彼が附け加えて述べているところによると、極端な人民的党派においては、そのような好みは、かの特色ある議論、即ち「国民が最高権力を持っている都市以外の如何なる都市においても、自由――それ以上には決して甘美なるもののない自由――はその住処《すみか》を見出すことはできない[1]」という議論によって支持されているのだと言う。キケロ自身の好みは、後に見るように、むしろ〈混合的〉体制にあるのであって、この点については後に述べることにしよう。

（1）'Nulla alia in civitate, nisi in qua populi potestas summa est, ullum domicilium libertas habet: qua quidem certe nihil potest esse dulcius.'（*De Re Publica*, I. 31).

また他方、ローマの法律家たちの間では、権力が国民に由来するとする原理は、政治的な意味ではなくて、著しく〈法学的〉あるいは法的な意味を持っている。この原理によって彼らは、制定法と慣習について見たように、法のさまざまな源泉のすべてを一つの共通の根から発するものと見ることができた。法のすべての源泉が後期帝政の間にすっかり干上ってしまって、皇帝の〈勅法〉が実定法の唯一の表明となった後も、なお彼らはこの原理を忠実に固執した。彼らは、『学説類集』の中にある、ウルピアーヌスの言葉とされている有名な文章に述べられているような方法によって、元首《プリンス》の権力をローマ国民の根源的権利からの一つの発出物として、またそれから授与されたものとして解釈することによって、この原理を固執したのである。その有名な文章とは次の通りである。「元首が決定したことは、国民が彼の統治に関する或る特定の立法行為（*lex regia*）によって、彼に対して、また彼の上に、その統治と権力のすべてを授与したのであるから、法としての効力を有する[1]。」

（1）'Quod principi placuit legis habet vigorem: utpote cum lege regia, quae de imperio eius lata est, populus ei et in eum omne suum imperium et potestatem conferat'（*Dig.* 1, 4, 1).

この文章は今世紀以前の数世紀において非常に激しい議論を惹き起こすことになったのであるが、この文章においては、すべての権力は国民から由来するという原理に賛辞が呈されている点だけに注意を集中すべきではない。重要な点は、国家には、国民によって保持されるにせよ元首〔君主〕によって保持されるにせよ、法の源泉をなし、そしてその故に（これもまた『学説類集』の中にあって現在まで伝えられたものであって、ウルピアーヌスのもう一つの文章に述べられている如く）法そのものよりも高い地位にある、即ち法の拘束を受けない *legibus solutus* (1) 一つの権力がある、という考え方である。この考え方は、法的に見ない限り——つまり政治的な原理としてではなく法的な原理として見ない限りは、正しく理解され得ない。これは、或る一定の点においては、法を超越して、究極的な決定は、裸のままの何の拘束も受けない実力だけの問題だという意味で、国家における専断的な権力を肯定しているものと解釈すべきではない。むしろこれは、権力と法との間の関係は、権力を合法的に行使される人々の角度から、考察される場合と、あるいはまた逆に、権力の現実の保持者の角度から考察される場合とでは、当然異なった意味を持たざるを得ない、ということを認めたものと解釈されるべきである。いずれの場合にも、権力は法によって条件づけられる。権力の掌握者の場合には、それは〈絶対的《アブソリュート》〉であろう、しかし定義からして、専断的《アービトラリ》なものではあり得ない。このような解釈が、このローマの学説において、権力が法によって統制されかつ法に服従する実力として把握されながら、しかもなお法の源泉であり、したがってそれの造り出した物である法より優位に立つものと把握された次第を理解する、唯一の方法である。たしかにこれこそ、この有名な文章——皇帝の権力が立法のすべての過程を吸収してしまって、その語の完全な意味において法の拘束を受けない *legibus solutus* ものとなった時期の、権力と法との間の関係についてのこの有名な文章を、尤もらしく解釈することのできる唯一の方法である。

（1） *Dig.* 1, 3, 31.

この文章は『勅法類集《コーデックス》』に収められているテオドシウス、ワレンティニアーヌス両帝の勅法（Constitution）の中に見えるものであって、この勅法は、元首は自らが法に拘束されていることを公言すべきであるということだけでなく、元首の権威そのものが法に依存するものであることをも、厳かに断言している。[1] 勿論、立法者が法の創造者であるという事実は、その故に立法者が〈法の拘束を受けない lawless〉ことを意味するのではなかった。このローマ的立場によれば、〈国家〉はどこまでも〈法的構成体〉であった。そしてこういう見方が正しいことは、プラトン、アリストテレス、また一般のギリシア思想によって支持されていた見解、即ち例外的に優れた人間は法より優位に立ち、〈自ら法であり〉得るという見解を、ビザンティンの或る本文《テキスト》〔『新勅法類集』〕に示されている見解、即ち皇帝を *nomos empsychos*〔生ける法〕とか *lex animata*〔生ける法〕と見る見解と比較するならば、一層よく明らかとなる。[2] 前の場合には、法の拘束を余計なものとするのは或る個人の人格的な素質であるのに反して、後の場合では、その人格的資格の如何にかかわらず、法に関する関係において立法者に或る特殊の地位を与えるのは、その官職であった。しかしその〈官職《オフィス》〉そのものは法によって創造されるものであった。*de auctoritate iuris nostra pendet auctoritas*〔われわれの権威は法の権威に依存する。〕この種の理論においては、権力は完全に非人格的なものとして現われる。これもまた、国家に対する法的接近方法、つまり権力は合法的に行使される実力であると見る考え方の、一つの帰結であって、後に見る如く、なかなか重要な帰結である。

（1）'Digna vox maiestate regnantis legibus alligatum se principem profiteri: adeo de auctoritate iuris nostra pendet auctoritas. Et re vera maius imperio est submittere legibus principatum. Et oraculo praesentis edicti quod nobis licere non patimur indicamus' (Const. 'Digna Vox,' *Cod.* 1, 14).
〔もし元首みずからが法によって拘束されていると告白するならば、それは支配者の威厳にふさわしい言葉である。なぜなら、われわれの権威は、正に法の権威に依存しているからである。まことに、統治にとって何より重要なのは、元首の地位を法に従属させることである。われわれは、ここに述べられた格言に従って、われわれが自由になすことを許されないのは何かということを、明らかにすべきである。〕

（2）*Nov.* CV, 4.

この最後に述べた点——権力の〈非人格化〉——は、先に私が触れたキケロの文章の中にすでに含まれていた考え方に、再びわれわれを連れもどす。それは即ち、*status reipublicae*〔国家という組織〕を特殊な構成体、社会の特殊な存在様式と見る考え方である。すでに私は本書の最初の部分（第三章）において、われわれの政治上の用語の形成においてこの語句〔*status reipublicae*〕が重要な意味を持つことに注意した。ここで特に注意すべきは、ローマの法律家たちが、人間の行動《ビヘイヴィア》を規定する無数の規則の中から、社会における権力の分配と統制を決定する特殊な規則を特に選び出し、これらの規則を国家の基本組織、その本質をなす唯一つの範疇として表現しようとして、この *status reipublicae* という観念を用いたことである。彼らが行なったことは、〈公的なもの〉と〈私的なもの〉とを区別し、前者に関する規則を後者に関する規則と区別し、かくすることによって、少くともヨーロッパ大陸の法理論においては、国家の領域と社会的文脈において存在するその他のあらゆる諸関係の領域との間に限界線を引く場合に、今もなお重要な役割を果している区別を、うち立てたことである。

この区別は、その前に長い歴史があるが、『学説類集《ディゲスタ》』の最初に見られる、ウルピアーヌスのものとされているもう一つの文章に要約されている。即ち、法的な諸規則は二つの主要な範疇、私的市民の利害に関する規則と *status reipublicae* ――国家組織に関する規則とに分けられる。「公法はローマ国家の秩序《ステート》に関係するものであり、私法は個個の個人の福祉に関係するものである。[1]」国家に関係を有するすべての事柄の〈公的な〉、即ち非人格的な性格が、この定義にはっきり現われている。何故ならば、法は、国家に関係のある場合には公法と呼ばれ、国家は、抽象的な存在として、現に生きている個々の個人と区別され、これと対比されているからである。たしかにローマの法学者たちは、公法を国家の構成および組織を規定する諸規則から成るものと見る、このような広い見解と、法を *lex* や、*lex* と同様なものと見なされるその他の源泉によって *populus*〔国民〕によって制定されるものと見る、もっと狭い見解[2]との間で、どちらを採ろうかと迷っているかのように見える。しかし、あらゆる種類の〈意志〉が〈公的な〉性格の諸規則を生み出すのではなくて、或る若干の特色を持ち、或る特定の任務を割当てられた意志のみが――たしかに実力を与えられてはいるが、法によって権威づけられ、法の維持を志向する意志のみが――そのようなものを生み出すのだ、ということを、彼らがよくよく知っていたことは、完全に明白である。換言すれば、権力は国家およびその諸役人の唯一の属性であり、権力は法的秩序のために存在し、法的秩序の尊重によって条件づけられる、ということを彼らはよく知っていたのである。

（1）'publicum ius est quod ad statum rei romanae spectat, privatum quod ad singulorum utilitatem' (*Dig.* I, I, 1).

（2）'ius publicum privatorum pactis mutari non potest' (*Dig.* II. 14. 38).〔公法は、私的な協定によって変更され得ない。〕

この点に関しては、ユスティニアーヌス自身が与えている、皇帝の権力に属する義務のリストは、特に教える所が多い。勅法 *Deo Auctore* 即ち彼の偉大な類集〔『勅法類集』*Codex*〕の序論を成す勅法においてこれらの義務についてなされている説明の中で、この皇帝は、これらの義務が〈帝国を統治すること〉や〈戦争を首尾よく終らせる〉ことや〈平和を高貴なものにする〉ことで終るものではなく、それらの義務は、国家の法的秩序を確実にすること *statum reipublicae sustentamus* において、頂点に達するのだ、とはっきり言っている。これまで私が輪郭を描こうと努めて来た観点からすれば、恐らくこの荘重な言明こそは、いかなる言葉にもまさって、ローマ人の国家および法に関する考え方の政治理論に対する永遠の貢献を要約しているものと見られ得るであろう。

参考書

キケロ『国家論』Cicero, *De Re Publica*, Book I, §§ 25 and 26, 31 and 32; Book III, §§ 22 and 33, さらにまた、聖アウグスティヌス『神の国』の「アウグスティヌスの議論」'Argumentum Augustini' in *De Civitate Dei*, II, 21 and XIX, 21.（この文章の英訳で、特に私が念頭においたのは、マッキルウェイン『西洋政治思想の発達』C. H. McIlwain, *The Growth of Political Thought in the West*, New York, 1932 とサー・アーネスト・バーカー『アレクサンドロスからコンスタンティヌスまで』Sir Ernest Barker, *From Alexander to Constantine: Passages and Documents*, etc., 2nd edn., Oxford, 1959 の中にあるものである。ローブ古典叢書（Loeb Classical Library）の中にあるキーズ氏（C. W.Keyes）の訳は決して満足すべきものではない。）読者の便宜を思って、ユスティニアーヌスの『市民法全典』（*Corpus Iuris*）（即ち『学説類集』（*Digesta*）『勅法類集』（*Codex*）、および『新勅法類集』（*Novellae*）からの引用文を註に記しておいた。

私が本章で行なったローマ的観念の分析については、トリーノ大学の同僚、グロッソ、ロマーノ、カタラーノ三教授（G. Grosso, S. Romano, P. Catalano）の著述および助言からお蔭をこうむっていることをここに記して感謝しなければならない。*ius publicum*〔公法〕と *ius privatum*〔私法〕との区別については、沢山の文献がある。最近の著書はミューレヤンス『ローマ法と初期教会法における公と私』H. Müllejans, *Publicus und Privatus im römischen Recht und im älteren kanonischen Recht*, Munich, 1961 である。

三　法の支配

国家を法的なものとして把握する理論は、すでに見たように、権力を実力の合法的な行使と見る見解を包含している。それは当然、合法性の枠内において明らかに説明され確認される、一個の体制《システム》をなす人間的諸関係を認めるものでもある。しかし〈合法性 legality〉そのものの意味が、今度は〈法〉に与えられる意味に緊密に依存しているから、全く異なるいろいろな解釈を加えられる余地がある。〈合法性〉と〈法〉との相互依存関係を最もよく示している例は、中世の政治理論に見出すことができる。それの特色として何かを取り上げることができるとするならば、合法性の果す極めて重要な役割を力説していることこそ、それである。たしかに、〈法の支配 Rule of Law〉こそは、権力の問題に対する中世的接近方法の基本前提である。

一見したところでは、人間ではなくて法が支配すべきであるとする見解が、アリストテレスがその最良の統治形態に関する議論において採った見解と、どう違うのか理解することは難しいように見える。それと同じ見解は、キケロが法と権力との関係を論じた幾つかの有名な文章において、彼によって力をこめて述べられていた。彼は、『義務論』(*De Officiis*)において、〈政務官の義務〉について述べ、それらの義務を次の如く説明した。「政務官たる者の本来の任務は、自分が国家を代表していること、そして自分は国家の尊厳性と名誉を守り、法律を尊重し、権利を定義し、自分に委任されている事柄を常に念頭に置くべきことを、よく心得ていることである。[1]」この見解は、『法律論』(*De Legibus*)の一節において、更に詳しく展開されている。「ここで君は、何が政務官の権力であるかを知ることができる。つまり、政務官は指導しなければならず、また正しく、有益で、しかも法にかなったことを命令しなければならないのである。何故なら、法律が政務官より上位にあるのと同様に、政務官は国民より上位にあるのであって、政務官は物を言う法であるが、法は物を言わない政務官である、と言われているのは正しいのである。(2)」これらの文章を正しく解釈するためには、共和政時代のローマにおける〈政務官 magistracy〉の観念についてさらに解明を加えることが必要であることは明らかである。何故なら、これをこそキケロが念頭において書いたことは明白だからである。しかし、ここでは歴史的側面を無視するとして、われわれが強調しなければならぬ点は、ここでキケロは国家の権力を論じているのではなく、国家の内部の諸権力の地位を論じている、ということである。これは、われわれが前章で考察したところの、そして目下われわれの関心の的となっているところの、国家と法との間の関係の問題とは全く異なる問題である。

(1) 'Est igitur proprium munus magistratus intellegere se gerere personam civitatis debereque eius dignitatem et decus sustinere, servare leges, iura discribere, ea fidei suae commissa meminisse' (*De Officiis*, I, 34, 124).

(2) 'Videtis igitur magistratus hanc esse vim, ut praesit praescribatque recta et utilia et coniuncta cum legibus. Ut enim magistratibus leges, ita populo praesunt magistratus, vereque dici potest magistratum legem esse loquentem, legem autem mutum magistratum' (*De Legibus*, III, I, 2).

さて、法の支配という中世的な観念は、権力の行使に影響を及ぼしたばかりか、権力そのものの観念にも影響を及ぼした。国家と法との間の関係そのもの、国家の観念全体までが、これによって影響をこうむった。この点に関するギールケの見事な説明は、今もなお引用する価値がある、と言うのは、正確さと幅の広さにおいてこれを凌駕するものはいまだかつて出なかったからである。

> 中世的学説は、それが真に中世的であった間は、法がその根源よりして国家と同じ地位に立つものであり、国家に依存して存立するのではないという思想を棄てたことはなかった。国家を法の何らかの基礎の上に置くこと、国家を或る法的行為の結

果とすることを、中世の政治学者《パブリシスト》は絶対的な義務と感じていた。またその学説には、国家は法の理念――いかなる地上的権力が確立されるのにも先立って人間に与えられ、そのような地上的権力によっても破壊できないような理念――を実現する使命を負わされているという信念が、浸透していた。最高の実力も、たとえ精神的なものであろうと世俗的なものであろうと、真に法的な限定によって局限されていることは、いささかも疑われたことがなかった。

これは、われわれがこれまで検討してきたのとは全く違った、国家に対する態度である。前に見た通り、ローマ人もまた国家を法的に把握した。たしかに、法と国家とは彼らにとっては相関的な観念であった。両者は如何にしても互いに切離され得ないものと考えられた。中世の著述家たちは、これとは全く反対の立場から出発した。彼らはまず、ローマ人たちが結びつけたものを切り離した。法と国家とは、明らかに関係はあるが、異なる二つのものである。国家の基礎原理を提供するためには、法は、国家に依存して存立するものとしてではなく、国家に先行するものとして把握されねばならない、と彼らは考えた。

このような結論に到達したのは、次のような異なる二つの径路を経たのである。まず第一に、純粋に人間的な起源を有する他のすべての法に対立するものとして、自然法を定立することによって、である。しかし、この結論にはまた、中世の、少くとも中世の初めの数世紀の特色をなすところの、法の本質に関する特殊の把握の仕方によって到達した。自然法の理論は、古典古代的思想の一つの遺産であった。中世のキリスト教的著述家たちは、それを一個の完全な体系に発展させた。この理論はたしかに法の本質に関する正確な指摘をふくんではいたが、法律の〈善さ〉あるいは〈正しさ〉が判定され得るような、評価の基準を打ち立てることを主たる任務としていた。言うならば自然法の理論は、実力は如何にして合法的《ローフル》なものになされ得るか、という質問に対するよりも、むしろ、如何にして権力は正当化され得るか、という質問に対する解答であった。したがって、もしわれわれが中世にとって法の支配なるものが如何なる意味を持っていたかを理解しようと望むならば、実定法の観念に注意を集中しなければならない。法と国家に対する立場において、もっと一般的に、権力の問題に対する接近方法に関連して、中世的世界とローマ的世界との間の、ギールケがあのように強く力説した差異の根拠は、ここに、ここにのみ、存するのである。

この差異を理解しようとすれば、中世の法律書をひもときさえすればよい。教会法《キャノン・ロー》の十二世紀の大編纂書たる『グラティアーヌス判例集』*Decretum Gratiani* の序文には、幾つかの非常に興味ある定義が見出されるが、それらの起源はやはりもっと以前にある。これらの定義の中の最初のものによると、「人類は二つの方法で、即ち自然法により、また慣習（*mores*）によって支配される」(1)と言う。ここでは自然法と実定法との区別は、普遍的、絶対的に拘束力を持つ諸規則と、或る人間社会に特有の諸規則との間の区別として示されている。後者、即ち厳密な意味での人間的な法律は、慣行や習慣より成る。そしてこれらの慣行や習慣が異なる人々の間で異なっていることが、人間的な法律が多様であり、時には矛盾している原因である。(2)ところが、もっと後の一節には、次のように書いてある、人間的な法は慣習のみならず *leges* からもできており、厳密な意味での法は〈成文法（*constitutio scripta*）〉である。だが、そのより深い本質においては、人間的な法は第一次的には慣習であり、積極的な立法は、何か特殊な目的のために慣習を文書に作成する一つの方法にほかならない。「重要なことは、慣習的な法（*consuetudo*）は一部分は文書に作成されるが、また一部分は、単にそれを遵守する人々の行動に委されるということである。文書に作成される部分は制定法《スタチュート》または法《ロー》と呼ばれる。そうされない部分は、慣習《カストム》という一般的な名で呼ばれる。(3)」

（1）'Humanum genus duobus regitur, naturali videlicet iure et moribus' (*Decr. Grat.*, Dist. 1 a).
（2）'Humanae [leges] moribus constant, ideoque hae discrepant, quoniam aliae aliis gentibus placent' (*ibid.*, Dist. I, c. i). この定義は、七世紀の著述家セビリヤのイシドール (Isidore of Seville) から採られたものである。
（3）'Apparet, quod consuetudo est partim redacta in scriptis, partim moribus tantum utentium est reservata. Quae in scriptis redacta est, constitutio, sive ius vocatur; quae vero in scriptis redacta non est, generali nomine, consuetudo videlicet, appellatur' (*Decr. Grat.*, Dist. 1, c. v).

如何なる註解よりもよく、これらの定義は法の問題に対する初期中世の接近方法の本質的性格を、中世的政治理論の出発点をなす特殊な法の見方を、明らかに示している。この見方はまた、中世全体を通じて国家と法との間の関係についての特殊な考え方を正しく理解するのに、極めて重要である。このような出発点は、法は立法者の意識的、計画的な意志――それが一社会全体の意志であるにせよ、一個単独の支配者の意志であるにせよ――の産物であると見るローマ的見解とは正反対のものである。法はその存立を意志の創造的行為に負うているのではなく、集団的生活の一様相、一組の慣行、習慣、あるいは慣習であると見なされる。立法行為は、諸規則を作ろうとする意志の現われとしてではなく、単に、或る社会において一団の暗黙裡に受けいれられている規則を編纂したもの、あるいは文書で認定したものとして、叙述されている。

　ここは、それらの観念の起源や源泉に関する困難かつ複雑な問題を検討すべき場所ではない。それらの観念はおおむね、原始民族によって抱かれていた法の考え方と関係があり、或る一部の学者たちは、それらの観念の中に、未開の諸族によってなされた中世政治理論への最も重要な貢献をみとめるのに躊躇しなかった。ここで強調しなければならぬことといえば、ただ、それらの観念は明らかに、社会的制度に関する極端に単純化された古い見解――慣習や悠久の昔からの伝統がいわば一種の宗教的後光につつまれ、恐怖に近いほどの畏敬の念の対象となっているような、未開民族の間にのみ見出される見解に、合致するものであった、ということである。なおまたそれらの観念には、社会生活に関する著しく静態的な考え方が特色をなしていた。このような考え方の結果、法は、改善や変革のために人間が自由に用いることのできる道具と見なされることなく、かえって、彼らの必要によってやむなくされる彼らの嗜好や選択の表明に対して、神秘的な超越的な力から課される一種の制限と見られたのであった。ローマ人は、完全に成熟した法意識を以て、慣習に対する成文法《スタテューツ》の優位を公然と宣言した。即ち、立法者の意識的な、明確に表明された意志が常に優先し得るし、またしなければならぬ、何となれば、それこそは法の真の究極の源泉であるから、と言明したのである。中世においては、この関係が逆転され、積極的な立法行為は、すでに存在している法 *more approbata utentium*〔是認されている有用な慣習〕の認知、裁可以上の何物でもないことになった。この最高の、非人格的な支配《ルール》があらゆる政治的権力の源泉であり、また同時にその制限とされるに至ったのである。

　このような意味に解すれば、法の支配の原理は、中世的な国家観を理解しようとする場合に常に念頭におかねばならぬ基本原理である。しかし、本書の別の箇処ですでに指摘した通り、(1)この段階において〈国家《ステート》〉という語を用いることがそもそも適当であるかどうか、という疑問が提出されるのは尤もである。また、もう一つの事情からして、もう一つの疑問が起って来る。何となれば、たしかに、少くとも初期中世の理論においては、法の〈非人格的〉な支配の観念は、これと同じほど顕著な、権力は〈人格的〉性格を持つという見解と対立している。〈国家《ステート》〉という語はどこにも出て来ず、言及されるのは常に〈支配者《ルーラー》〉、即ち、法によって拘束され、その権力が厳重に条件づけられている支配者である。この点においてブラックトンの有名な言葉は特に触れておく価値がある、曰く、「国王は人間に対してではなく、神と法とに対して服従すべきである。何となれば、法が国王を造るからだ— *Lex facit regem.*」私は本章の最後の部分を、中世の政治理論において法の非人格性と権力の人格性とのこの奇妙な結合から出て来た、もっと重要な帰結の簡単なスケッチに、献げることにしよう。

(1)　第一部第三章、特に三五頁。

第一の、恐らく最も重要な帰結は、権力が制限された、責任を負うべきものとしてのみ把握され得た、ということである。権力が制限されるのは、支配者が単に法の執行者に過ぎないという理由による。支配者の任務は、今日なら司法と行政と呼ばれるべきものだけに制限される。権力が責任を負うべきものとされるのは、法が支配者と被支配者とを結合する相互的義務という紐帯を表現し、代表するからである。しかし、この権力の契約的な見方を、後世の社会契約説の抽象的概念構成と混同してはならない。それは、基礎構造的《コンステイテユーシヨナル》な現実の中に、つまり支配者と被支配者、領主と封臣との間の紐帯に関する典型的に封建的な考え方の中に、深く根を張っていた。この紐帯は、中世の支配者なら誰でも行なうものとされていた宣誓——即ち、〈古き法〉を維持し、自らもそれを尊重し、またその遵守を強制するという宣誓において、一般の承認と裁可を得た。国家《ステート》は——この語が権力の行使を意味するものと解するならば——法の支配といういわば堅固な巖の上に立っていたのである。

初期中世の政治思想の第一の特色と同様に興味ある第二の特色は、権力の〈私的〉行使と〈公的〉行使との間に明白な区別がなかったことである。このように両者が混同されていたことは普通には封建主義の反映と解釈されているが、これは正しい解釈である。領主と封臣、臣民と国王との間の紐帯は人格的な紐帯であったが、これと全く同様に、人々の間の命令・服従の関係もまた私的なものであった。領主や国王の権力は、或る所有地の所有者や或る家族の家長の権力と、本質において異なるものではなかった。アリストテレスが苦心して行なった、政治的権力と他のすべての形態の権力との間の差異についての分析は、全く忘れ去られていた。しかし、かような混同は、人格的な臣従義務を土台とする或る特殊な形態の社会組織が現われたということだけに由るものではなかったかも知れない。それはまた、法の究極の源泉を明らかにすることができなかったことの当然の結果と見ても、別に事実をゆがめることにはなるまい。即ち、或る特殊な規則——即ち法の諸規則——を関連させたり、帰属させたりし得るような、〈国家《ステート》〉というものが存在しなかったためでもあろう。

私的分野と公的分野との区別がこのように存在しなかったことと、或る意味で並行して見られたのが、宗教的な事柄と政治的な事柄との間に生じた混同である。これが、中世における法の支配について論ずる場合に常に忘れてはならぬ、第三の、決定的な点である。私は前に、中世の用語において *respublica* という語が重大な限定を受けたことを指摘しておいた。中世にも〈国家《ステート》〉があったとするなら、それは一個のキリスト教的国家、即ち *respublica christiana* であった。しかし、この〈レスプブリカ・クリスティアーナ〉なるものは、フィッギスが正しく教えているように、国家と教会の両方のもつもろもろの特色——少くとも、われわれの現代的な用語法で〈国家〉と〈教会〉と呼んでいるものの持っている特色を具えていた。それは〈信者の共同体〉であって、多くのさまざまな〈民族《ネーション》〉から成ってはいたが、法王および皇帝の至高の指導の下で単一の〈神秘的な団体〉を構成していた。この神秘的団体においては、〈俗界的《テンポラル》〉あるいは世俗的な関係や利害は、〈精神的《スピリチュアル》〉あるいは宗教的な関係や利害と截然と区別されなかった。如何なる場合にも、前者は後者の下位に立っていた。したがって、支配者たちが尊重し実践にうつすように要求されていた〈法〉は、純粋に世俗的な法ではなかった。そこで、〈公的〉権力の性格に関する正確な観念がない場合には、宗教的領域と政治的領域との明白な区別もなかったことは、不思議ではない。国家独自のいろいろな特色がまだ、他とはっきり区別された、完全に自立的な一組の人間的関係として認められてはいなかったのである。

しかしながら、私がこれまで取急ぎスケッチしてきた諸点は、ほんの出発点にすぎない。中世思想は、実際上の必要や大いに重要な意味をもつもろもろのイデオロギー的要因に駆り立てられて、やがてそれらを後にして前進した。しかしやはり、それらから出発することによってのみ、新生命を吹き込むような新思想の最初の現われを何処に見つけるべきかを知ることができるのであって、この新しい思想とは、西洋の政治思想の貴重な遺産であった幾つかの特色ある見解を完全に破壊してしまうことなしに、われわれが何らかの理由から近代的と呼び得るような、国家の特殊な法的構成への道を開くものであった。

参考書

本文中に述べたように、本章において描き出した簡単な概観は、——僅かばかりの異説を除けば——主として、中世の政治理論に関する、古典的とも呼び得るような若干の著名な著述に基づいて書かれたものである。

それらの著述は次の通り。ギールケ『中世の政治理論』O. von Gierke, *Political Theories of the Middle Age*, trans., with an Introduction, by F. W. Maitland, Cambridge, 1900—22. カーライル『西洋における中世政治理論の歴史』R. W. and A. J. Carlyle, *A History of Medieval Political Theory in the West*, Edinburgh, vol. I, 1903. フィッギス『近代国家における教会』所収「レスプブリカ・クリスティアーナ」J. N. Figgis, 'Respublica Christiana', in *Churches in the Modern State*, 2nd edn., London, 1914. ケルン『中世における国王制と法』F. Kern, *Kingship and Law in the Middle Ages*, trans. by S. B. Chrimes, Oxford, 1939. マッキルウェイン『西洋政治思想の発達』C. H. McIlwain, *The Growth of Political Thought in the West*, New York, 1932.

『グラティアーヌス判例集』*Decretum Gratiani* からの文章の抜粋の英訳は、この問題に関する有益な解説を附して、ルーイス『中世政治思想』Ewart Lewis, *Medieval Political Ideas*, vol. I, London, 1954, ch. i, 'The Idea of Law' にある。

四　主権を求めて

中世の政治理論は、その最盛期の数世紀の間、差し迫った歴史的必要によって決定された或る発展の路線に沿って、最初はゆっくりと、やがて着々と速度をはやめて動いて行ったように見える。第一の、最も急を要することは、本質的に単純かつ静態的な社会観に換えるに、いよいよ複雑化してゆく人間関係にもっとよく適合する見解を以てすることであった。これに劣らず重要な第二の必要は、権力の正しい在り場所はどこかを判定し、国家を他の社会制度――すでに見た通り、これまで国家はそれらの制度と混同されてきたのであるが――と判然と区別することができるように、その本質を明らかに定義することであった。かような幾つかの発展の路線は、一つの中心的な、刺激的なモティーフから発しているものと考えられるのであるが、その観念は徐々に形をなしては来たが、政治的著述家たちが長い間これに一つの名称を与えようと努力して来たのに、果し得なかったのである。何故なら、その名称――〈主権 sovereignty〉――は、普通に中世と呼ばれている時代が終末に近づいてから、やっと〈発明〉されたからである。

まず第一に、中世の最後の数世紀の社会のような、急速に発展する社会の要求を満たさなければならなかった。前章で検討した法の原始的な、古風な観念――法は本質的に慣習である、法は〈見出されるもので〉あって〈造られるもの〉ではない、というような見解は、このような新しい情況においては不適当なものと思われざるを得なかった。法の支配という古来の理念を単に放棄するだけでなく、いわば内側からそれを変革しつつ、依然としてそれを固執して行く、というのが中世思想の特色であった。久しい以前からずっと、〈支配者〉はその権力の行使において法によって拘束され条件づけられるものと見なされて来た。ところが、法の観念そのものが本質的な変化をこうむったのである。これまで法は、悠久の昔からの慣例や慣習の表現と考えられていたのであったが、徐々に、新しい情況に適合できるような、また新しい情況に適切な規則を提供できるような、意識的に計画された立法行為の表現と見なされるようになった。このような変化は、何よりも、慣習的な諸規則を有効ならしめていた条件がどんなものであったかについての認識がいよいよ明らかになったために、容易ならしめられた。すでに見た通り、これらの慣習的規則が有効と見なされたのは、それらの規則がその〈利用者たち〉、即ちそれらがたまたま存在した社会によって暗黙のうちに是認されたからであり、その限りにおいて有効だったのである。したがって、必要が生ずれば、その社会自らが新しい規則を制定することができなければならず、また立法はもはや、前から伝統や慣習として存在していた規則を単に〈文書にする〉だけに限られるべきではない。問題は、新しい規則が、古い規則が果したのと同様に、同じような要求を、少くともそれと類似した要求を、よく満たさねばならぬ、ということであった。即ち、新しい規則は、それが適用される人々の承認と裁可によって確認されねばならぬ、ということであった。有名な格言を借りて言うなら、――この格言の背後には奇妙な歴史があるのだが――すべての人々に影響する規則はすべての人々によって承認されねばならぬ *quod omnes tangit ab omnibus approbetur* ということであった。

　われわれはここに、国家に関する後世の諸理論において重要な役割を果すことになる二つの制度の萌芽を見出すことができる、と言っても、非常に複雑な歴史的な問題であるところのことを余りに単純化することにはならないだろう。ここに言う二つの制度の中の第一は、代表制である――とは言っても、それが、法を有効なものとするに必要とされる社会の〈承認〉が明白で積極的な表現を見出すことができるようにするための、憲法上の方策を見つける必要から生じたものと見る限りにおいてであるが。権威ある学者たちが、この代表制という、〈擬制《フィクション》〉を、つまり、或る一つの社会の個々の構成員の意志は、特にそのために任命された代理人たちによって間接的に表明され得る、という観念を、中世の団体理論によってなされた最も重要な貢献の一つであると認めている。この観念は、教会および世俗の審議機関（collegiate deliberative bodies）の機能および任務の定義において、精緻にされ、完全なものにされた。われわれが現に代議的、あるいは議会的制度と呼んでいるものは、たしかに中世に生れたものであって、これを目の敵にしたルソーがこれを〈封建〉時代の遺物と見た[1]のは間違いではなかった。このような制度は殆どすべてのヨーロッパ諸国に見出されはするが、その中断のない、或る意味で模範的な発展は、イングランドにおいて最も容易にその跡を辿ることができる。イングランドにおいては、すべての人々に関係することはすべての人々によって承認されねばならぬ *quod omnes tangit ab omnibus approbetur* という格言が、かの有名な、一二九五年の聖職者の議会への召集の際に、*厳かに唱えられた。ここではまた、〈議会は王国の全人民を具現する〉という見解が、初めて明白に宣言された。これら二つの原理は、表現こそ違え、いまもなお立憲的国家の近代的観念の支柱となっている。

(1) Rousseau, *Social Contract*, III, *ch. 15.*

これよりもずっと複雑で、議論の多い問題は、権力の分割、あるいは少くとも、立法権と執行権との区別も、またやはり法の支配という中世的観念の後世における発展に由来するものと見られ得るか否か、という問題である。このような区別も、ある意味では、権力は法によって条件づけられるものであり、またそれは法の防衛と適用とに限られるべきであるという考え方の中に、暗にふくまれている。この区別は、支配者の権力と並立し、また或る意味ではそれより上位にある権力——法を制定することができ、また支配者をも含めてすべての者が服従しなければならぬ権力——が存在することが認められることによって、論理的に完全なものにされるように思われる。しかるに、この点についての中世的見解は、概して言うと、われわれの近代的見解とは全く異なっていた。立法と執行との間の意識的な対照は勿論のこと、截然たる区別さえ、中世の文献には何処にも見あたらないのである。モンテスキューとその学派を連想させるような、特色ある憲法的モデルの何らかの抽象的な定義や弁護を見つけようとしても、無駄である。マッキルウェイン教授のこの点に関する意見は、次のように断乎たるものである。曰く、「中世には、権力の制限についての非常にはっきりした学説はあるが、権力の分割の学説はない。」たしかに、法の支配についての中世的観念は近代的な憲法理論の主要な基礎の一つを提供した。しかし、この観念についての非常に異なる解釈が、十七世紀のイングランドの憲法上の大闘争から生起せざるを得なかった。サー・エドワード・クックの手にかかると、ブラックトンの〈法が国王をつくる *Lex facit regem*〉という格言は全く新しい意味を帯びることになる。〈法を制定するのは誰か〉という問題が解決されてはじめて、法の制定とそれの施行との間に限界線が引かれ得るのであって、この限界設定には重大な実際上の帰結が結びついていた。後にもっと詳しく述べることにするが、近代的な権力分割論は、単に国家における権力構造に関する憲法的理論に過ぎないものではなく、遙かにそれ以上のものであった。それは国家権力の範囲および行使方法に関する勧告であり、イデオロギー的諸要素をずっしりと含んだ政治理論であって、中世の人々には到底理解できないものに思われたであろう。

しかしながら、法の支配の中世的観念がいよいよ激しさを加える立法的活動の要求に適応しつつあった間においても、これと並行して、そのような立法的活動——かかる活動が前提とし、また結果としてもたらすところの権力——の本質をもっと正確に見究めようとする努力もまた認められるのである。ここでもまた、権力の観念は国家の観念と緊密に結びつけられているように見える。もしも国家の存立が一個の法的制度の存立によって条件づけられるものとするならば、一個の法的制度の存立が、逆に国家の存立の表徴にもなる。このことは、中世の法律家や政治思想家が、統一と世界支配の権利を有すると自称していた〈レスプブリカ・クリスティアーナ〉の威信を徐々に失わせ、これに取って代りつつあった新しい制度を、法的な視角から分析しようとし始めた瞬間に、彼ら自らが求めたのではないが、おのずから得られたところの、極めて重大な発見であった。静態的な社会の〈良き昔の法〉を完全なものにし、必要ならばこれに取って代るような一つの工夫が発見されるや否や、——〈新しい法〉の源泉は単一の社会の意志、あるいは少くともその同意に外ならないと認められるや否や、すでにその方向への重大な一歩が踏み出されていたことは間違いない。しかし、ローマ法の研究の復活から得られた明確な諸観念の助けがなかったならば、中世の政治理論は、権力の所在は究極的には何処か、権力行使に特有な諸特色とは何かという問題に関する正確な解決には、決して到達しなかったであろう。

私は前の一章でこれらの観念を分析した。十七世紀においてボローニャ〔有名な大学がある〕からヨーロッパの他の部分へ広がって行ったその影響は、非常に大きくかつ決定的であったから、それらの観念が存在しなかったならば近代国家の近代的理論なるものはなかったであろう、と言っても過言ではあるまい。歴史哲学者に対しては、この影響が、史的唯物論への反論の根拠と、〈思想〉の社会的および経済的〈事実〉への衝撃の顕著な例証とを与えるであろう。政治理論の歴史の研究者にとっては、この影響は論争の種になっている。何となれば、ローマ法が西洋の生活と思想に与えた衝撃の解釈については、またその評価については尚更のことだが、依然として意見が分れているからである。それは有害な遺産 *damnosa hereditas* だと言ったり、ローマ法を西洋の絶対主義への第一の貢献者と見なしたがるような学者たちが、相変らずいることだろう。他方にはまた、近代民主国家の基礎となっている国民主権論の起源を、ローマにまで溯らせようとする人々も相変らずいる。これらの見解にはいかに誇張があるにしても、ローマの原文《テキスト》の解釈において最初の注釈家たちの意見がすでに対立していたのであるから、非常に早くから鋭い意見の対立が始まったということを注意しておく必要がある。ウルピアーヌスの「君主の欲すること云々 *Quod principi placuit etc.*」という有名な文章の中に、学者たちの或る者は、元来は国民のものであった権力の〔君主への〕完全な終極的な〈譲渡〉の主張を読み取ったのに反して、また他の或る者はそこに、国民の権力には実際上何の変更も加えずに、単に委任または〈譲歩〉の意を述べたに過ぎないと見たのである。

しかし、政治理論に対するローマ法の決定的な貢献は、別の点に求めねばならない。それは権力を或る特定の保持者のものと見たことにあるのではない。たしかに、国民 *populus* を権力の本源と見るローマ的な考え方は、社会の同意を法の効力の源泉と見るところの、中世に普通に行なわれていた考え方と、容易に結びつけられ得るだろう。この意味では、このローマ的学説の再発見が民主主義思想の勃興における重要な要因であったと見るのは正しいだろう。だが、究極的な権力が国民にあるとするか、それとも君主にあるとするか、二つに一つのどちらを選ぶかは、結局のところ、便宜上のことか、党派的政略上の問題であった。それはローマ的学説の真の実体、即ち、議論の分れる二つの道の背後にある基本的前提にかかわるものではなかった。この基本的前提とは、社会のどこかに——国民か君主か、それとも君主と国民が一体となったものか—— *summa potestas*〔最高の権力〕、国家の精髄たる権力がある、という考え方である。ローマ的学説の決定的な貢献は、法をこの権力の表明として、社会の変化する要求に応じて行使され、適応され得る道具として、その背後に一つの至高の意志――それが最高のものなるが故に、自己以外の何物にも責任を負わないという理由によって法を超越する（*legibus solutus*）意志――の統制が存在するかぎり、有効である諸規則として見る、新しい考え方であった。

これこそは、再びギールケの言葉を借りて言えば、それまで中世思想がそれを用いて無益な苦闘を行なって来たところの、古風な思想の世界に真の革命をもたらした学説であった。それは、法という要素が政治的結合体における結合的要素であるということを力説することによって、政治的経験の分析に役立つ比類なき手段を提供した。またそれは、法の源泉に注意を集中することによって、一つの法的制度、即ち他のどんな形態の人間的集団ともはっきり区別できる〈政治体 body politic〉の存在を判然たらしめる道を明らかに切りひらいた。かくて、〈合法的に命令を下し、他のものから命令を受けない意志〉を発見することが問題となるだろう。この意志を言いあらわす適当な語が中世の政治的語彙には欠けていたために、あらゆる種類の回りくどい言回しが用いられた。しかし、政治体の基本的属性である *summa potestas* の探求は、後に主権（sovereignty）と呼ばれるに至るものの探求に外ならなかった。このような学説は、ついにはレスプブリカ・クリスティアーナの理念を最後的に解体させずには済まなかった。複数の〈主権者 sovereigns〉が、事実上ばかりか法の上でも、単独の、独占的な *summa potestas* の保持者たる法王と皇帝に取って代った。これは、ローマ思想の復活から生じた予想外の結果であった。

だが、これらの思想の影響はこれだけにとどまらなかった。政治的権力の本質とその明白な特色に関するいよいよ明晰な把握は、他の諸分野においても実を結んだ。これらの明白な特色は、中世初期の思想から無視されあるいは見逃されていた、したがって、権力は〈人格的〉なものと考えられ、私的領域と公的領域とが混同されていたのであった。『学説類集《ディゲスタ》』の明快な諸定義は、他の如何なるものにもまさって、これら二つの領域の区別に貢献した。そこに始まった権力の〈非人格化〉は、それまで人々が慣れ親しんでいた観点を完全に変えてしまった。ウルピアーヌスの私法と公法の区別は、公益に属するものと私益に属するものとの間の差異ばかりか、法的な諸規則が適用される事態（*res*）と行為主体（*personae*）との間に存在する差異の一層明確な観念をもたらした。*status reipublicae*〔国家組織〕

に関する諸規則は、権力の構造を規定するものであり、権力は、誰が掌握していようとも、人々の間に存在する他の如何なる関係とも本質的に異なる、或る特殊な関係を意味するものと考えられた。権力の行使において必要とされるもろもろの手段は、権力を行使する人の属性ではなく、官職の属性と見なされるに至った。例えば *Fisc* 即ち金庫は、支配者の私的な世襲財産ではなくなり、公共の物になった。簡単に言うと、今や権力は、〈売ったり〉〈譲渡したり〉することのできないものと見られるようになった。何故なら、それは社会の構造そのもの、つまり *status reipublicae* に固有のものであるからである。換言すれば、それがなくては――〈主権〉がなくては――〈国家《ステート》〉は存在しないだろうからである。たしかに、この国家はまだ〈国家《ステート》〉ではなかった。それはまだ社会の一つの〈状態〉、一つの〈在り方〉であって、判然として人格化された、抽象的存在ではなかった。

　しかし重要なことは、中世思想に国家の明確な観念が欠けていたことではない。重要なことは、一種の人間社会と他の種のもろもろの社会との差別について次第に認識が高まって行ったことであり、それと共に、その差別を確定し、これを法的に分析しようとする試みがなされたことである。ここに法的にと言ったのは、一人の指導者が単に物質的な力を持っているからでもなく、また彼が身につけた天賦の才能のお蔭でもなく、*status reipublicae*〔国家組織〕に属するものであるが故に――私法の規則ではなく――公法の規則であるところの、一体系をなす諸規則の名において、統治し、法を制定し、裁判し、税を課するところの、〈主権的な sovereign〉〔至高の〕権力として、という意味である。重要なことは、誰が権力の現実的な掌握者であるべきかについて際限もなく議論が行なわれた、ということよりもむしろ、そのような議論の背後にあること、即ち、権力そのものの本質の解明が行なわれた、ということである。何故なら、こうすることのみが、政治理論家に、主権がその特殊の独占的な属性をなすところの特殊な社会の特殊な性質を明確にすることを可能ならしめるからである。かくて結局、かの〈レスプブリカ・クリスティアーナ〉――宗教的であると同時に世俗的でもあって、中世の人々の眼には人間的社会の最高の形態と映じていた、かの単一の普遍的社会は、これよりはいよいよ世俗的になり、狭小なものになって行くが、それよりは遥かに判然としたものであるところの、一つの新しい形態の組織体によって、取って代られることになる。主権の概念が、近代国家の到来への道を開きつつあったのである。

参考書

私は手っ取り早く概要を述べるために、多くの権威者の著書をここでもまた大いに利用した。しかしその概説は、簡略であるために、識者の眼から見れば、必ずや大ざっぱで議論の余地のあるものに見えるだろう。比較的古い権威書については、読者は前章の末尾に列挙した諸著を参照されたいが、なおここに、優れた有益な次の著述を附け加えておこう。ポラード『議会の発達』A. F. Pollard, *The Evolution of Parliament*, 2nd. edn., London, 1929. ヴィノグラードフ『中世ヨーロッパにおけるローマ法』Sir. P.Vinogradoff, *Roman Law in Medieval Europe*, 2nd edn., Oxford, 1929. マッキルウェイン『古代および近代の立憲主義』C. H. McIlwain, *Constitutionalism Ancient and Modern*, Ithaca, N.Y., 1940.

ごく最近の労作をも挙げることができるし、挙げねばならないけれども、(両者とも詳細な参考文献表が附いている) 次の包括的で刺激的な二著だけを挙げるに止めよう。カントロウィッチ『国王の二つの身体』E. H. Kantorowicz, *The King's Two Bodies*, Princeton, 1957. ポースト『中世法思想の研究——公法と国家』G. Post, *Studies in Medieval Legal Thought. Public Law and the State, 1100–1322*, Princeton, 1964. 後者は論文集であって、見事な見識と明晰さを示し、私の概説では簡単にしか触れられなかった、殆どすべての点を論じている。

最後に私は、次にあげる小論文に特に負う所が多いことを感謝する次第である。即ち、カラッソ『古典時代の慣習法における〈公法〉と〈私法〉』(『フェラーラ氏記念論文集』所収) F. Calasso, '"Ius publicum" e "ius privatum" nel diritto comune classico,' in *Studi in Memoria di F. Ferrara*, vol. I, Milan, 1943. この論文は、私法と公法の問題を論ずるのに特に有益であった。本章がすでに印刷に回っていた時に、ヒンズリ氏の近著『主権論』(F. H. Hinsley, *Sovereignty*) が『新思想家叢書』(New Thinker's Library) の一冊として公刊された。私としては本章および後続の諸章を校正するにあたって、同書を利用することができなかったことを遺憾とする気持を表明するに止めよう。ヒンズリ氏の主権の歴史および本質に関する見解は、本章に展開した見解――ここでは主権は本質的に法的な問題として解釈されているのだが――とは、多くの点で異なっているように思われるだけに、一層遺憾に思うのである。

五　近代国家の生誕

近代国家が生れたのは何時か、正確に言うことができるだろうか。このような質問を出すこと自体、甚だ非常識であるように感じられ、また同時に甚だ挑発的な感じを与えるのである、というのは、学者でなくても、この質問にふくまれるもろもろの困難を理解することは容易にできるほどであるからだ。〈近代国家 the modern State〉とは何かということについて、まず定義がはっきりさせられない限りは、少くとも、領土的一体性、人種的ないし民族的同質性、実力の独占、その他、単一的だろうと集合的であろうと、近代国家の生活の複雑な経験を特色づけるようなすべての特徴の中で、いったいどの特殊な属性が決定的にその存在を確証するかについて、意見がはっきり決まらない限りは、何時、如何にして近代国家が出現したかを問題にするのは、何の意味もなさないのである。このような質問は、国家が法の見地から考察されるに至って、はじめて一層明確な意味を帯びるようになる。近代国家は、一個の法的制度である。近代国家の行使する権力は、単なる実力ではなく、一個のまとまりを成している諸規則——これからしてわれわれは国家が〈存立している〉ことを推定するのである——の名において、またそれにしたがって適用される実力である。したがって、最初の質問は次のような別の質問に変えられる、即ち、そのような観念は如何にして、如何なる仕方で発生したか、という質問になる。詳しく言えば、法に基づき、しかも同時に法の創造者でもあり、したがって他の権力に従属しない——少くとも自己の統制下にある諸権力が自己に従属するような仕方においては、自らは他の権力に従属しないような、そのような最高にして独占的な権力という〈近代的な〉観念が、如何にして発生したたか、である。このような具合に表現して見ると、近代国家の生誕の問題は、主権概念の発生とその最後的な容認との問題に外ならないのである。

主権概念が法理論および政治理論に与えた衝撃を充分に測定しようとすれば、その影響がもっと判然と区別され得るところの、次のような別個の二組の関係を個別的に考察するに越したことはない。第一は、或る一定の社会の内部における――いわば〈国内的〉領域における権力の諸関係であり、第二は、〈国際的〉平面における幾つかの社会の間の権力の諸関係である。

当該社会そのものの構造を決定する権力関係について見るに、歴史の皮肉の一つとでも言おうか、主権概念が最初に整然と仕上げられ、その論理的帰結が導き出されたのは、国家を弁護するためではなく、教会を弁護するためであった。世俗的な法律家たちがその意味と価値を完全に把握するよりずっと前に、教会の法律家たちは――彼らの中には教会の聖職位階の最高位に達した者もあったが――、教会の組織の形式上の諸相を権力および法の問題として研究し、その首長〔法王〕の地位を主権の保持者として定義し始めていたのであった。主権概念は、普通に〈神政論 theocratic doctrine〉と呼ばれるもの――即ち、ローマ法王に地上における最高の権威 *plenitudo potestatis* を認めようとする学説――の柱石となった。この *plenitudo potestatis*〔文字通りに訳せば〈権力の完全性〉〕という表現は、たしかに、中世の資料において用いられている如何なる表現よりも、近代的な主権概念に近い。法王に帰せられた〈権力の完全性〉は、何よりもまず、法的な属性であった。それは、法を完全に掌握することを意味した。「ローマ法王は、すべての法を彼の胸中に内包しているものと見なされる[1]。」しかしそれはまた同時に、政治的な綱領《プログラム》でもあった。というのは、それはまた当然に、〈レスプブリカ・クリスティアーナ〉の伝統的な構造の徹底的な改造をもたらしたからである。それがどんな意味を含んでいたかは、法王ボニファティウス八世〔在位一二九四―一三〇三〕の自分に普遍的支配権があるとする野心的な要求と、彼とその支持者たちがこの要求の根拠としようとした議論に見ることができる。この議論はそれ独自の論理をもっていたが、これこそまさしく主権の論理であった。何故なら――その議論はこう主張しているのだ――如何なる社会にも、ただ一人の権力の最高の保持者、ただ一つの忠誠関係の究極的な焦点があり得るだけであり、またそうでなければならない。したがって、世界の二重支配〔法王と皇帝との支配〕という古い考え方は、不条理かつ陳腐なものとして退けられねばならない。ボニファティウス八世が、奇妙なことにホッブズやルソーを思わせるような言葉を用いて、力づよく述べているところによると、両頭をそなえた身体は動きのとれぬ〈怪物〉(2)である。

（1）'Romanus Pontifex...iura omnia in scrinio pectoris sui censetur habere.'

（2）Bull *Unam Sanctam*, 1302. これと同じ論法をルソーが用いたことについては後の一三七頁を参照。

しかし、主権概念は中世後期の教会の理論の独占物ではなかった。それは世俗的な領域においても、明晰さと実効性において劣ってはいたが、やはり作動していたのである。統一された支配の新しい様式《パターン》に対応する古い社会構造の変革は、ゆっくりと段階的にしか進行しなかった。ヨーロッパ大陸においては、それが完全に遂行されたのは、ようやくフランス革命が起ってからのことである。注目すべきは、この進行過程が、私が先に主権の論理と呼んだものに関する認識の進展を明らかに示すかのように、非常に早く理解されたことである。この主権の論理なるものが、支配的集会〔議会など〕のみならず個々の支配者に、権力のすべてを――即ち、中世の著述家たちがローマ法を読解することによって、ローマ皇帝あるいはローマ国民の〈権威 majesty〉に属するものであることを知るに至っていた権力のすべてを要求するように促したのであった。十三世紀に入ると、一人の著述家は早くも次のように述べた。「皇帝について言い得ることは、また同様にすべての独立の支配者についても言える。各個の支配者はそれぞれ自己の領土内において、皇帝が帝国内において有すると同じだけの権利を有する」(1)。あたかも、新しい諸共同体の支配者が皇帝の紅衣《パープル》〔権力〕の分前を得ようと互いに争っているかの如くである。中世後期の文献においては、主権の内的側面と外的側面とが緊密に縒《よ》り合わされているので、一方を他方から引きはなすことは、とてもできそうもない。

（1）'Et quod dictum est de imperatore, dictum habeatur de quolibet rege vel principe, qui nulli subest. Unusquisque enim tantum iuris habet in regno suo, quantum imperator in imperio' (Alanus 'Anglicus', or 'ab Insulis; ca. 1207-10).

ところで実は、主権概念の爆発的な力が最もはっきり現われたのは、国際的な面であった。ここにおいても、問題になるのは論理的帰結であった。しかし、これらの論理的帰結は、しばらく前からヨーロッパの此処彼処ですでに起りつつあったこと、即ち〈レスプブリカ・クリスティアーナ〉が多数の個々別々の独立国家へ分裂してゆくという現象を、説明するのにも促進するのにも、まことによく適したものであった。国際的な面での主権は、国内的な面における主権の必要条件であると思われた。真に〈主権的〉であるがためには、国家の内部において法の最高の源泉である権力は、それよりも上位にあるようないかなる権力にも依存しているものと見られてはならない。*Rex in regno suo est imperator*（国王はその王国において皇帝である）とか *Civitas superiorem non recognoscens est sibi princeps*（独立の都市は自己の主人である）とかいうような定まり文句が現われ広く普及し出すのは、まさにこうした時期である。これらの文句は、少くとも或る程度までは依然として民主的に統治されている都市国家であろうと、あるいはまた野心的な王朝によって支配されている領邦国家であろうと、とにかく個々の国家の主権への要求を、慣習的な言葉で表現しているのである。

これらの定まり文句の起源が、最近において多くの研究と論議の対象になった。「国王はその王国において皇帝である」という文句は、これまでフランスに起源を発するものであるとされ、そのためフランスは、帝国からの——法律上でも実際上でも——独立を最初に宣言したという、どうやら怪し気な名誉をになっていた。ところが或る学者たちは、かかる重大な分裂〔帝国からの独立〕をもたらしたのは中世においてフランス人の民族的誇り（*superbia gallicana*）と呼ばれていたものだけの功績かどうかという点について、疑惑を投げかけた。彼らは、当時そのような文句はフランスだけでなく、他のヨーロッパの諸地域でも使われたことを明らかにした。するとまた他の学者たちが、「諸王国は事実上のみならず法律上も独立であるという理論の、最初の、しかも最も熱心な陳述は、教会法学者と神学者から出たものだ」という事実を指摘した。ついには、*rex imperator*〔国王は皇帝なり〕とか *civitas sibi princeps*〔都市は自己の主人なり〕とかいう定まり文句が広まったことの背後には、帝国の統一を破壊しようとする教会側の悪意の企図があったとさえ見るような学者たちまで現れて来た。これらの著述家たちの中の一人が実際に言っているように、

〈国家の近代的理念〉は、このように僧侶の考え出したものであり、おまけに陰険な意図をふくんだものだったろうか！　少くとも、一つのことは確かである。その起源は世俗的であったか教会側にあったか、またその発生地がフランスであったかイギリスであったか、イタリアだったかスペインだったかはともかくとして、個々の国家の完全な独立という観念は中世の末までには殆ど普遍的に承認されていたのである。その背後には、各個の独立の共同体には、法の源泉と社会構造全体の結合要素を代表するところの、単一最高の権力が存在する、という認識が横たわっていた。そこに欠けていたのはただ、領土的・民族的独立と最高の法的権力との結合を明示する名称だけであった。その名称を作り出した功績は、十六世紀後半のフランスの著述家で、政論家兼法律家のジャン・ボダンのものである。

「国家とは、多くの家族、およびそれらの家族に共通に属しているものの、一個の主権的権力（*puissance souveraine*）による統治である。」ボダンのあの大著の冒頭にあるこの定義において、主権が初めて国家の独特の属性として現われる。ボダンは、自分が主権を発見した、と自慢した。彼がそう自慢したのは、完全に間違いというわけではなかった。彼の創見がどれほどのものかを見極めようとするなら、主権の意味を考察するに先立って、ボダンが彼以前のあらゆる政治的著述家から彼を截然と際立たせている手腕を発揮しつつ、彼のこの主権の概念の助けを借りて解決しようとした諸問題の中の幾つかを列挙してみれば、充分である。

まず、国家の定義を取上げてみよう。ボダンによると、主権の存在は、国家を他のあらゆる種類の人間的結合体から区別するところのものである。これはつまり、家族 *mesnage*〔現代のフランス語では *ménage*〕は、どんな大きいものであろうと、決して国家にはならないのに、国家は、いかに小さくても、主権的である限りはいつまでも国家である、ということを意味する。「小国の国王でも、世界の最大の君主と同じように主権者である。」

次に、ボダンの市民の定義を取上げてみよう。ここでの重要な点は、服従の非人格的な関係である。社会的地位にどんな違いがあろうとも、主権は、主権に服従する人々に形式上の平等を当然にもたらすのである。したがって、或る個人が彼自身の従属者の一団の内部でどんなに勢力があろうとも、彼は市民としての資格においては、「主人とか首長とか領主とかいうような称号を失って、」一般的な、万人に共通の一つの規則《ルール》に服するのである。

最後に、ボダンが行なった〈国家〉と〈政府〉の区別を考察しよう。彼の見解によると、これまた「以前に何人も言及したことのない……政治的原則」である。国家の形態は主権の所在によって決定されるが、政府の形態は、権力が行使される方法によって決定される、と言う。ここで主張されている点は、非常に微妙な法的区別を含んでいる。その重要性は、後世の政治思想によって、ごく徐々にしか把握されなかった。

さて、今度は主権のさまざまな側面に目を転じ、まずボダンがこれに与えた簡潔な定義を見ることにしよう。「権威（Majesty）即ち主権（Sovereignty）は、一国家における市民および被治者に対する、最高にして絶対的、かつ永久的な権力である。」ここで幾つかの点に注意する必要がある。

第一に、われわれがこれまで主権の本来の論理と呼んできたものを、ボダンが導き出すに用いた議論が人々を納得させるに充分かどうか、という問題である。彼がその定義において選び出した、主権の二つの本質的な特徴——永久性と絶対性——が、その論理の如何なるものであるかをはっきりと示している。主権は、それが国家の基本的属性であり、その土台であるという、いとも単純な理由からして、〈永久的〉である。主権がなくては権力はなく、また、権力がなくては国家は存在しなくなる。ここでは権力はその全体性において考察されており、そういうものとして権力は、分裂も分割もされ得ない。主権は〈譲渡《トランスファー》〉され得るが〈限定譲渡《コンシード》〉され得ない。なぜなら、限定譲渡することになれば、そのような譲渡を受ける者ではなく、譲渡を行なう者が権力の真の保持者即ち真の主権者たることを意味するからである。* 主権は、法によって拘束されないという語源的な意味においてばかりでなく、前に示唆したような、不可分なるが故に制約をも条件をも認めえない、という意味においても、〈絶対的〉である。すでに中世の理論家たちが苦労の末に発見したことだが、主権は統一性と引離しがたきまでに固く結合している、即ち *amat enim unitatem summa potestas.*〔実際上、主権は統一性を好む。〕しかしながら、永久性も絶対性も、またその系《コロラリ》である統一性と不可分性も、権力が真に主権的になるために必要なもう一つの条件が満たされない限り、無意味であろう。その条件とは、権力が〈最高〉あるいは究極的でなければならぬこと、つまり、それより上位にある何らかの権力から派生したものであってはならぬ、ということである。この意味において主権は、国際的分野での完全な独立を意味する。「他人の物を何も保有していない者〔他の君主の封を受けていない者〕のみが、真に絶対的な主権者である。」

第二に、ボダンが主権に独特なものと見なしているところの、権力の特色は何かという問題である。その特色は、今日なら立法的機能と呼ぶべきものである。「したがって、一般的には彼の被治者たちのすべてに対して、特に彼らの一人一人に対して、法を与える権力を持つことが、主権的君主の第一の主要な特色と認めよう。」「法を制定したり廃止したりする、この主権的権力の中には、主権の他のすべての権利および特色が包含される。したがって〔適切に言うならば〕その他のすべての権利はこの中に含まれていると見なして、これだけが主権的権力の唯一の特色であると言ってもよかろう。」この点においてボダンの説は当時の他の著述家たちの説とはかなり違っている、とこれまで指摘されて来た。なぜなら、当時の他の著述家たちは、主権の主要な属性は立法ではなくて司法であると考えていたからである。この違いは極めて重要である。このボダンの見解は、後世におけるさまざまな国家権力のそれぞれの役割に関する把握の仕方に、決定的な影響を及ぼした。その遙か後世にまで及んだ影響について評価することは本書の後の部分において、一層よく行なうことができよう。

最後に、と言ってもやはり前と同様に重要なものであるが、主権が支配する分野に関する問題である。これは、本来の法、即ち実定法の分野である。何故ならボダンの考えでは、法は主権者の命令であって、主権が自らを知らしめ感得させるのは、法という径路によるからである。したがって、積極的な立法〔実定法の制定〕の見地から見ると、主権者は法学的に言うと法を超越する *legibus solutus* のである。しかし、このことは、彼の権力が専制的であり非合法的であることを意味しない、何故なら、そう言うことは言葉の上で矛盾を犯すことになるからである。実のところ、ボダンの言うところの主権者は、多くの桎梏で拘束されている。主権者は神の法と自然の法とに従わねばならず、財産や私的な慣習《コンヴェンション》を尊重しなければならず、*leges imperii*、即ち、サリー法典の如く、王位継承の順位を定め、したがって主権そのものを正当化する諸条件をも定めているところの基本的な国制上の規定を、変更したり廃止したりすることができないのである。

私が以上において簡単に要約して来た幾つかの点によっても、ボダンの主権の問題に対する接近方法《アプローチ》が如何に本質的に抽象的であり客観的であるかを、明らかにするに充分であろう。彼は、一つの政治的綱領を提供しようとしている、というよりはむしろ、権力の本質の分析を行なうこと、あらゆる国家に適合する諸条件を明らかにすることを目指していた。十六世紀のフランス人であった彼にとって、権力の究極的な保持者、〈主権者〉は国王であった。彼の主権論は、当時のフランス王政の苦境と、直接の明白な関り合いを持っていた。しかしボダン自身の方針に従って推論するならば、フランス王国以外のいかなる形態の政治組織においても、例えば、共同体全体かまたは限られた数の個人が権力の保持者であるような組織においても、主権の存在を認めることが完全に可能であった。即ち、国家あるところ、必ず主権なかるべからず、ということになる。このようにして、ボダンの手にかかると、主権の概念は、中世の末に発生し、そののち近代の特色となるに至った権力の制度を解釈するため特に構成されたモデルのように、何となく見えて来るのである。またこうも言えよう——マキアヴェリはこの制度を〈新君主国〉として、実力的なものとして説明したが、ボダンはそれを〈近代国家〉として、法と権力という語を用いて説明した。主権という語は、目新しくかつ耳なれないものではあったが、しかしそれは、経験の中に根柢を有する、緩慢な成長の産物であった或い物に名称を賦与したのであった。

　ここでもまた、要求されたのは新造語であった。〈国家《ステート》〉という語がマキアヴェリによって法および政治の語彙の中に入ったと同様に、ボダンによって〈主権〉という語がそこに入って来たのである。しかし、この語の受容には、全く抵抗がなかったわけではない。ラテン語から来たものではあったが、フランス語であったこの〈主権〉という語は、すみやかに他のヨーロッパ諸国の言語に取り入れられはしなかった。この語に正確に見合うラテン語は何かということは久しいあいだ疑問とされていたし、しかもラテン語はそれ以後一世紀以上も、政治および法に関する著述家たちの公用語であった。ボダンは、『国家論』の初期のフランス語版の自ら訳したラテン訳文において、*souveraineté*〔フランス語の〈主権〉〕の意味を訳すため、*maiestas* という単語を用いたが、また時には *summa potestas* という語句をも使った。グロティウスは『戦争と平和の法』(*De iure belli ac pacis*)(一六二五年刊)の中で、主権について述べる際にはいつも、*summa potestas* と *summum imperium* とを無差別に用いた。ホッブズは『市民論』(*De Cive*)(一六四二年刊）の中で、前記の二つの語句を同義のように用い、同じ文脈の中でそれらを *summa potestas sive summum imperium sive dominium*〔sive は英語の or に相当し、〈あるいは〉とか〈即ち〉というが如し〕というように並記した。だが彼は『リヴァイアサン』（*Leviathan*）（一六五一年刊）の中では、これらさまざまな表現のすべてを一つの表現――主権という語に要約した。われわれが主権の内包する完全な意味に思いを致すとき、われわれがともすればホッブズを思い起こすのも、故なきことではない。彼が創り出した神話は甚だ力強くかつ刺激的であったから、それは今もなおわれわれの知性や感情につきまとって離れないのである。近代国家の誕生を後世まで永く印しづける何物かがあるとすれば、リヴァイアサンの神話こそそれである。だからリヴァイアサンそのものをもっと仔細に観察することにしよう――たとえ、それが含むところの脅威を知らされる結果だけに終ろうとも。

参考書

ジャン・ボダン『国家論六巻』Jean Bodin, *Les Six Livres de la République* (1st edn., 1576), Book 1, chs. 1–2, 6, 8–10; Book II, chs. 1–2. 引用文は、次に掲げるノールズ (Richard Knolles) の英訳を用いた。*The Six Books of a Commonweale*, 1606 (facsimile reprint, ed. by K. D. McRae, Harvard Univ. Press, 1962).

中世の最後の数世紀間の教会・俗界双方の文献における主権の観念の発達に関する英語によって参考にすることのできる最近の重要な著述は次の如きものである。ティアニー『公会議の理論の基礎』B. Tierney, ***Foundations of the Conciliar Theory***, Cambridge, 1955. ウルマン『中世における統治および政治の原理』W. Ullmann, ***Principles of Government and Politics in the Middle Ages***, London, 1961. ウィルクス『中世後期における主権の問題』M. Wilks, ***The Problem of Sovereignty in the Later Middle Ages***, Cambridge, 1963. ポースト『中世法思想の研究』G. Post, ***Studies in Medieval Legal Thought***, Princeton. 1964 しかし、比較的古い著述の中にも、次の二著はなお特に挙げるべき価値がある。フィッギス『ジェルソンからグロティウスまで』J. N. Figgis, *From Gerson to Grotius*, Cambridge, 1907（現在では，ハーバー・ペーパーバックで手に入る）。ウールフ『バルトロ・ダ・サッソフェラート』C. N. S. Woolf, *Bartolus of Sassoferrato*, Cambridge, 1913.

本章で論じた諸問題を扱っている多くの外国語の書物の中で，次の書物に対しては特に負う所があることを記して謝意を表したい。エルコレ『バルトロからアルトゥージウスまで』F. Ercole, *Da Bartolo all'Althusio*, Florence, 1932. カラッソ『ローマ法註釈者と主権の理論』F. Calasso, *I Glossatori e la teoria della Sovranità*, Milan, 1945. モーキ・オノリ『国家の近代的観念の教会法学者的起原』S. Mochi-Onory, *Fonti canonistiche dell' idea moderna dello Stato* (*imperium spirituale-iurisdictio divisa-sovranità*), Milan, 1951. ラガルド『中世末期における俗世的精神の発生』G. de Lagarde, *La Naissance de l'esprit laïque au déclin du Moyen Age*, vol. I. 3rd edn., Louvain, 1956, vol. II, 2nd edn., Louvain, 1958. メナール『十六世紀における政治哲学の飛躍的発展』P. Mesnard, *L'essor de la philosophie politique au XVI*e *siècle*, Paris, 1936. フォン・デル・ハイテ『主権的国家誕生の時期』F. A. von der Heydte, *Die Geburtsstunde des souveränen Staates*, Regensburg, 1952.

六　桎梏を解かれたリヴァイアサン

ホッブズは、いかに彼が法に通暁していたとしても、法学者たるよりはむしろ哲学者であり、しかも非常に偉大な哲学者であった。哲学者であるが故に彼は、国家を実力や権力として見るよりは、むしろ権威として見なければならなかった。彼の関心は事実的記述ではなく、国家の存在を合理的根拠に立って説明することにあった。彼は、命令＝服従の関係が実力の基礎の上にのみ打建てられうること、また人間の行動および相互の交際における種々の合則性《レギュラリティ》の型が必ずしも人間の見識や合理性に依存するものではないことを、完全によく知っていた。しかしこのようなことは、彼にとって、政治に関する正しい理解への手掛りにすぎなかった。政治の究極の秘密は、政治的義務そのものが解明されないかぎり、解きほぐされ得ない、と彼は信じていた。このような解明のための研究は、法学者や政治的現実主義者をその国家に関する研究に駆り立てている研究とは、全く違ったものである。ホッブズが行なおうとしている解明は、極めて凝縮された、完全にして、かつ首尾一貫したものである。人間の本性および人間の思想・行動の能力に関する少数の基本的前提から、一分の隙もない論理によって、極めて極端な帰結が導き出される。ホッブズの国家理論は、その目的においてもその方法においても、法的あるいは政治的な理論ではなくて、哲学的な理論である。この段階においてはまだ私はこの理論に深く関り合おうとは思わない。この理論を弁護したり反駁したりするのは、人間の事柄に関する一つの特殊な見方、——ホッブズが絶対に間違いないと思ったところの、権威の正当化に関する一つの特殊な見方を受入れるか拒否するか、することになるからである。

ところが、政治哲学者としてのホッブズの偉大さが、長い間、彼の有するもう一つの偉大さをおおい隠して来た。

彼は単に権威を解明した哲学者ではなかった。彼はまた権力の極めて明晰な分析家でもあった——私がここで権力というのは、制度化された実力、即ち法によって一定の径路に導き入れられた実力のことである。彼は単に国家を正当化しようとしたばかりではなく、国家の本質を見極めようとしていた。主権概念に対する彼の探求は、近代政治思想における一つの重要な里程標である。ところが実は、ホッブズの教説のこのような特殊の価値が充分に認識されるに至ったのは、比較的最近のことにすぎない。マームズベリの哲学者〔即ちホッブズ〕に対する昔ながらの敵意がしずまって、彼の思想が〈無神論〉だとか〈不道徳〉だとかいうことがもはや問題とされなくなると、ホッブズの政治理論は従来とは全く違った光をあびて現れ、その真実の姿において、即ち〈近代国家の最初の近代的理論〉として歓迎されるようになった。この理論がいわば試験管の中で、つまり、あれやこれやの特殊な経験〔実際の事態〕を直接に参考にすることなしに、つくり上げられたということが、かえってこれにユニークと言うにふさわしいような重要性を与えている。ホッブズが、あるいは豊かな想像力を示すような、あるいは皮肉で、しかも鋭い、彼の驚くべき言葉で述べているところによると、「私は人間について論ずるのではなく、抽象的に、権力の座について論ずるものである（ローマのカピトルにいたあの単純で公平な動物たちに語るように。その動物たちは鳴き立てることによってそこにいた人々を守ったが、それは彼らがしかじかの人々であったがためでなく、彼らがそこにいたからである）*。」権力の理論家として、ホッブズは或る主義を弁護しようとしたのではない。彼は、当時の事態が本当にどんなものかを調べて、単に情勢を分析したのだ。このような分析を企てるのは、近代の政治の問題の核心と取り組むことであった。その欠点や短所を述べることは、ホッブズを論破することにはならず、ただ彼の明察——それは他の点では殆ど常に透徹しており、しかも破壊的と言ってよいほど透徹していたのだが——の邪魔をしたのが何であったかを、明らかに知ることになろう。

ホッブズにとって主権なるものは、単に国家の一属性——国家の内部で、国家の名において行使される一機能たるにとどまらなかった。それこそは政治体の精神であった——聖書（ヨブ記四十一章二四—二五）に *Non est potestas super terram quae comparetur ei*〔その力はこの地上に並ぶものなき〕と言われている、不死身不敗の怪物たるリヴァイアサンによって彼が象徴化した力強き存在の、精神であった。しかし、国家は人工の人格であるから、この精神は〈人工の精神〉である。ギールケが指摘したように、ホッブズは一方においては国家の人格性の理念を完全なものに仕上げているのに、他方においては、政治を純粋に事実上の生成物と見るあらゆる説明方法に対してばかりか、伝統的な、国家を有機体に例える見地に対しても、致命的な打撃を与えた。(1)

（1）本書第一部第一章、二〇―二三頁参照。

国家《シティ》とその市民《シティズンズ》を人間とその身体の各部分に例える人は、殆どみなこう言う――国家において最高の権力 supreme power を有する者は全国家に対して、頭部が人間の身体の全部に対するような関係にある、と。しかしながら、これまでに述べたところからして、そのような権力を与えられている者は（一個の人間であろうと一個の会議体《コート》であろうと）国家に対して、身体に対する頭部の如き関係にあるのではなくて、身体に対する精神のような関係にあることが、明らかである。何故なら、精神によってこそ人間は意志を持つのである、つまり意志することもしないことも可能である。それと同様にほかならぬこの最高権力を持つ者によって、国家は意志をもつのであり、意志することもしないことも可能になるからである。

自然の所産ではなくて、人間によって創造された物である国家は、もろもろの決定をなし、またこれらを施行するための公認の原則《ルール》があるかぎりにおいて、――個々の人々の意志を〈代表し〉〈体現し〉、それらの個々の意志を調和させ一致させるような、一個の〈共通の権力〉があるかぎりにおいて、存立するのである。「この団体《ボディ》の諸部分が最初に作られ、合体され、統一された際の約束《パクツ》と契約《カヴイナンツ》は、天地創造の際に神によって宣せられた命令《ファイアット》、即ち人間を造るべし let us make men という命令に似ている。」この団体《ボディ》の精神である主権は、国家と同様に人工のものである、何故なら、それは人工的な結束の結果――社会契約によってなされる〈承認 authorization〉と〈放棄 renunciation〉の結果――であるから。たしかに主権は実力と緊密に結びついてはいるが、これを実力と混同すべきではない。主権が国家から〈離れる〉時、その時、その時にのみ、〈国家《コモンワエルス》は解体する〉、何となれば、このことは、国家を結成している義務の紐帯がもはや存在しなくなることを意味するからである。これが、これだけが、国家の本当の〈死滅〉を示すのであって、国家が戦場で敗北することは、そのような死滅の一つの現れである。「なぜなら、主権者は、国家に生命と運動とを与える、公共的精神であるからである。この精神が死ねば、国家の構成員がそれによって支配されるにしても、あたかも一個の人間の死体が、不滅ではあるがすでに離れ去った精神によって支配されていると言うに等しい。」

　このようにホッブズにとっては、国家が単なる実力的現象でないことは明白である。権力――主権はその最高の、最も完全な表現である――は実力ではあるが、何らかの方法で限定され調節された実力である。たしかに国家の発生は法の発生と合致する。何故なら、〈自然状態〉から〈市民的状態〉への移行は、事実上、〈安全の保障〉のない実力の支配から、ついに人間の諸関係が安全を保障され、また予見されるような法の支配への移行にほかならぬからである。勿論、実力を欠いた法の支配は空しいものであろう。「剣がなくては、契約は単に言葉にすぎない。」したがって国家は、法的制度であるばかりか、なおやはり実力的制度である。「不滅の神の下で、われわれがわれわれの平和と防衛とを負うところの死滅《モータル》する神」であるリヴァイアサン〔国家〕は、「自己の畏怖の力によってすべての人々の意志を内部での平和と外敵に対抗して相互に助け合うように向けさせ得るような、それだけの権力《パワー》と力量《ストレングス》を与えられ」ねばならない。楽園は剣によって守られていればこそ、安泰である。だが〈権力 power〉と〈力量 strength〉とは同義語ではなく、剣だけでは武器として充分でない。たしかに、法の〈恐怖《テラー》〉によって人々に保障される秩序ある社会と、人々がすでに脱け出てはいるが、法の〈権力《パワー》〉が主権者の〈力量《ストレングス》〉によって強要されなくなれば再び人々が飛び込んで行くような、真の恐怖の支配との間には、極めて大きな差異がある。何故なら、自然状態は想像上の状態ではないからである。それは、常時存在する脅威である。それは、文明的な生活のつややかな外面の下にひそんでいる。現に諸国家が相互に対立して〈戦争状態〉にあることによっても、われわれはそれに気づくべきである。その状態は、たとえ現実の戦闘にまで至らない場合にも、やはり少くとも冷戦状態である、何故なら、諸国家はつねに「剣闘士《グラディエーター》のような姿勢で、」「彼らの武器を突き出し、互いにじっと睨み合っている」からである。

だから、ホッブズの言うところの主権的国家は、ダンテの言葉を借りれば、〈人間の意志の騎手〉[1]* とも言えるだろう。法そのものは、主権者の命令であるから、やはり意志の表明にほかならない。ホッブズの〈主意主義〉は、際限を知らぬもののようである。彼の主意主義は――このようにしばしば言われるのを、われわれは耳にする――、名目《ノミナリ》論《ズム》、即ち、正と邪、正義と不正義という観念は単なる指示語**としての外は何の意味をも持っていないと主張した、かの伝統的思想の、完全な遺産である。「共通の権力がない所には、法もなければ、不正義もない。」そこで他方において、もしも法がその法的性質をその本質的内容から受け取るのでなく、ただ主権者の意志から受け取るとするならば、〈正義〉か自然法か、あるいはまた実際的《ポジティヴ》道徳か、とにかく何らかの客観的基準によって、その価値を格付けする道はない、ということになることは明らかである。勿論、このことは、適切性や効用などを基準として法を〈善い〉とか〈悪い〉とか判定する可能性を排除することにはならない。それはただ、われわれの承認や否認が、純粋に形式的な基準である法の〈効力 validity〉とは何の関係もない、ということを意味するにすぎない。最後の唯名論者《ノミナリスト》であったホッブズは、やはり最初の法実証主義者とも呼ばれ得るのである。

(1) 'Cavalcatore de la umana voluntade' (*Convivio*, iv, ix, 10). この語句は、ローマ的学説にしたがって、法の源泉としての皇帝を指し示しているのである。

しかし結局は、しばしば見逃されているさらに幾つかの点に注意をはらうことが、是非とも必要である。ホッブズにとっては国家は純然たる実力ではなく、それ故に主権は独断的な意志ではない。正にその反対である。まず、どんな意志でも法を創りうるのではなく、そういう目的のために〈権威づけられた〉意志、*persona civitatis*〔市民の代表〕としての役割を果す〈主権的代表者〉の意志のみが法を創りうるのである。しかも、この意志は、それが主権的たる限りにおいて法の拘束を免れる *legibus solutus* が、やはりそれは、自らが「主権的な権力、即ち人民の安全の確保を委任された」理由そのものに違反することはできない。これは、今まで純粋に形式的で事実叙述的な接近方法のように感じられていた方法の中へ、価値判断を持ちこむように見える。しかし、それはまた、次のように言うならば、矛盾なく説明できよう。即ち、自然状態と対立するものとしての市民的状態の特徴が法の〈保障〉と、その結果として生ずる〈前途の見通し〉であるとすれば、そのような保障と見通しがなくなる場合には、市民的状態も主権者も〈国家〉もなくなることは明白だからである。

恐らく、われわれは以上の如き叙述をどうやら近代的な言葉で述べようと努力したかも知れない。ホッブズの主権概念は一般に信じられているよりは遥かに複雑微妙であり、少くともオースティンの主権概念よりはずっと複雑であることは確かである。それは事実ではなく原理を基礎にしている。〈習慣的な服従〉ではなく〈承認 authorization〉が、主権者を〈つくる〉ものである。ホッブズのように、国家と法とが生死を共にする（coeval）ものと見るならば、主権的権力に対しては法的な制限が存在することになる——たとえその制限が、義務よりはむしろ行為能力の制限（disabilities）から成るとしても。つまり、主権者は現存の一定の規則の下でのみ立法を行なえる——たとえそれらの規則がその制度の中にすでに存在するものであり、彼に無制限の権力を与えるとしても——ということになる。このような考え方は、独立なるが故に主権的なものとしての近代国家の地位を認めるのである。だが、このような独立は単に実力上の問題ではなくて、民族的主権者に対して権力を与えるような、これとは別個の、一段と高い地位にある規則の体系が存在しないということを前提にしている。要するに、ホッブズの主権の理論は、国家を実力的なものとしてではなく権力的なものとして見る見解であり、国家は一個の法的制度としてのみ理解され得ることを明らかにしようとする試みである。

このような視点から見ると、またわれわれがこれまで研究を進めて来た歴史的観点において見ると、ホッブズの主権論には別段極端だとか耳馴れないとか言うべき所はない、と結論する外はない。なるほど、ボダンがリヴァイアサンを繋ぎ止めようとした最後の桎梏は、ばらばらにこわれてしまった。〔ホッブズによると〕自然の法も神の法も、主権者によって解釈され裁可されるまでは、本当の法にはならない。国家には、被治者に対し服従の義務を課する法の外には〈基本的な法〉はない。だが、主権の標識——統一性、不可分性、絶対性——は、ボダンにとってもホッブズにとっても同じである。これら二人の著述家は共に、激しい内乱の時代における、どの権力者に忠誠を誓うべきかの問題に対して、確固不動の解決を与えねばならぬという要求を、代弁しているのである。そのような解決は、まず権力の所在（*locus*）が明らかにされない限り——誰の命令が〈法〉であるのか、命令は誰に対してまた如何なる目的で、如何なる範囲において与えられるのが合法的であるのかが明瞭にされないかぎり、見出されはしない。ホッブズは、一個の強固な、判然とした、中央集権的な政府を必要とすることを強調するあまり、ただひたすらマキアヴェリの先蹤を追っているように見える。だが彼の接近方法は、かの政治的現実主義者とは全く違っている。彼にとっては、近代国家は実力の独占だけでなく法の独占の上に立ったものである。彼は、主権を国家の基本的属性と認めたことによって、われわれが好むと好まざるとを問わず、今日なおわれわれが苦闘する際に用いる道具となっているところの、国家の観念への道を切り開いた。その国家の観念は、内部における権力の統一性を対外的な独立性と結びつけるものであり——その旗幟の下で世界がこの三世紀来動いて来たところの、〈民族国家〉の観念である。

しからば、ホッブズの教説によって惹き起こされたあの非難《スキャンダル》——それが彼の同時代人からも、また彼の同国人からも、敵からも味方からも、革命派からも保守派からも、殆ど一斉に罵詈雑言を浴びせかけられたことを、一体どのように説明できるのか。すでに私は、私がそのような〈非難〉の最大の原因——つまりホッブズの政治理論の基礎をなしている哲学的な前提——彼の〈名目論〉、彼の不可知論、当時の公認のタブーに対する彼の故意の挑戦——について論ずる意図を持っていないことを、はっきり言っておいた。勿論、これらの前提は、ホッブズの国家観を正しく理解するためには考慮に入れねばならないものであり、私は先に、その国家観が国家と正義との間の関係についての伝統的な見解を、いかに徹底的にひっくり返すようなものであったかを、指摘しておいた。しかし、ここでのわれわれの議論はホッブズの権力の分析に限定されるから、問題とすべきは、それらの前提が正しいか否かではなく、むしろ、その分析が正確公平であるか、またその中のどれだけの部分が生き残って、われわれの政治的遺産の緊要な部分になったか、である。さて、このような問いに対して、ただ一つ答えられることは、生き残ったのは、まさに、事実的現実の正しい分析に合致するものだった、ということである。何故なら、近代国家は、ホッブズが〈主権〉という名称で表現したところの、法と実力との両方の独占を事実上わが物としたことを、否定することはむずかしいと思われるからである。この意味において、ホッブズの〈不快な真理〉は、今日一般に受入れられている自明の理の一つになった。そしてそれらの真理は、すでに発展過程にあるかも知れない新しい政治的事態が、現にわれわれの生きている政治的事態に取って代るまでは、依然としてそのようなものとして残るであろう。今日の事情が続くかぎりは、良きにせよ悪しきにせよ国家の法が〈有効な〉法であることを疑おうとは誰も考えないだろうし、また何人も敢えて、実力の行使が国家権力の独占的特権ではないなどと主張しようとはしないだろう。ホッブズによって定義された主権は、今日も依然、政治的経験の本質的特徴である。

しかし、ホッブズが未来の姿を魔法の鏡にかけて映し出し、近代的国家観のすべての秘密をあらわにしようとするかの如く見えた瞬間に、彼の極端なまでに論理的な精神、（どうもこう言わずにはいられなくなるのだが）彼の議論を究極にまで推し進めようとする熱情が、その絵をぼんやりした、不明確なものにしてしまうのである。したがって、〈事実の教訓〉が、彼がその教訓を解釈するためにこしらえた余りにも抽象的なモデルと完全には合致しないとしても、驚くにはあたらない。もしわれわれが近代的な国家観念がホッブズの国家観念と如何にひどく乖離したか、そしてなおも乖離しつつあるかを確かめようと思うならば、特に次の三点を常に念頭におかねばならない。

何よりもまず、権力の構成に関する問題である。すでに見た通り、ホッブズもボダンも統一性を主権の主要な属性として力説した。統一性とは、即ち権力の不可分性を意味する。大動乱や内乱の時期は別だが、主権者（それが〈一人の人間〉であれ、〈人々の集合〉であれ、いずれにせよ）は常に一個にして一個に限られる。〈主権の諸権利〉を分割すれば、必ずイングランドで一大民族を破滅の瀬戸際にまで追い込んだ〈恐るべき災難〉の間に起こった如き、国家の存立そのものを破砕するという危険を招くことになる。ところがホッブズは、ボダンが行なったような、権力の所在と権力の行使との区別、国家の形態と政府の形態との区別を完全に無視した。かくて彼は、主権の統一性と、その被治者に対して主権を行使するさまざまな方法とを結合する可能性に対する門戸を――ボダンは開いておいたのに――閉しただけではない。さらに彼はまた、もしも彼の主権の観念が優勢をしめたならば、後に見るように、主権の観念が一般的に支持され、実際上不動のものとなった時期に成熟に達することになった学説にしたがって、〈権力の分割〉をその近代的、憲法的意味において把握することを全く不可能にしてしまったであろう。

近代的国家観のホッブズ的観念からの乖離の第二の点は、法的制度の考え方に見られる。法は国家と生死を共にするものであり、共通の権力のないところには法はない、というホッブズの学説――即ち、唯一のタイプの法が存在するだけであり、それは主権者の命令であるという説は、彼の生存中においてもすでに、グロティウスのような偉大な法律家たちによって最後的な形を与えられつつあった国際法の理論と、際立った対照をなしていた。グロティウスにとっては、法は国家の平面にのみ止まるものではなかった。それはまた、国際関係にまで及ぶものであった。たしかに国家は、それ自身の境域内で法の創造者であるという意味で、主権的である。しかし、法は本質的に合則性《レギュラリティ》の模範であり、実力を羈束統制する一つの方法ではあるが、国家は、自らが他の国家との関係において通常《ノーマリ》尊重し、結局においては、自らの主権を確認し、更にまたいわば合法化するところの、一種の法に対して、たとえ自主的にそうする場合に限られるにせよ、服従することがあり得ると言っても、矛盾ではない。ホッブズは法をもっぱら命令であると定義したために、国際法の本質を理解する可能性から自らを引き離してしまったばかりか、法的制度の概念のみならず法の概念をも貧弱なものにしてしまった。このような彼の見解の一つの影響は、法の概念を国家の概念から引き離し、国際法のみならず他のいろいろな種類の法的経験にもあてはまるようなモデルを構成しようとする際に、われわれが困難を感じていることに今もなおあらわれている。しかし最近の若干の理論は――それらについては後にもっと詳しく述べることになろうが――われわれが『リヴァイアサン』の教説から次第に遠く離れて行きつつあることを示している。法的制度の多元性を認める近代的学説は、もし一般に承認されるならば、法に特有の現象について、ホッブズ＝オースティン流の厳格な一元論よりは、遙かに内容豊富で、複雑で、かつもっと充分に発展した見方を提供するのである。

最後に――ホッブズの未来に関する予言が歴史的な事実の進展によって誤りであることを証明されたところの、幾つかの点の締めくくりとして――徹底的に統一された社会を必要とするというホッブズの主張は、彼がそれ以上に直接的に挑戦し、かつ反撃を加えたところの、諸見解の中の一つが復活したために、越えがたい障碍に突きあたった。

それは、純粋に政治的には説明できないような型の社会に関するキリスト教的な見方、即ち、教会を国家とははっきり区別された、しかも国家から独立した、一個の可視的な組織体と見なす見解である。まさにこの点において、ホッブズの教説は比較的に革命的であるとの感じを与えたのであった、——と言うのは、それは、情容赦もなく断乎として、主権的国家の統一性の内部には、如何なる二元性をも認めなかったからである。「俗世的政府と精神的政府という言葉は、人々の目に物を二重に見えるようにさせ、彼らの合法的主権者を見そこなわせるようにするために、この世にもたらされた二つの言葉にすぎない。」市民的《シヴィル》権威に対抗して精神的権威を打ち立てるのは、「ひそかにもう一つの王国を、いわば妖精の王国」をつくるに等しい。「教会は……キリスト教徒から成る市民的国家と同じものである。」近代的意味での〈倫理的国家論〉の最初の完璧な理論家であるルソーは、ホッブズがこのように伝統的な二元論を根本的に否定したことに、惜しげもなく讃辞を浴びせた。彼はこう書いた、「あらゆるキリスト教徒の著述家の中で、ただひとり哲学者ホッブズのみは、このことの弊害に気づき、それを治癒する方法を見出し、そして敢えてこの鷲の双頭の統合と、それなくしては国家も政府も決して正しく構成されえない、政治的統一の完全な回復を提案したのであった。(1)」

(1) Rousseau, *Social Contract*, iv, ch. 8 (trans. by G. D. H. Cole)

しかしながら、この点についてのホッブズの見解の新しさを論ずる場合には、大いに用心してかからねばならないと思う。国家と教会が一個単一の団体《ボディ》を形成するという見方は、イングランドにおいてはすでにローマとの決裂の際に、明白に打ち出されたのであった。たしかに、この説の提唱者たちや、恐らくは国家と教会に関する〈テューダー王朝的理論〉全体が、このようなホッブズの主張を予告しており、同じほど力強く明快にそれを提出しているように思われる。だが他方ではまた、一個単一の社会の中に教会と国家とが共存するという見方は、少くとも或る面で、中世的な〈レスプブリカ・クリスティアーナ〉の概念からの遺産と見てもよかろう。したがってホッブズの時代においてさえ、国家と教会とは独立の社会であって、それぞれが独自の在り方において〈完全〉であり、無欠のものであるという――次第に形を成しつつあった――見解の方にこそ、本当の意味での新味が認められよう。この見解は、われわれの近代的な、多元的な社会――ホッブズが念頭においていたような社会とは根本的に違った社会――への道を切り開いたのであった。

統一性、独自性、そして単一性、即ち国家がなくては、また国家の内部以外には、権力も、法も、社会もない、と見ること。このこと以上によく、ホッブズの政治理論の要点を示すものは有り得ないし、これ以上によく、その理論が近代的な政治の問題の核心に迫り、他のいかなる理論よりも多く近代的な国家観を形成するのに貢献した理由を説明するものはない。たしかに、ホッブズの言うところの国家は近代国家ではある、だがそれはまた同時に、その帰謬法 *reductio ad absurdum*〔行きすぎた議論〕であり、その戯画ともいえるようなものである。リヴァイアサンの神話はインスピレーションであったが、また警告でもあった。よくよく調べて見れば、〈不滅でない神〉〔国家〕は、人間の役に立たせるために人間が建設し動き出させたところの見事な機械以上の何物でもなかった。やがては、桎梏を解かれたリヴァイアサンの脅威は防ぐことができよう。微妙な機械は改善し、完成されたものにし、そして統御することができるものである。権力も法も社会も、ホッブズが輪郭を示したような模範《パターン》にしたがって完全に形成されはしなかったことを、われわれは喜ぶべきだろう。だがわれわれは、国家を法の創造者であり、実力のみならず権力の体現とみなす、近代的国家観の形成において、彼に負うところがあることを、決して忘れてはならないのである。

参考書

ホッブズ『市民論』〔市民に関する哲学的基礎〕Hobbes, *Elementa Philosophica De Cive* (1642), Preface and chs. vi and x（引用はホッブズ自身の手に成る英訳本 *Philosophical Rudiments Concerning Government and Society*, London, 1651によった）。同『リヴァイアサン』*Leviathan, or Matter, Forme and Power of a Commonwealth* (1651), Dedication, Introduction, and chs. xiii, xvi, xvii, xviii, xxi, xxvi, xxix xxx, xxxix. オースティン『法学の範囲の限定』Austin, *The Province of Jurisprudence Determined*, Lecture vi.

私は、本章を書くにあたって刺激を受けた、新旧の多くの著述を列挙しようとはしない。そうすれば余りにも多くの紙幅を要することになるし、現に多くの良い文献目録が手に入るから、時間の無駄にもなるからである。しかし学者たちは通例、ホッブズの政治理論の法的な面よりは哲学的な面に注意を集中しがちである。その証拠には、最近ホッブズの義務の概念について激しい議論が行なわれた。

そこで私としては、ここに述べたようなホッブズ解釈をまとめるために、二人の卓抜な現代の法哲学者、ハート教授（H. L. A. Hart）とボッビオ教授（N.Bobbio）の研究から特に刺激を受けたことを記しておきたい。後者のホッブズ『市民論』のイタリア語訳本の序説《イントロダクション》（第二版、トリーノ、一九五九年）は、ホッブズの近代性に関する、本章に展開した見解の多くのものを提供してくれた。他方、前者の『法の概念』*The Concept of Law* (Oxford, 1961, ch. iv, § 3, ch. vii, § 4, and ch. x, § 3）における主権の問題の議論は、私が先に本書のイタリア語版で要約的に述べた、ホッブズの主権概念の解釈を確認し、さらに明瞭なものにするのに、大きな助けになったのである。

七　〈混合的国家〉と〈権力の分割〉

統一性、不可分性、絶対性を強調する主権の論理に矛盾することなしに、権力はいかにして分割され得るか。このような問いは、勿論、その論理をよく知っていることを前提している。この主権論が人々を刺激することがなかったならば、このような問いは発せられることは有り得なかったであろう。ホッブズの教説によって惹き起こされた不快感は大いに重要であった。その教説は、すべての権力は腐敗するものであり、絶対的権力は絶対的に腐敗するものであるという、昔からの信念の根底を揺がした。政治的著述家たちは、リヴァイアサンを〈かぎで引っかける〉仕事に乗り出した。彼らはあらゆる手を用いて、ホッブズが危険に陥れた正義と自然法との優位を回復しようとした。彼らは政治的義務の最も深い基礎を探索して、国家の範囲と目的とをあらためて定義し直そうとした。彼らは、熱心の余りに、ホッブズ自身が提供した根拠の幾つかの正しかったことを無視することにさえなった。法理論家たちは、これとは逆の道を採った。彼らはむしろ、ホッブズ自らが選んだ領域で彼と対決しようとした。彼らは権力の問題に注意を集中した。彼らにとって問題は、ホッブズを論破することよりは、むしろ、彼の教説から毒牙を除くことであった。即ち、ホッブズ自身が国家の存立のための必要最小限度の条件と認めた〈安全の保障 security〉をよりよく確実にするように、権力が秩序づけられるかどうか、はっきりさせることが問題であった。かくて、要するに近代国家の憲法的な問題が提出されたのである——即ち、主権を破壊することなく権力を統制すること、である。権力の分割に関する近代的理論は、この問題に一つの解答を与えた。それは、典型的なホッブズ以後的な産物であった。だからといって、これは、それの最も興味深い著名な先例の幾つかを無視してよいという口実にはならない。

国家の安定を補強するためにも、また国家権力の独裁的《アービトラリ》になるのを防ぐためにも、何らかの憲法上の工夫に頼ろうとする考え方は、政治思想の歴史の上では目新しいものではない。ここでわれわれは再びかのギリシア人のもとへ引き戻される。彼らは、国家が〈退化する〉のを――つまり〈善い〉政府形態から〈腐敗した〉政府形態に変るのを防ぐことができるように、さまざまな単純な国制の型《タイプ》の長所を結合しようという考えを、はじめて思いついたのであった。〈混合的な国制〉という考えは、ギリシアの政治思想では極く当り前の考え方であった。それは『法律』第三巻でプラトンによって、また『政治学』第四巻においてアリストテレスによって、詳細に展開された。この混合的国制なるものは、プラトンにもアリストテレスにも理想的なものとは考えられていなかった。アリストテレスでさえ、「最善（の国制）は最善の人々によって管理されるものでなければならぬ」ことを、少しも疑わなかった。しかしアリストテレスは、〈大多数の国家や人間に〉適用できる実際的な制度として、〈中間的な、あるいは混合的な形態の国制〉、つまりポリテイアを推した。このポリテイアとは、穏健な形式の民主政治であって、多くの理由によって、彼はこれを有益であり安定したものとなる可能性が極めて高いものと考えたのであった。だが、ここでもアリストテレスは、厳密な意味での法的な配慮よりは、道徳的・政治的な配慮によって強く動かされているようである。彼が胸中に描いていた混合的国制は、権力の行使に関連をもつ、各個の単純な政治形態のもっている特殊な諸要素を結合したものではなくて、むしろ、それぞれの形態の精神的基礎をなし、またそれぞれの形態に特有な、諸原理を混ぜ合わせたものであった。彼が目指したのは、徳と富と数との間に正しいバランスを保たせることができるような権力の統制を実現することであったとは思われない。

〈法学的〉見地から見るなら、ポリビオスが彼の著書『ローマ史』第六巻に展開した混合的国制の理論の方が、はるかに興味がある。ポリビオスは、さまざまな単純な形態について透徹した批判を加え、それらの形態が次々と展開して行く永久不断の循環を説いた後で、さまざまな単純形態の諸要素が統一されている国制が賢明なものである、と称揚した。彼はその例として、一方では、単一の立法者の有する天才の作品であったスパルタの国制という古典的な例を挙げたが、他方ではまた、スパルタの国制とは違い、永い歳月にわたる試行と経験の産物であった当時のローマの国制によって提供された実際的な例を挙げた。ポリビオスによると、共和政時代のローマにあっては、王政的要素は執政官によって、貴族政的要素は元老院によって、民主政的要素は国民の集会によってそれぞれ代表されていた。ポリビオスはローマ国家の強固と安定性を、このような三つの政治形態の結合に由るものと見なした。多くの著述家たちは、このような彼の理論を国家における諸権力の均衡と相互的統制の思想の最も古い表明と認めている。

彼から約一世紀おくれて、キケロはその『国家論』第一巻および第二巻において、ポリビオスと非常によく似た論じ方で、混合的国制を *optimus status rei publicae*〔最も適当な国家組織〕と見る考え方を展開した。彼にとってもまた、共和政ローマの国制の最も称讃すべき点は、それが示した三つの基本的政治形態の巧みな結合であった。この点についてキケロの非常に面白い説明がある――もっとも、彼のこの論文は断片的な形で今日に残されているため、この説明が見出される文章を正確に解釈できるかどうか、甚だ心もとないが。キケロは次のように言おうとしているように思われる――混合的国制とは、種々の政治形態の外面的な合言葉《カウンタサイン》を単に重ね合わせることではなく、社会の種々の部分に対して役割を正確に割りあてることであると見るべきである。「最初から言ったように、次のことを忘れてはならない。即ち、権利、義務および役職の間に正しい均衡があり（*aequabilis… compensatio et iuris et officii et muneris*）、政務官たちには充分の権力があり、元老たち（*principum*）の決定には充分の権威があり、また国民には充分の自由があるようでなければ、国家の安定は保たれ得ないのだ。」ここに表明されている見解は、『法律論』の中のもう一つの有名な文章と並べて見ると、もっと明確な意味を帯びてくる。その文章においてキケロは、「諸権利が正しく分配されて、権力が国民にあり、権威が元老院にある場合には、国家を融和と平穏のうちに維持することができる[1]」と述べている。ローマ人にとって、権力の究極の源泉が国民であったことは、われわれの知るところである。しかしこのことは、幾つかの適当な媒介によって統治の職能を遂行することを排除させることにはならないと見られようし、むしろ、それと完全に両立するものと見られるであろう。

（1）'ut…possit ex temperatione iuris, quum potestas in populo, auctoritas in senatu sit, teneri ille moderatus et concors civitatis status'（*De Legibus*, III, §28）. 私は前に本書の序論（九頁）で、この文章に言及した。

〈混合的国家〉あるいは〈混合的国制〉の理論（これら二個の概念の区別は、ボダンの時代に至るまでは別段の意味を持たなかったようである）は、中世の政治的著述家たちによって再び取り上げられ、彼らはこれに熱烈な賛同を与え、発展させた。聖トマス・アクィナスは、これらの著述家たちの意見を代表する者として挙げてよいだろう。彼はしばしばこの観念に立ち戻って論じた。彼はまず、王政を最良の政治形態と見なす、あの典型的な中世的な見解を展開した。だが彼はやがて、王政は〈緩和される *temperata*〉べきであり、〈混合的体制〉が最良のものである、と附言した。彼はさらに進んで、このような混合が遂行されうる幾つかの方式についても詳しく論じた。混合的国制に関するアクィナスの理論において、次の二点は特に興味ぶかい。即ち、国民が支配者の選任に関して発言権を持つべきだという主張と、法は社会全体によって制定されるべきだ、という主張である。これらの点は、法の本質と権力の源泉とに関する中世的見解を背景として見ると、特殊な意味を帯びて見えてくる。

混合的国家の理論は、中世末期にヨーロッパ諸国で形成されつつあった、複雑な憲法的構造を説明し解説するために、特に適切なものであった。それらの構造は、権力と法との間の関係についての従前の思想の緩慢な変化の所産であった。それらは、〈政治体 body politic〉の中の幾つかの〈身分 estates〉の存在と協力とに密接に関係していた。したがって、このような混合的国制の観念が近代の初頭において最大の人気と成功を博したのも、不思議ではない。ただ一国にかぎって見るなら、われわれはそれが、十五世紀後半に著述を公けにした、あのイギリス憲法に関する最も初期の理論家の一人であったサー・ジョン・フォーテスキューによって歓迎されたのに気づくのである。たしかにフォーテスキューは聖トマス・アクィナスから、*regimen mixtum*〔混合政体〕の思想をいわば、ばらばらに借用したのであった。彼はそれをイギリスの立憲君主制の優れていることを証明するための道具として利用した。次の世紀〔十六世紀〕になるとリチャード・フッカーは、イギリス国家を、国王と家族と人民から成る〈三本糸の綱〉と呼んだ。そしてさらに彼は、――まことに中世的な表現の仕方だが――国王の権力は、〈政治体全体〉によって定められた法によって制限される、と述べた。同じ時期のもう一人の著述家サー・トマス・スミスは、「国家（common wealthes）

あるいは政府（governments）は、多くの場合に単純なものでなくて混合的なものである」とまで言明するに至った。しかし、彼はこのような見解を述べはしたが、彼が主権概念をはっきり把握して、次のように述べることを妨げなかった。即ち、イギリスにおける「最高かつ絶対的な権力」は議会によって保持される、「何故なら、すべてのイギリス人はそこに出席するはずになっているからである」と。しかしながら、混合的国制ないし国家の理論は、決してイングランド独特のものではなかった。それはルネサンス思想に共通の論題であって、十七、十八世紀を通じて生き続けた。

このような、伝統に根ざし、少くとも外見的には経験によって確認されたように見えた理論こそ、ボダンとホッブズが批判し拒否しようとしたものであった。彼らの掲げた旗幟《プラットフォーム》は主権概念であった。勿論、実践的な考慮も彼らの批判において一つの役割を果した。混合的な国家、マキアヴェリの呼び方によると〈中間的 *di mezzo*〉な国家は不安定でもろい——こうしたことなら、かのフィレンツェの書記官長〔マキアヴェリ〕によって既に充分に明らかにされていた。だが、ボダンとホッブズにとっての重要な点は、混合的国家なるものは、権力の統一性および不可分性という点からして、論理的には考え得られない、ということであった。ボダンによると、混合的形態の国家は、実力によってしか解決できないような矛盾を生み出さざるを得ない。そのような国家の存立は幻想にすぎない、何故なら、主権は常に一ヵ所にしか存在しないものであるからだ。ホッブズの意見もまた同様に断乎たるものであった。『市民論』においてはまだ彼は混合的形態の国家が存立し得ることを認めているようであるが、『リヴァイアサン』においては、「三種類の国家しか有り得ない」——君主制、貴族制、民主制だけだ、とはっきり主張している。「これ以外の種類の国家は有り得ない。何故ならば、一人者にせよ、一人以上の者にせよ、全部の者にせよ〔即ち君主、貴族、人民〕いずれもが、私が前に不可分のものであることを明らかにした最高権力《サヴァリン・パワー》を完全に持たねばならないからである。」彼らの態度が明らかに一個特殊の理論の抽象的な要請ばかりでなく、彼らの時代の悲劇的な経験によって影響されていることを無視するなら、ボダンとホッブズに不当な判断を下すことになるだろう。両者とも、内乱によって引き裂かれた彼らの祖国の情況をじっと見つめながら、書いていた。これらの戦争は、相敵対する両派が古来の混合的国制を再興するための闘争であるとか、法の支配という伝統的な原理のためだとか言って正当化しようと努めたのであったが、彼らから見れば、主権争奪の闘争以外の何物でもなかった。「主権的な諸権利がまず分割されなかったならば、」「相対立する軍隊への分裂」は断じて起こらなかったろう。「故にこの分割は、あの〈内部で分裂している王国は存立し得ない〉と言われている場合の、分裂である。」

しかし、ボダンとホッブズとが混合的国家の観念を非難する点では一致したとしても、すでに見た通り、ボダンは国家形態と政府形態とを区別した点において、ホッブズとは違っていた。ボダンは、国家形態はいずれの場合にも単純であるが、政府形態は複合的であり得る、と主張した。例えば王政は、もし国王が〈各人に平等に〉役職に就く権利を与えるならば、〈民主的に *populairement*〉統治され得るし、少数の者だけにそのような権利を与えるならば、〈貴族政的に〉統治されることになる。これと同様に、貴族政国家も〈王政的に〉、あるいは〈民主政的に〉統治され得る、といったような具合になる。ボダンは、このように主権の所在《ロクス》と権力の行使とを区別することによって、主権が統一的、不可分的のものであるにかかわらず、時と場所それぞれの特殊な条件にしたがい、また国家自身によって追求される目的に応じて、権力はさまざまに配分され得るという事実を認識する道をひらいた。まさに、このような国家の〈諸目的〉への関心が、権力の配分、ないし〈分割〉という近代的理論の勃興をうながしたのである。ところが、これらの目的を確保するためには、政治理論は法理論上の微妙な問題と取組まねばならなかった。

この学説の始祖であるロックとモンテスキューにおいては、権力の分割の目的は、或る特殊な価値を達成することであった。われわれはこの価値については後で〈消極的自由〉の題目のもとで考察することになろう。しかし、実によくその特色を示していることだが、この学説は、立法・行政・司法の〈三権〉について詳しく説きながら、それ自身は何処においても、或る一つの先入見的な理念からの抽象的な演繹として――今日ならば〈イデオロギー〉と呼ばれるようなものとして、提出されてはいなかった。それどころか、権力分割論〔三権分立論〕は――ロックによっては暗黙のうちに、モンテスキューによっては公然と――或る特殊な歴史的形態の憲法的制度――モンテスキューはこのような制度が〔正しいか間違っているかは別として〕イングランドに存在していると信じていたのだが――に本来具わっているものとして、提出されたのであった。同様に、この学説は、普通に信じられているように、主権概念に対する正面切った攻撃として提出されたのではなかった。明らかに、主権の存在は当然のこととして認められていたのである。この学説に含まれていたのは、権力が国家の内部において如何にして分配され組織され得るか、という問題に関する新しい独創的な見解であって、この見解は、国家を法的制度と見なす近代的な国家観の要石となった。ロックとモンテスキューが関心を持った問題は、主権の問題ではなくて、憲法の問題であった。彼らにとって問題は、主権が何処にあるかとか、主権は究極において誰に属するかを明らかにすることではなくて、いや、それだけではなくて、主権がさまざまな機関によって如何にしたら最も具合よく作動させられ得るかを明らかにすることでもあった。マディスンが彼の有名なモンテスキューに関する評言において言おうとしているように、〈諸権力の分割 division of powers〉と言うよりは、むしろ〈権力の分割 division of power〉と言った方が適切であろう。

この問題を更にもっと詳しく考察してみよう。ロックによると、次の三つのことが〈市民的状態〉を自然状態から区別する——即ち、一つの〈制定され、固定され、一般に知られている法〉と、一人の〈一般に知られている公平な裁判官〉と、法と裁判上の判決とを〈後押しし、支持する〉一個の執行的権力とである。そしてこれらのものは、〈社会の権力〉がその成員に対して行使される場合の異なる径路《チャネル》である。だがそれらはまた、社会がその目的——即ちそれらの成員の〈生命、自由および財産〉の維持——を達成するために必要な手段でもある。他方モンテスキューにとっては、市民の自由、即ち「各人が自分の安全について抱く判断から生ずる、安心感」を確実ならしめるためには、国家は〈穏健〉でなければならず、権力が〈濫用〉される可能性があってはならない。かような目的を達成するためには、「かかる処置によって、権力が権力に対する抑制となるようでなければならない。」かくてモンテスキューは、イギリス憲法を論じた章において、すべての国家において三種の権力、即ち立法権、執行権、および司法権が見出される、と極めてはっきり言っている。しかし彼は直ちに次のように附言している——〈政治的自由〉は、これらの三権が〈同一の人物〉あるいは同一の〈為政者の団体〉にすべて〈統合〉されていない国家にのみ、存在する、と。モンテスキューによると、すべての国家は二つの部類に分けられる。マキアヴェリの先例にならって彼は、王政、貴族政、民主政というアリストテレスの三分法を放棄ないし修正する。基本的には国家は共和国か君主国である、しかし後者は、権力が安定した法にしたがって行使されるか気紛れな独断的な遣り方で行使されるかによって、〈王政〉か〈専制政《デスポティズム》〉かのいずれかになり得る。国家形態を決定するにあたって、本質的な要素はいずれの場合でも主権――*la souveraine puissance*――である。

もし三権のすべてがどのような国家にも存在するとすれば、このことは、モンテスキューの案によれば、王政においても共和制においても、それらの三権を分離し、相互に対立させるための機構を適用することができるはずだ、ということを意味するに外ならない。自由の基礎である法の安定を達成するために必要なことは、主権を破壊することではなくて、権力の行使を適切に按配することによって主権を統制することである。勿論、専制政治《デスポティズム》は論外である。何故なら、それは定義からして、法を認めない恣意的な政治であるから。しかし、自由、つまり権力の分割〔三権分立〕によって保証される法の支配という意味での自由を、王政においても共和政においても等しく支配的ならしめ得ると期待するのは、完全に事理にかなったことであろう。モンテスキューにおいては、如何なる国家形態を選好するかは判然と示されてはいない。「自由な国家にあっては……立法権が国民全体に在らねばならない」という彼の言葉を、国民主権の弁護であるかのように誤解してはならない。かく言うのは、次のような簡単な理由によるのである。モンテスキューは法に精通していた。彼は政治理論家であるよりは、遙かに法律家であった。彼は、ボダンとは違い、主権の全部が立法権に包含されるとは主張しなかった。[1] 彼は、ルソーと違い、民主政治を擁護しようとする下心《したごころ》を持ってはいなかった。モンテスキューの考えでは、主権は立法・行政・司法の三権のいずれにも等しく存在するものであった。これら三者は、一面においては一致せず、他面においては一致しながら、国家の生命を構成する。「これらの三権は〔事物の必然的な運動によって〕動くことを余儀なくされる、しかも一致して動くように余儀なくされるのである。」国家は、一個の法的構成体であるから、その権力が如何に分割されていても、一個のものである。

（1）　ロックの立場は、これに比べて不明確である。彼は立法権を〈最高の権力〉と認めながら、国王の一身に与えられている執行権が〈やはり最高と呼ばれてよい〉ような場合があることを、認めている。勿論、ロックにとっても、立法権と執行権との背後には、〈全社会の最高権力〉があるのである。

本章で私が主として主張しようとしたのは、権力の分割は明白な主権の観念と両立しなくはない、むしろ現実にそれを前提にしているのだ、ということである。このような見解は、多くの点において全く非正統的《アンオーソドックス》なものである。しかしながら私としては、この見解が、近代的国家理論に関する多数の謎を解決する唯一のものである、と信じている。

第一、国家主権の思想が勝利をおさめ一般に承認された際に、権力分割の学説がどうしてその輪郭を描かれ最大の成功を博したかを説明するのに、これ以外の方法はないからである。国家を他の社会制度から、また実定法を他の法から区別する標識が主権というものであると認められた以上、権力の分割が、主権の概念を爆破することによって国家の存立そのものを疑わしめようと目指したものだ、などと信ずることはできかねるからである。

第二に忘れてならぬ点は、これまで私が明らかにしようと努めて来たことだが、権力分割論は、少くともその技術的な細目について見るに、政治的な理論ではなくて、法的な理論である。この理論は、誰が主権の掌握者たるべきかという問いに対して解答を与えるものではなくて、ただ、究極の主権の掌握者が誰であるにもせよ、若干の目的を達成するために権力がどのように組織されるべきかという問いに対してのみ解答を与えるのである。この理論は、勿論、独裁政治は別としての話であるが、如何なる政治形態とも両立し得るのである。アメリカ合衆国の憲法は、この最も良い証拠を与えてくれる。ここでは、ロックとモンテスキューが提唱した憲法的制度が、「われわれ国民は」という文句を冒頭において、制定されている。国民主権の最も強力な弁護が、権力分割論の最も強力な主張と手をたずさえて行なわれているのである。しかし、このような権力分割を定めた憲法は、近代的民主国家だけの特権ではない。啓蒙的君主国家、少くともその或るものは、ずっと前にそのような憲法を採用し、それを確保すべく全力を尽しさえしたのである。

最後に、——この点はしばしば看過されているが、恐らく最も重要なものである——、権力分割が考案された当の諸目的を達成するという目標そのものが、もしも国家の主権もまた確保されなかったならば達成されなかったろう、ということである。誰が命令する権利を持つかを明らかに知ることによって、はじめて、モンテスキューが政治的自由の条件としてあのように強く評価した〈安心感〉が保たれ得るのである。しかし、権力がわれわれに対して行使される場合に通過すべきさまざまな径路《チャネル》が、国家の権力の正当な解釈者であることをわれわれが知っていないならば、また、如何なる他の権力にもわれわれの忠誠を要求することを許さないほどに国家が強力でないならば、安心感、即ち〈法の確実性〉もあり得ない。権力の分割が近代的な自由主義的国家観の背骨であることには、誰も異議を唱えない。ところが、近代的な主権国家の発生そのものが、われわれが享受し大切にしているところの自由の一つの不可欠の条件であったことを忘れていない者は、殆どないのである。

以上の諸点を当然のことと認めて受け入れることは、容易なことではない。特にアングロ・サクソン的心情にとっては、それは困難なようである。イギリス人というのは、サー・エドワード・クックの「マグナ・カルタという奴は、主権者を持ちたがらない奴だ」という有名な文句を引用するのが好きであって、それはあたかもアメリカ人が、これと同様に有名な、ウィルスン判事のチェスホーム対ジョージア裁判（一七九三年）における言葉、「合衆国憲法にとっては主権という語は全く知られていない」という言葉を繰返すのが好きなのと同様である。しかしながら英国も合衆国も、ホッブズが主権を説いたときに用いた意味と全く同じ意味で、主権的国家である。英国人もアメリカ人も、自分たちの忠誠義務がどこに存するか、何人の名において法が制定され、決定が行なわれ、命令が下されるかを、よく知っている。彼らは誇らしげに、俺たちの国家は民主国家だ、と主張する。近代民主国家が実行し尊重している権力分割が、結局は権力の条件であるところの法の支配を確実ならしめたのだ。それは、権力を統制し制御することによって、さらに自由の条件である市民の安全と安心感を確立し保証したのだ。しかし主権は――ホッブズはこのことをよく心得ていたのだが――かかる安全性の必要な支えである。立法権、執行権および司法権はすべて、それぞれの方法で主権を表現しているものである。それら三者の調和、そして時にはそれらの間の対立でさえも、やはり〈権力の濫用〉に対する最良の保障である。

参考書

プラトン『法律』Plato, *Laws*, III, 691d-692c, 693d and e. アリストテレス『政治学』Aristotle, *Politics*, III, 1265^b, 1288^a; IV chs. viii-xi; V, 1302^a. ポリビオス『ローマ史』Polybius, *History of Rome*, VI. キケロ『国家論』Cicero, *De Re Publica*, I, §§ 35 and 45; II, §§ 23 and 33. 同『法律論』*De Legibus*, III, § 28. トマス・アクイナス『君主政治論』Thomas Aquinas, *De Regimine Principum*, I, ch. vi; 同『神学大全』*Summa Theologica*, 1^a 2^{ae}, qu. xcv, art. 4; 2^a 2^{ae}, qu. cv, art. 1. サー・ジョン・フォーテスキュー『自然法の本質について』Sir John Fortescue, *De Natura Legis Naturae*, ch. xvi. 同『英法讃』*De Laudibus Legum Angliae*, passim. 同『イングランドの政治』*The Governance of England*, chs. 2 and 3. マキアヴェリ『フィレンツェ政府改革論』Machiavelli, *Discorso sopra il riformare lo Stato di Firenze*. リチャード・フッカー『教会政治』Richard Hooker, *Ecclesiastical Polity*, VII, xviii, 10; VIII, viii, 9. サー・トマス・スミス『イングランド国家論』Sir Thomas Smith, *De Republica Anglorum*, Book I, ch. 6; Book II, ch. I. ボダン『国家論』Bodin, *De la République*, II, ch. I. ホッブズ『市民論』Hobbes, *De Cive*, ch. vii, § 4. 同『リヴァイアサン』*Leviathan*, chs. xviii, xix. xxix. ロック『第二政府論』Locke, *Second Treatise of Government*, ch. ix, §§ 123-6; ch. x, § 132; ch. xii; ch. xiii, § 151. モンテスキュー『法の精神』Montesquieu, *Esprit des Lois* (English trans. by T. Nugent, 1750), Book II, ch. i; XI, chs. 4 and 6. ジェームズ・マディソン『フェデラリスト』James Madison, *The Federalist*, nos. xlvi and xlvii.

本章において提出した見解の〈非正統性〉は、これを、次に掲げる古典的著書の ch. III, § iii, I においてギールケが提出したところの、主権概念と諸権力の分割の学説との間の関係についての、全く対立的な見解に比較すれば、極めてよく感得される。ギールケ『ヨハンネス・アルトゥージウスと自然法的国家理論の発展』Gierke, *Johannes Althusius und die Entwicklung der naturrechtlichen Staatstheorien*, Breslau, 1880-1913 (Eng. trans. by B. Freyd, *The Development of Political Theory*, London, 1939). ギールケの見解は非常に大きな影響力を有し、追随者が多かった。

八　法的制度の多元性

法的経験の全体が国法（State law）の中に包含されるのか、そして、われわれがこれまで法の観念と結びつけて考えてきた、あの行動の合則性の遵守を確立し確保するのは、ただリヴァイアサン〔国家〕によって吹き込まれる〈恐怖の念〉だけであるのか。近代国家の形成過程が歴史的展望の中で考察されるなら、一見したところでは、ホッブズ的見解は事実によって完全に確認されるように見える。国家が法の制定、保護、および施行に対して完全に統制力を得て、権力の独占を次第に進めて行くことは、マキアヴェリのいわゆる〈新君主国〉による実力の独占に照応し、またそれによって支持された。このような事態については、権力は統制され分割されるべきだという主張に関する最大の理論家であったモンテスキュー以上に、雄弁な証人は恐らくないだろう。「従前はフランスの各村落がそれぞれ首府であったが、現在では一つの大きな首府だけが存在する。以前は国家の各部分が権力の中心であったのに、今ではすべての部分が一個の中心と関係を持っている。そしてこの中心こそ、或る意味で、国家そのものである。」モンテスキューの眼には、ヨーロッパが「無数の小主権国家に分割」された時、近代国家が封建的割拠制の廃墟の上に立ち上ったように見えたのである。『法の精神』の著者には、近代的専制政治の真の危険は、複数の古い法的単位、つまり、団体の大権 *prérogatives des corps* や村落の特権 *privilèges des villes* に取って代った、法のこのような〈一元性 *uniqueness*〉にあると思われた。[1]

（1）　まさにかかる理由からモンテスキューは〈中間的な諸権力（*pouvoirs intermédiaires*)〉の保存と復活を推奨したのである。それは、海辺に散在している〈雑草や小石が〉海水の押し寄せるのを防ぐように、権力を〈一定の水路に導き入れ〉て、その衝撃を緩慢にするためである。このようなアイディアは少数の十九世紀の自由主義者たちによって発展せられたが、それは、現在ヨーロッパの多くの部分において強く感じられているところの、地方分権主義と地方自治の復活とを求める願望の先駆をなしている。

まさにこのような〈大権 prerogatives〉、このような〈特権 previleges〉――即ち中世的意味での〈自由 liberties〉――こそはホッブズが国家の解体の前兆と見て非難したものであった。国家の主権は、如何なる〈支配圏内における支配権 *imperium in imperio*〉をも大目に見ることはない。リヴァイアサンが、リヴァイアサンだけが、法の最高の源泉であり判定者である。唯一の法的制度（legal system）があるか、それとも法的制度が全く存在しないか、いずれかである。人間の相互関係の規律である法は、国家と共に生れ、国家と共に存在を失う。何となれば、国家だけがその被治者に対して法、即ち〈義務〉を課することができ、他方、他の諸国家に対してはその権利、即ち〈自由〉を守り得るからである。

ルッカ市の小塔には、今日でも大きな文字で自由 LIBERTAS と書いてある。だからと言って、このことから誰も、個人がコンスタンティノープルにおけるよりも多くの自由をもっている、つまりその国家への奉仕から免除されているのだ、とは推論することはできない。

国家《コモンウエルス》の自由とは……市民法がなくなれば、そして国家がなくなれば、各人が持つことになるべきものと同一である。そして、その結果もまた同一である。……それぞれの国家は、それが、つまり、それを代表する人または集会が彼らの利益に最も資する所の多いものと判断することを行なう、絶対的な自由をもっている。しかしながら、それら〔の国家〕は、不断の戦争の状態において、戦争の瀬戸際に立ちながら生きているのであって、国境には防備を施し、周囲の隣国の方に向けて大砲を据えつけている。

しかし国法《ステート・ロー》の単一性《ユニークネス》ということは、ホッブズにおいては、他の如何なる法的制度も存在しないことを意味するわけではない。たしかに、主権的国家の数と同じだけの数の法的制度がある。だが、それらの制度は構造上同じものである。それらは相互に何の関連も有しない。というよりは、むしろそれらは互いに競争者であり、潜在的な敵同士である。法的制度の複数性〔多元性〕ということは、ただ、リヴァイアサンの支配力が時間的・空間的に限られていること、即ち、国家の権力は一定の領域内の一定の住民に及ぶだけだ、ということを意味するに過ぎない。だがこのことは、法的経験の本質的な単一性《ユニークネス》と矛盾しない。それは要するに、現前の政治的な割拠状態と、現に国家関係が無政府状態にあることとの結果にほかならないのである。ホッブズにとっては、〈共通の権力〉、即ち、実力によって命令に服従させることのできるような、すべての他の意志よりも優位に立つ一個の意志がないところには、法はないのである。

法はすべて国法であると見るのは、法の本質を命令であると見る立場からの直接の結果である。それは、政治的関係が命令＝服従の関係としてできていた、権威主義的な構造と密接に結びついている。これとは異なる法的経験の解釈が正しいものと認められないならば、――至上的命令と強制による服従との関係の外にも、別なさまざまな種類の社会的関係が存在し得ることが認められないならば、真の意味での、法的制度の多元性を理解することさえ、全く不可能である。法的制度の多元性を認めても、これまで分析してきたような国家の法的構造をひっくり返すことには必ずしもならない。むしろそれは、すでに見たように、〈合法化された実力〉の観念、つまり国家が自己の独占的な大権であると主張する〈権力〉の観念を要約的に表現しているところの、主権の観念の持つ正当な関係分野を、よく理解するのに役立つのである。

国家の外に、また国家を超越して法が存在するということは、ホッブズがあれほど強く否定したことであったが、この考え方は、ホッブズの生前に、近代的国際法の始祖であるグロティウスによって、比類なき力強さと確信とを以て支持された。グロティウスの見解によると、国際関係は純粋な実力上の関係ではない。国家は単に利益と権力への欲望からのみ行動するのではない。諸国家は、ホッブズの言うところの自然状態にあるのではない。

非常に強力で自分の力だけで充分だというような国家《シティ》はなく、あるいは交際によるか、それともこちらに対して同盟を結んだ多くの外国の連合勢力に対して自らを防衛するためにも、時には外国の援助を必要とする。したがって、最も強力な君主たちや国家さえも常に同盟を望んでいたのである。だが同盟というものは、もしもすべての法と正義が一つの国家の内部にのみ局限されているならば、殆ど役に立たず、力もないであろう。われわれが法から手を引くや否や、われわれが確信を以て自分たちの物と呼び得るものがなくなってしまうことは、極めて確実である。

これはホッブズに対する反論であるような感じがするが、実は、これらの言葉は、『リヴァイアサン』の刊行〔一六五一年〕から二十年以上も前に書かれたのである。グロティウスによると、明らかに、法的制度は、権威的条件〔支配・服従の関係〕においてのみならず、平等的条件においても存在すると考えられるのである。諸国家間の関係は、権威主義的な型にはまらない。諸国家が遵守する法は、いずれかの主権者の命令ではない。〈諸国民の法 Law of Nations〉即ち *ius gentium*〔万民法〕は、「市民法よりも広汎なもの」である。それは「その権威を、すべての諸国民、あるいは少くとも多数の諸国民の共同の同意から得るのである」。この法もまた、国家の実定法と同様に、人間によって創られるものである、即ちそれは *ius voluntarium*〔意志的な法〕であるということに、注意すべきである。それは理性的な要求、——抽象的な〈自然法〉的な構成物ではない、いや、それだけのものではない。勿論、それは上位にある権力、即ち〈主権的〉権力から認証を得られるようなものではないから、グロティウスによると、究極においては、正義または自然法によって、*pacta sunt servanda*〔契約は守られねばならぬ〕という原則によって、認証されねばならない。しかし、それが実定法であるかぎりにおいて、有効であり、かつ確実性を以て制定され得る、但しそれも、諸国家が実際に自らがそれによって拘束されるものと見なし、それを尊重し、自らの行動と相互関係とをその諸原則にしたがって画一的に制御して行く限りにおいてである。一言にして言えば、*pacta sunt servata*〔契約が守られる〕かぎりにおいて、である。

国際法は、私がこれまでそれに関するすべての近代的理論の源泉にまっすぐに溯ることによって明らかにしようと努めて来たように、やはり、われわれが国家と結びつけて考えている法的制度——それは主権の原理を中心とするものであるが——とは構造的に違うところの法的制度の、古典的な例証である。しかしながら、国法の単一性《ユニークネス》の理論〔国家の法以外に法はないという説〕を否定し、法的制度の多元性を支持するために引き合いに出され得る例証は、決して国際法だけではない。法的制度の多元性という考え方は、現代に近づくにしたがって、少くともヨーロッパ大陸では、いわゆる〈制度派理論 theory of the Institution〉〔制度法学〕によって発展させられ、普及化されて来た。この理論によると、国際社会や教会についてばかりでなく、およそ〈社会的関係〉が〈事実的な組織〉としてはっきりした形を成している所ではどこでも、〈法〉という語を用いて語り、また法的制度の存在を認めることができる、と言うのである。このことは、その目的が何であれ（たとえその目的が犯罪的なものであっても）、如何なる種類の人間的結合体についても起こり得る。この場合に必要とされるのは、その結合体の成員が、彼らを結合し彼ら相互の関係を規定する一団の規則によって、いわゆる〈具体的一体性〉を形成していなければならぬ、ということである。しかし、このような法的制度を構成するのは、かかる規則ではなくて、その組織そのものである。〈制度 institution〉が規則に先立って存在し、規則を〈将棋盤上の駒のように〉動かすのである。

この制度派理論は、——中でも、現代の法思想と政治思想に最も広汎な影響を与えた一派の理論は——以上の点から見て、ホッブズの基本的な原理の一つばかりか二つに対して挑戦しているように思われる。一方においてそれは、ホッブズの国法一元論に反対して、複数の法的制度が存在し得ることを断乎たる態度で承認する。即ち、一個の〈共通の権力〉がなくても、国家の枠外にも、法が有り得る、と言うのである。他方においては、この制度派理論は、国家は本質的に一元的な構造をもつものだというホッブズの見方に根本から対立するところの、多元的な社会観に到達する。われわれの眼前には、あのモンテスキューでさえも認めていたような歴史観とも真向から対立する歴史観が提示されたかのような感じがするのである。この歴史観は主張する——近代国家は完全に社会を一体化することには断じて成功しないだろう。一元性でなくて、多元性こそは歴史的進歩の表徴である。権力の唯一の中心たらんとする国家の要求は、事実によって確証されず、また原理上でも危険なものとして拒否されるべきである、と。このような見解は、はっきりしたイデオロギー的立場に立つものだと言っても差支えないだろう。それは、既にこれまでにも、

「法的・政治的理論家たちが国家のますます増大する侵入に対して」、あらゆる人間的関係の唯一の審判者であると自称する国家の思い上りに対して、「抵抗しようと試みるために用いた、多くの方法の一つ」[1]であると呼ばれたが、まさにその通りである。私は本章では、社会理論に対してではなく法理論に対する多元論（pluralism）の影響だけを論ずることにしよう。ホッブズの近代国家のモデルが誤りを指摘されるかあるいは修正された、最後の、つまり三番目の点は、別個に注意ぶかく論ずる必要があるからである。

（1）ボッビオ『法的規範の理論』N. Bobbio, *Teoria della norma giuridica*, Turin, 1958, p. 16.

法に関するかぎり、制度派理論の支持者たちは、法的制度の真の本質を理解するためには、〈単に国法をモデルとして〉形成された法の観念を放棄する必要があることを、極めて強く主張したのであった。もし彼らに批判さるべき点があるとすれば、このような前提から、すべての論理的結論を引き出さなかったという点であろう。彼らは一方では、国家は〈制度の中で最も重要なもの〉であること、それは〈法的大宇宙《マクロコズム》〉であり、〈最も高度に発展した〉形態の人間社会であることを認めながら、他方では次のように主張している、即ち、国家の法的制度と他の法的制度との間には性質上または〈構造〉上において何らの差異もない、なぜなら、いずれの法的制度も定義からして〈組織〉であって、組織の概念そのものが――彼らの言うところでは――〈優越性と、それに見合う従属の関係〉を含んでいるからである、と。ところで、この最後の陳述は、オースティンとホッブズに対する反論となるどころか、この二人にとっては思うつぼである。たしかにホッブズは、国家の法的制度とは別個の法的制度の存在する可能性を認めなかった点で間違っていた、と認めてもよかろう。だからと言って、国家制度に特有なもろもろの特徴に関する彼の分析が、われわれが彼がその分析の基礎とした権威主義的なモデルを容認するかぎり、効力を失うことにはならない。したがって、法的制度の多元性を主張しながら、しかもこれらの制度が権威主義的モデルにしたがって造られるものと見るなら、それは、他の、これと競争的立場にある〈主権的な諸権力〉の存在することを主張することを意味するのか、それとも、それらの制度が主権の究極の保持者に（連邦国家におけるように）関係づけられる仕方についてさらに何らかの研究を行なうことを意味するのか、いずれかである。しかし、そのいずれの場合においても、それは、法の制定と施行――それが主権理論の主要な特色だが――について国家が占める特殊な地位を否定することにはならない。

制度派理論の現代の主張者たちは、〈実際上社会的であり、したがって組織化されているすべての実力は、それ故に法に変化せしめられる〉と言っているが、この言は恐らく正しいであろう。しかし彼らは、事実の明らかに示すところによって、実力と法との完全な同一化《イクエーション》が達成されるのは国家の〈権力〉においてのみであり、〈主権〉というものこそはこの同一化を示すために造られた名詞であることを、認めざるを得なくなるであろう。彼らはまた、優位・従属の関係が如何なる組織体にも含まれていることを強調するとき、間違ってはいないだろう。だが、もしそうであるとするなら、彼らは当然、国家という組織体における命令・服従の関係が、この関係を他の関係から区別するような、独自の特徴を持っていることを認めねばならない。最後に、彼らが法的制度を、法的規則を〈将棋盤上の駒〉のように〈動かす〉ものと見るときも、やはり間違ってはいないだろう。しかし、国家だけが、単に絶対的な命令によって法的規則を創造する、あるいは〈製造する《プロデュース》〉ことのできる立場にある、という事実に変りはない。国家はそれらの規則を〈動かす〉ばかりか、自己の掌中に握っているすべての実力を用いて、それらを〈押しつける《インポーズ》〉のである。法を創造すること、法を押しつけること――これら二つの属性しかなかったとしても、それだけでも国家の法的制度は幾つか存在する法的制度の中で、全く特異なものとして際立って見えるのである。実力の独占が権力の独占の前提であるということに一点の疑いでも投げかけられれば、政治的現実主義者たちは、いつでも主権論に支持を与えようと身構えている。われわれが法を命令と見なす立場に立っているかぎりは、ホッブズとオースティンのモデルは難攻不落である。

しかしながら、制度派理論からも学ぶべきところは多い。それは、法的現象は国家の範囲内だけに限られるものではなく、規則によって統制された行動はあらゆる社会的経験の特色であると強調することによって――従来は古い格言 *ubi societas ibi ius*〔社会あるところ必ず法あり〕によって強調されていたのだが――、国家と法に関するわれわれの理解を拡大するのに寄与したことは間違いない。(1) なおそれは、正しく解釈されるならば、当然、法を命令と見なす立場を棄てるに至らしめるに違いない。あるいは少くとも、〈命令 imperatives〉であるよりはむしろ〈指示 directives〉であるような法が確かに存在するのだから、命令＝服従という単純な関係だけでは法の複雑性、さらには国法の複雑性をも適切に説明できないという認識に導くに違いない。ここに言うところの〈指示〉としての法は、〈押しつけられる〉というよりはむしろ〈受け入れられる〉ものであり、それの〈制裁《サンクション》〉は、必ずしも主権者側の実力の行使にあるのではない。もし私が或るゲームの規則や、私の属するクラブの規則や、教会の規則に従うとすれば（恐らく私はこれらの規則には、国家の法に対するよりも、遙かに注意ぶかく従うだろう）、私がそのように従うのは、単に、それらの規則がそのゲームに関する国際的な申合わせによって定められているからとか、あるいは会員の集会で協定されたからとか、あるいは教会の最高当局者によって制定されたからとか、いうような理由によるのではない。もし私が従うとすれば、それは、それらの規則が国家の法的制度においては、または法が有効であるという場合に普通に用いられる意味では有効ではないにしても、私以外の市民たちとは違い、この私にとっては、それらの規則が〈有効な〉規則であるからである。たしかに、今日の情況にあっては、私はこれらの規則を守るように〈強制される〉ようなことは有り得ないし、あるいは少くとも、それらの規則に国家の実力の後楯があって私が強制される場合のように、強制されるということは有り得ない。恐らく、国家が掌中に握っている制裁以上に有効に、と言うほどではないにせよ、少くともそれと同じくらい有効に制裁を行使しようと構えているのは、マフィヤやクー・クラックス・クランぐらいのものだろう。だが、その場合においてわれわれが直面するのは真の帝国内の帝国 *imperium in imperio* である、と言ってはならないだろうか。

（1）　この最後の点は、次の著書によって甚だ巧みに説明されている。Peter Winch, *The Idea of a Social Science and its Relation to Philosophy*, 3rd imp. London, 1963, ch. ii.

実際には、或る特殊の〈制度《インスティテューション》〉の〈組織化された社会的実力〉が、国家の有する力量と実効性と同じくらいの、あるいはそれ以上に大きな力量と実効性を獲得するのを妨げ得るようなものは無いかもしれない。或る特殊の組織体が国家に反抗することに成功したり、国家の実力独占に逆らったり、国家の〈領土〉および〈国民〉の全部または一部に対して国家の権力に代ってその権力を行使したりするのを、妨げ得るものはないかもしれない。このような場合に、その〈制度〉そのものが〈国家〉になる道を進みつつあるのだ、ということに疑いをさしはさみ得るだろうか。たしかに、国際法はこれに対して肯定的な解答を与えるのを殆どためらわないだろう。またたしかに、そのような国家は、もっと正確に言うなら、国家の弁護士や法律家は、やがて、数世紀このかた法理論が一つの名称、即ち主権という名称で表現してきたあの属性を、自ら持つことを主張することになろう。ここで再びホッブズの論理がその真価を発揮することになろう。リヴァイアサンはその最後の復讐を記録することになるだろう。言うまでもないことだが、このような出来事は日常頻繁に起こるわけではない。

　だが、これとは違ってはいるが、よく似たような場合が、違ったレヴェルでは起こり得るかも知れない。国際関係に関する新しい組織が、現存の組織に取って替ったと仮定して見よう。一個の〈共通の権力〉が打ち建てられて、現在のところでは主権的な諸国家の裁量と国際的社会の心もとない制裁とに任されている規則を、実力によって押しつけることができることになる、と仮定しよう。そうなれば、その国際社会の機構全体が変化し、この〈超大国家〉自身が、唯一の国家となって、これまでは国家的レヴェルにおいてのみ適《あ》てはまるものと見なされていた主権の論理の餌食となるのではないだろうか。そうなった場合にわれわれにできることは、せいぜい、新しいリヴァイアサンを組織するにあたっては、古いリヴァイアサンに関する経験を考慮に入れてもらえるよう、祈ることぐらいのものであろう。たしかに、民族国家の権力が統制されるに至った微妙な仕組みのすべてが、世界国家が成立するに至る場合にも、やはり同様に必要とされるであろう。

参考書

モンテスキュー『法の精神』Montesquieu, *Esprit des Lois* (Eng. trans., as quoted), Book II, ch. 4; VIII, ch. 6; XXIII, ch. 24. グロティウス『戦争と平和の法』Grotius, *De Iure Belli ac Pacis*, 1625 (Eng. trans. by W. Evats, 1682), Proleg., § 22; Book I, ch. xiv. 1.

本章で論じた〈制度派理論〉は、法の理論としては、英語諸国よりはヨーロッパ大陸において遙かに広汎な影響力をもった。尤もそれは、或る点で、英国でハロルド・ラスキ Harold J. Laski によって普及された多元理論と密接な類似性を有している。私は、この理論の本当の創始者であるモーリス・オーリウー Maurice Hauriou を指導者とするフランス派の理論よりも、主としてサンティ・ロマーノ Santi Romano によって代表されるイタリア派の理論を参考にした。(参照、ジェニングズの論文「制度派理論」W. I. Jennings, 'The Institutional Theory' in *Modern Theories of Law*, London, 1933.) オーリウーや彼の弟子ジョルジュ・ルナール Georges Renard と違いロマーノはこの理論を、宗教的信仰や〈自然法的〉前提などには何ら関連させずに、厳密な意味での〈実証的〉法理論として提示した。本文に引用した文章は、強い影響を与えたロマーノの著書『法的規制』*L'ordinamento giuridico* (1st edn., Pisa, 1917; 2nd, with additions and notes, Florence, 1945), part i, §§ 5, 10, 12–14, 19; part ii, §§ 25–32 から取った。

九　教会と国家

議論すべき問題がもう一つ残っている。これは、権力の統一性や国法の単独性の問題とは違う問題である。これは、ホッブズが主権は非常に固く一体化された社会構造を当然に必要とするから、その政治体の内部には如何なる種類の独立的な団体をも容れる余地はなく、またそのような一体性の分裂は国家に対する致命的な脅威となる、と言ったときに、提起された問題である。この点に関するホッブズの説明は、例によって、著しく想像力に富んだものである。「国家のもう一つの病弊は……〔その内部に〕多数の団体の存在することであって、これらの団体は、自然人の内臓中にいる虫と同様に、いわば、より大なる国家の中にある多くの小さい国家の如きものである。」ルソーもこれに負けず劣らず断乎としてこう述べている。「もしも一般意志が自己を表現し得るとするならば、国家の内部には如何なる部分的社会も存在せず、すべての市民がただ自己独自にものを考えることが……ぜひ必要である。」このような考え方の基本的趣旨は明白である。即ち、主権的国家の単一不可分の権力に照応して、一個の統一された社会があるべきであって、この社会は、市民たちの全体を包含し、これらの市民たちはすべて平等な者として単一の服従関係にあるべきである。法はただ一つであり、権力の保持者もただひとつであるから、社会もただ一つしか存在してはならない、と言うのである。ところが、すでに見た通り、近代国家はこれとは全く違った情況を容認して来た。権力は分割された。国家の法とならんで他の法も有り得るものと認められた。そこで問題はこうなる――われわれは一元的な社会に住んでいるのか多元的な社会に住んでいるのか？　たしかに、〈一元論〉のどんな頑強な支持者でも、ホッブズから三世紀を経た今日では、この点に関する彼の設計《プラン》もまた完全な姿では具体化しなかったことを、認めざるを得ないのである。

国家には〈単一の社会〉が必要だと言うホッブズの主張を、近代国家が完全には実現しなかったことを示す、第一の、そして最も決定的な証拠は、国家という組織体とは判然と異なる型の組織体、即ち教会――単数または複数の教会――という組織が生き残っていたことによって提供される。キリスト教の世界観は本質的に二元論的である。キリスト教徒としては、人間は一個の都市〔国家〕ではなくて、一個の都市の市民である。人間が国家に従属していること、地上の都市の市民であることは、もう一つの、もっと重要な忠誠関係、もう一つの、もっと厳しい仲間関係――即ち教会の一員たること――が存在することを、揺がしはしない。

このような忠誠関係の分裂は、国家に対して脅威を与えるものとして、マキアヴェリからホッブズまで、ルソーから若干の現代の〈宗教教育反対論者〉に至るまで、多くの人々が慨嘆し非難した。ルソーは言った、「イエスは地上に精神的な王国を建設すべく来た。そしてその王国は宗教的制度を政治的制度から引離すことによって国家をもはや一つのものとせず、そして内部的分裂をもたらし、その分裂は以来キリスト教徒を悩まし続けたのである。」西洋の特殊な運命はまさにこの〈内部的分裂〉にあり、そしてその結果生じた葛藤が、西洋が多くの偉業を達成することのできた主要な理由の一つではなかったろうか――こうルソーに反駁したところで、どれほどの効目《ききめ》があったろう。このような反駁よりも遙かに決定的な説得力を持つのは、近代国家すらもこのような分裂に結局は順応した、という事実である。われわれの社会がキリスト教的社会であるかぎり、それは、実際に定義上ではそうではないにせよ、根底においては、分裂した多元的社会たらざるを得ないのである。

しかしながら、前に指摘した如く、多元論（pluralism）のさまざまな意味を区別しなければならない。法に関する多元論は、必ずしも社会に関する多元論を意味するわけではない。国家とは独立に存しながら、なおわれわれを拘束するような規則が存在することを認めることと、社会が二つ以上の組織された全一体《ホールズ》に分裂していると考えることとは、別の問題である。国法とは構造上からも効力の根拠においてもちがっている法が存在し得ることを認めることは、種々の型の人間的結合体――単に形式的のみならず本質的に相互に異なっている結合体――が事実上存在していることを主張することと、同じではない。数世紀にわたってあのように重大な役割を果してきた、国家・教会二元論について論ずる際には、以上のような配慮が必要だと思う。この二元論は、二つの全く異なるもの、即ち権力の二元論（a dualism of powers）と社会の二元論（a dualism of societies）とを意味するものと解されるからである。

国家と教会に関する伝統的な理論――ホッブズの攻撃の主力はこれに向けられたのであったが――は、本質的には権力の二元論であった。中世の社会観は、少くとも宗教的分野と政治的分野との関係に関しては、多元論的ではなくて一元論的であった。教会と国家とはレスプブリカ・クリスティアーナにおいて一体であると考えられた。もっと正確に言うと、〈世俗的〉権力と〈精神的〉権力とは、同一の信仰によって結合され同一の成員によって構成された単一で普遍的な社会の二つの必要な支柱――いわば二つの部門《デパートメント》であると見なされた。勿論、これら二個の権力のそれぞれによって統制され、またそれぞれから発するところの二組の規則の間には、目的上の差異があった。一つの組の規則は、この世の平和的で秩序ある生活（*temporalis tranquillitas*）をもたらそうとするものであり、他の一組の規則は、神の礼拝と魂の救済（*aeterna felicitas*）を目的とするものである。しかし、このように目的が違っているからこそ、世俗的権力と精神的権力とは相互補完的なものと考えられたのである。両者の調和と協力が、この世の安寧の当然の条件と見なされた。いずれは、権力に関する新しい分析から衝撃をうけて、このような伝統的二元論すらも疑いをはさまれ出すことになろう。この二元論を表現するために用いられた昔ながらの象徴（太陽と月、二振の剣と言ったようなもの）も、ダンテの『モナルキア』におけるその奇妙にこんがらかった用い方に見られるように*、いよいよ陳腐なものと感じられるようになるだろう。〈神政論者たち theocrats〉が、二元論は法王の完全な権力において一元化されねばならぬと敢えて主張するに至って、最後の危機が到来した。しかし、中世政治思想の基本的前提は、やはり依然として単一のキリスト教的社会であった。共通の信仰を受け入れない人々（*qui foris sunt*）は、この社会から自動的に除外される。ユダヤ人は容認されるにしても、異邦人の団体としてのみ大目に見られるに過ぎない。宗教的正統性《オーソドクシー》が、政治上の忠誠関係の条件である。このような正統性に対する、即ち教会に対する、いかなる脅威も、国家に対する脅威と見なされる。異端に対する迫害は、キリスト教的君主の宗教的義務たるにとどまらない。それはまた〈国家理性 reason of State〉によっても必要である、何故なら、異端は統一性と画一性に対する最も重大な挑戦だからである。

さて、プロテスタントの宗教改革は、少くともその初期においては、いま述べたような前提と非常によく似通った前提から出発した、ということには、殆ど何の疑いをはさむべき余地もない。宗教改革者たちが世俗的君主たちに訴え、その訴えを受けて君主たちが教会の〈改革〉に乗り出したのは、まさに宗教上の一致の名においてであった。精神的な指導者が失敗したら、いつでも世俗的指導者が後を引き受けねばならなかった。何よりも大切なことは、たとえキリスト教世界の統一性を破壊し、また中世人の目から見て教会の統一性の必要な条件《カウンタパート》と見られていた権力の二元論をも永久に破壊するというような犠牲を払うことになっても、とにかく社会の単一性を防衛することであった。以上のような見解こそは、イングランドの宗教改革の起源の標識となっている二大文書、上告法 Statute of Appeals (1533) と首長令 Act of Supremacy (1534) において強く打ち出された見解であった。上告法[1]〔法王への上告の禁止を定めた法令〕の冒頭の文句は、勿論中世に前例がなくはないけれども、やはり注意ぶかく吟味してみる価値がある。最初の基本的な声明は主権の弁護である、即ち曰く「このイングランドの王国は一個の帝国《エンパイア》である」。イングランド国王は、「同国の帝冠の威厳と王たるの身分《エステート》を享受する。」だが、主権は国際的レヴェルにおける独立だけを意味するのではない。それは、国内の事柄に関しては、即ち、その構造がその両側面を有するにかかわらず根本的には依然として一つであるところの、社会に適用される場合には、非常に特殊な性格を帯びるのである。イングランドは実際上、「ひとりの最高の首長にして国王たる者によって」統治せられ、「……この国王に対して、聖俗双方の名で別れているあらゆる種類および等級の人々から成る一個の政治体が、神に次いで、自然にして恭敬なる服従を献げねばならない」と言われている。

（1）この「上告法」に書かれている主要な概念の中の二つは、すでにフランスではイングランドより二世紀も早く、判然とその輪郭を描かれている。即ち、民族的支配者が完全な主権を有するという概念（*rex in regno suo est imperator*〔国王は彼の領土においては皇帝である。〕）と、王国は単一の団体であるという概念（*Omnes et singuli, clerici et laici, regni nostri tanquam membra sicut in uno corpore vere viventia.*〔聖俗すべての人々は、われわれの王国という一つのからだの中で、あたかも四肢の如くに実際上生きている。〕）この最後の点については次の書を見よ。Wilks, *The Problem of Sovereignty*, Cambridge, 1963, P. 431 and note 2.

ここに社会の単一性のすべての帰結が明らかに要約されている。聖俗の区別は、二つの組織の間の区別ではなくて、単に〈名称〉の区別に過ぎない。社会が単一であり、また単一でなければならないと言っているからこそ、ヘンリ八世の完全な主権に対する要求が法王ボニファティウス八世を偲ばせ、またホッブズの説の先駆であるかの如く感じられるのである。その要求は、中世において〈神政論者たち〉が辿った路線とよく似た路線に沿って、統一性に向って更に一歩を進めようとするものであった。しかし、それはまた、後のホッブズ的モデルを予示するような路線に沿って、単一の民族的社会の完全な統制権を求める要求でもあった。ところが実は、キリスト教世界の一体性が破壊されてしまった以上、社会の単一性とは、民族的教会が完全に民族的国家と一致することを意味するだけのことになった。これがアウグスブルクの宗教和議（一五五五年）で定められた主義、即ち *cuius regio eius religio*〔支配者の採用した宗教がその領内に行なわるべきこと〕であった。またそれは、エリザベス朝の解決（Elizabethan Settlement）*に精神的基礎を与え、ウィットギフト大監督がホッブズの文章と一語一語照応するような文章で表明したところの主義でもあった。ウィットギフトは、「私はキリスト教国家とキリストの教会とを区別しない」と言ったのである。宗教的正統性を基礎とする国家の内においては、その宗教に不服従の立場を採ることは許されない。まして、この種の国家が完全な主権を要求している時に、ローマ法王の如き〈外国の権力者〉に忠誠を誓うことは許されない。国家公認の宗教がすべての市民の宗教でなければならない。国教を信奉することが政治的忠誠を示す印《しるし》である。宗教上の画一性は、国家の有するあらゆる手段を用いて強制されねばならない。

このような主義――これに対する最も辛辣な反対者たちはこれをマキアヴェリ的、トルコ的なもの（*Machiavellistica et turcica*）と言って非難したのだ――が多くの信仰あつき人々の心に深き疑念を呼び起したのは、不思議ではない。結局のところ、教会の事柄に関する国家の統制に対するキリスト教的良心の抗議から、近代的な宗教的自由の観念が生れて来たのである。しかし、これと異なる全く新しい社会観がついに勝利をおさめなかったならば、このような宗教的自由は実践的な主張とはならなかったであろう。イングランドでも他の多くのヨーロッパ諸国におけると同様に、カトリックもプロテスタントも、〈ただ一つの社会〉という説に対抗して、〈二つの王国〉が存在することを主張し、国家に対する教会の自律と独立を力強く擁護して、この新しい社会観を育成するのを助けた。だが、彼らの中には、このような〈二つの王国〉の存在ということを、教会と国家との分離を認めることに等しいと解釈した者は少かったし、いわんや、宗教的画一性ではなく、むしろ宗教的な不一致の上に立つ社会が存立し得ると主張した者は、さらに少かった。それどころか、むしろ彼らはみな、これら二つの社会は密接な相互関係にあり、国家の有する最高の任務は、教会を保護防衛し、教会当局者によって解釈された神の法を尊重することである、と見る点で一致していたのである。(1)

(1) 国家と教会とはそれぞれ完全にして自足的な社会であるという思想を、当時のどの著述家よりも明瞭に述べたのは、イエズス会派であり、特に枢機卿ベラルミーノであった。しかし、世俗的な事柄においては教会は間接的な権力 (*potestas indirecta*) しか持たないという原理が、これら二つの社会の間の相互依存関係と、国家の教会への従属とを再び確立した。この新しいローマ的学説の反対者の一人はすかさずこう言った、——*quod una manu abstulit Papae Bellarminus, id altera dat*'〔ベラルミーノは、片方の手で法王から奪ったものを、他方の手で与えた。〕

近代的な、憲法的な意味での宗教的自由は、キリスト教的〈二元論〉だけの所産ではなかった。それは複雑な歴史的発展の所産であって、その中では理論と事実とが等しく決定的な役割を果してきた。理論としては、その真の起源は、優秀な人々から成る小さい一団にまで溯ることができる。この人々は、当時支配的であった、宗教的画一性と政治的のみならず宗教的不寛容を主張する理論に敢えて反対し、信仰の強制すべからざること、人間の良心の諸権利の不可侵なことを強調したのであった。それは、事実としては、新しい社会構造の所産であった。この社会構造は、あの〈扇動的〉なグループ、〈狂信的〉な分派が、——この分派をホッブズは、普遍的支配権を要求するローマ教会におとらず主権的国家にとって危険なものと見なしたのだ——伝統的な教説に対して行なった猛烈な闘争から発生したものである。かくて初めて、教会改革の仕事は、〈何人をも待つことなく、〉つまり〈役人が命令したり強制したりするまで〉待つことなく、なし得るものであることが、明らかに示されたのである。たしかにこの時、教会の純粋に精神的な性質が宣言され、宗教的な事柄に対して国家が干渉すべからざることが宣言されたのである。かくてついに、宗教的・政治的画一性の呪縛が解かれた。このような教説——即ちその完全な意味が多かれ少かれ判然と把握された——が、即ち、かの独立教会派《インデペンデンツ》を鼓舞した教説であって、この独立教会派の隊伍の間からあのクロムウェルのような偉大な政治家が出現したのであった。これが、それから二世紀の後に、もう一人の大政治家カヴールによって彼の祖国の完全な革新のための野心的なプランの中に完全に織り込まれ、彼によってただ一つの命題〈自由な国家には自由な教会 *libera Chiesa in libero Stato*〉に要約された教説であった。

言うまでもなく、国家と教会とがそれぞれ自足的なものであると認めたことだけが、わが近代的な、多元論的社会観の起源ではなかった。しかしそれが、何ものにもまして、〈単一の社会〉の観念の最終的な崩壊をもたらすのに大きな貢献をなしたことは確かである。なぜなら、国家と教会とがいずれも独立の全一体《ホール》と見られているような社会、少数派も尊重され、自分たちの願望と必要に応じて自由に組織を作れるような社会、国家の福祉のために行動および思想の完全な画一性がもはや必要とされていない社会——このような社会は、もはや一元的社会ではない。たしかに、近代国家のホッブズ的モデルは、こうした点では全く信用を失墜した。すでに見た通り、ルソーは全く違った意見を抱いていた。彼は、現在に至るまでの多くのヨーロッパ大陸の人々と同様に、健全な社会とは国家に対する忠誠以外には如何なる忠誠も存在しないような社会だけであり、民主政治も満場一致《ユーナニミティ》を必要とすべきである、とやはり信じていた。ところが、トックヴィルが彼の記念すべき外国旅行で気づいたように、前から国教反対《ディセント》と自主的な集団生活の強い伝統とが存在し、あらゆる生活領域——宗教から経済組織まで、自治から教育や文化に至るまで——において少数派が彼らの役割を演ずることを許されていた国々では、民主政治はそれとは別の方向を採って進んでいたのである。これらの国々は、順応と統一の方針に固執していた国々とは違い、苦難の際にのぞんで比類なき力強さと最大の反撥力を示した。少くとも約二世紀のあいだ、社会的進歩の道は、一元論の側ではなく、むしろ多元論の側にあったように見える。

しかしながら、ホッブズの亡霊が完全に成仏したとは、確信をもって言うことができないのである。われわれの国家観念と彼が構成した国家観念とを比較して見るとき、いつでも次のような疑問が心に浮び上って来る。第一の疑問は、リヴァイアサンは自らを多元的社会に適応させることによって、どんな変化を蒙ったか、という疑問である。第二は、永久的に放棄されたものとわれわれが思っていたあのモデルが復活して来たことを思わせるような、穏かならぬ気配が、現に見えているではないか、という疑問である。たしかに、多くの場所では、独立の集団生活の上に日が沈みつつあり、またすべてを吸収する——しかも必要な——国家統制の影が、これまで個人の創意に任されて来た分野にまで徐々に拡がろうとしているのである。政府は、トックヴィルが何よりも恐れたところの役割、即ちわれわれの必要のすべてを満たそうとする〈巨大な後見的権力〉の役割をいよいよ自分で引受けるようになって行く。(1) かくて、西洋の諸社会では個人および集団の活動の力はまだ衰えてはいないけれども、国家の統一性が、それらの社会が支持育成すると称している多元論と如何にして調和され得るかの問題が、なお依然として残っているのである。

(1)　シエイエス師《アベ》がフランス革命の前夜にあたって、彼の社会の理想——すべての市民が法の前に平等であり、国家の〈権力の階層性《ハイアラーキー》〉以外には如何なる権力の階層性も存在しないような社会——を表現するために、*autorité tutélaire*〔後見的権威〕という語を用いたのは、面白い。

以上のような疑問に正しく答える唯一の方法は、もういちど権力の分析に、即ち、これまでわれわれの研究の主題をなして来た国家の法的性格の分析に、立ちもどることである。たしかに、国家の主権は、著しく多元的な構造をもつ国々においても、社会がもっと同質的で画一的である国々におとらず、有効にはたらいている。このことは、国家の主権が、権力が憲法上分割されている国々においても、あるいは法的制度の多元性が当然のこととして認められている国々においても、やはり同様に存在していることを示している。例えば一九四七年のイタリア憲法は、権力分割制を採用し、公然と国際法の効力を認め、礼拝、結社および個人企業の自由のみならず、カトリック教会の独立（更にその〈主権〉さえも）を保障している。しかるに、イタリアが独立の主権的な国家であることを否認しようとするような気持は、誰にも起こらない。したがって、このことは、ホッブズが国家だけに属するものとして一括した本質的な諸属性の中のどれ一つとして、まだ公然とは放棄されていないことを意味するに外ならぬ。国家が主権的であると言うのは、〈完全な権力 fullness of power〉が依然としてその掌中にあり、いざという場合には何時でも国家が、あらゆる集団や結社の中で自分だけが持っている実力の独占を利用することができる、という意味である。だから次のように言っても差支えないだろう——即ち、近代国家は強力である（恐らくホッブズのリヴァイアサン以上に強力であろう）、そしてその法は、現実に強制的な手段を用いて実施され得る唯一の法である、だからこそ、国家は権力の分割に同意し、自己の法とは異なる性格を有する他の法をも認めることに同意し、また多種多様な利害と目標を持つような近代社会の多元的構造に同意することができたのだ、と。実のところ、更に次のように主張しても差支えないだろう、即ち、近代国家はかように強力であるからこそ、ホッブズの案においては個人には認められないような若干の恩恵をも確保することができよう——その恩恵とは、近代的政治理論が国家の存在理由、その権力の基礎、またその活動の究極の目的と言明したところの〈市民の諸自由〉（宗教的自由をも含む）である、と。

こうしてわれわれはついに、今まで注意ぶかく回避して来た価値の問題に直面することになった。多元的な社会を認めると、次のような問題が提起される。即ち、集団と集団、組織と組織とをどうして区別するか？　ごく端的に言うなら、国家の本来の領域《スフィア》とは何か、という問題である。国家と教会とを別個の社会とするところの区別を取上げてみよう。両者のそれぞれが追求してもよいとされるところの目的をわれわれが知らなければ、どうしてわれわれは両者を区別することができようか。アメリカ人のように、〈分離の壁〉があるからだと言うのも結構である。しかし、境界線がどこを走っているかを正確に知らなくては、そのような壁をどうして造れようか。このような諸問題は、純粋に事実叙述的なレヴェルでは、つまり、国家は権力の究極の掌握者であると定義したり、国家が強制的な法を独占しているという事実を穿鑿したりするだけでは、決して解決できない。このような問題こそは、国家に対する純粋に法的な接近方法に限界のあることを証明するものである——この接近方法が、歴史的および理論的見地から見て非常に重要なものであることは明らかにはなったが。これらの問題は、国家の問題をわれわれがこれまで立っていた平面とは全く違った平面へ移す必要があることを、示してくれる。もはや問題は、実力が実際上効果的であるかどうかとか、それが合法的であるか否かなどということではなくて、権力が正当的《レジティメート》であるか否か、換言すれば、権力は正当な権《タイ》利《トル》をもって、その正当なる分野において行使されるかどうか、である。

参考書

聖トマス・アクイナス『神学大全』St. Thomas Aquinas, *Summa Theologica*, 1^{a} 2^{ae}, xcviii. 1; 2^{a} 2^{ae}, x, 8 and 11; xi, 3; xii, 2. ウィットギフト『教会の事柄に関する世俗的役人の権威について』John Whitgift, *Of the Authority of the Civil Magistrate in Ecclesiastical Matters* (in *Works*, 1851, III, 313). ロバート・ブラウン『何人をも待たずして行なわるべき宗教改革を論ず』Robert Browne, *A Treatise of Reformation without Tarying for Anie* (1582). 聖ロベルト・ベラルミーノ『法王権力論』St. Robert Bellarmine, *Tractatus de Potestate Summi Pontificis* (1610), ch. V. ホッブズ『リヴァイアサン』Hobbes, *Leviathan*, ch. xxix. ルソー『社会契約論』Rousseau, *Contrat Social* (Eng. trans. by G. D. H. Cole, London, 1913), II, ch. 3; IV, ch. 8. シエイエス『特権論』Emmanuel Siéyès, *Essai sur les privilèges* (1788). トックヴィル『アメリカの民主政治』Alexis de Tocqueville, *De la démocratie en Amérique* (Eng. trans. by H. Reeve, London, 1838-40), part II (1840), iv, ch. 6.

教会と国家の理論および宗教的自由の発展については、非常に多数の文献があり、ここではとても列挙できない。しかし私は、次に掲げるような、古いけれども現在でもなお有益な著作に負う所が多いことを告白しなければならない。アクトン卿『キリスト教における自由の歴史』Lord Acton, *The History of Freedom in Christianity*. 同『プロテスタントの迫害理論』*The Protestant Theory of Persecution*. フィッギス「レスプブリカ・クリスティアーナ」J. N. Figgis, 'Respublica Christiana,' in *Churches in the Modern State*.

もっと個人的なことだが、私はこの際、今から五十年近く前に私が幸運にも教えていただいた偉大な、啓示的な先生の研究について一言しておきたい。彼の名は即ちフランチェスコ・ルッフィーニ（Francesco Ruffini）、その著作『宗教的自由』*Religious Liberty*は一九一二年ロンドンで英語で（ビュアリ J. B. Bury の序文を附して）刊行された。

一〇　合法性と正当性

〈合法性 legality〉という語と〈正当性 legitimacy〉という語とは、今日の法律上の言語および思想においては、判然と区別された意味を持っているとは思われない。合法的 legal と正当的 legitimate という語とは、国家活動が法的制度の個々の諸規則、あるいは憲法が定めている一般的な指示《ディレクティヴ》に従う方法を示すのに、無差別に用いられている。私としては、〈正当性〉という語は、権力の〈有効性 validity〉を示す基準、つまり、命令を下し、また命令を遵奉しなければならぬと自ら認めている人々から服従を求める権利《タイトル》のあることを一般的に示すのに、適切な表現であると思っている[1]。この意味では、正当性は、合法性、即ち一個の法的制度の存在することと、その諸規則にしたがって命令を下す一個の権力の存在することを前提しているわけである。それはまた、権威という聖油《クリズム》をほどこすことによって合法性の正当化を提供することにもなる。つまり、国家が法の名において行使する実力に〈プラス〉の符号を附け加えることになる。もし私の記憶が間違いでないならば、〈権威 authority〉という語の語根は、ラテン語の *augēre*〈増す〉から派生したものであるから、これは明らかに、或る特殊な資格——これを賦与された者に或る特定の権力ないし権利を行使することを〈権威づける authorize〉ような資格——を授与すること、またそれを保有すること、というような意味を暗示している。政治的現象に関する研究から正当性に関するあらゆる配慮を除外しようとするならば、〈権威〉という語を用いることを全く避け、国家についてはただ〈実力〉と〈権力〉という語しか用いないようにしなければならなくなる。

（1）　重点の置き方を少し変えれば、これはマックス・ウェーバーの〈有効性 validity〉と〈正当性 legitimacy〉の定義と同じものである。更に詳しい議論については、後の参考書目を見られたい。

伝統的な政治理論において、合法性と正当性との関係の問題が夙に国家に関する基本的な諸問題の一つと見なされていたことを明らかにするには、余り遠くまで歴史を溯る必要はない。十六、七世紀においては、不正なあるいは〈専制的な〉権力について中世の著述家たちが行なった微妙な区別、特に二種類の専制政治、*ex parte exercitii*〔権力行使上の専制〕と *ex defectu tituli*〔本来の資格の欠如による専制〕との区別が、まだはっきりと生きていた。この理論はバルトロとコルッチョ・サルターティ*によって完全に発展せしめられたのであるが、これによると、権力はその用い方、即ちその行使の方法によって、不正なもの、つまり専制的なものになり得る。ところが、支配者または政府が統治または支配する本来の資格《タイトル》を持っていなかった場合には、その起源における欠陥のために、それはまた不正なものになり得るのであって、しかももっと決定的に不正なものになるものと考えられた。この区別から生ずる実際上の帰結は、複雑であった。例えば、穏便《シビル》な不服従をなすべきか、公然たる抵抗を行なうべきかについて定められた原則は、その場合の専制政治の型に応じて違うべきものとされた。これと同様に、権力の〈正当化 legitimation〉が如何に行なわれ得るかに関する見解もまたわかれた。或る著述家たちは、権力の正当化は形式的な〈権力授与 investiture〉においてのみ行なわれ得るのだと主張したが、他の著述家たちは、かの起源上の欠陥は公認された法の諸規定にしたがって権力を正しく行使することによって回復され得る、と主張した。権力の正当化がどうして得られるかという問題は、今日ではすでに〈正当性〉という語がどちらかというと陳腐に感じられているにしても、政治理論の主要な関心事の一つでなくなったのでは断じてない。しかし、〈王朝的正当性 dynastic legitimacy〉の原理〔或る王朝の正統の子孫に支配権があるとする思想。正統王朝主義〕がなおヨーロッパで一般に受け入れられていた時代をよく憶えている人々がまだ生き残っており、〈民族的正当性 national legitimacy〉を根拠として持ち出すのは、ドゴール大統領のお得意の議論の一つである。不正にして専制的な支配《ルール》に対する抵抗ということに関して言うなら、勿論その例は現代においても乏しくないのであって、それらの例だけを見ても、権力の基礎の問題が、国家の観念を論ずる場合には勿論のこと、どんな政治の議論においても避け得られないものであることは明らかであろう。

ところが、これまでわれわれが辿って来た議論の筋道は正にこの点で終点に達したように思われる。法理論はわれわれが国家を法的制度として理解し解釈する助けになってくれたが、この制度の究極の基礎は何かという問題は、法理論が解決しようと目指している問題ではない。合法性と正当性との間の関係は、法学者たちがふだん議論している論題の中には含まれていない。服従の論拠、その限界、さらに一般的に言うと、政治的義務に関する問題全体は、普通には、正義の問題と共に、〈法を超越した meta-legal〉問題とみなされている。つまり、それは、個人的意見や政治的な選好《このみ》にまかされるべきものだとまでは言わないにせよ、哲学者にまかされるべき問題、――自然法とか自然権とか言ったようなものと一緒に、遠い昔に本来の法理論からは棄て去られた問題だとみなされているのである。もしもこの問題が定義の問題にすぎないならば、即ち法的科学の対象と範囲を定義することだけが問題だとするならば、以上のような消極的態度に対しては何の異論も生じないだろう。なぜなら、法律家は、もともと実定法の研究と吟味の範囲から些も踏み出さないように訓練されているから、そのような問題は実定法だけの範囲内では解決できないと言って論ずることを拒否しても、彼らを責めてはならないのは、言うまでもないことである。抵抗の問題はもとより、不正または専制的な権力の問題も、もはや憲法上の文書の中では問題にされていない。法的制度は、それに関するいかなる規定をも含んでいない。もし含んでいるなら、この問題が個人的意見にゆだねられることはなかろう。もしそのような規定があるとすれば、それは自然法の規定ではなくて、実定法の規定であろう。

もしわれわれが法律家たちに対して単刀直入に、〈国家を法的制度と見るのは大いに結構であるが、法的制度はなぜ国家からその効力を受け取るのか？〉と質問したとするなら、われわれが大多数の法律家から得る解答は、程度の差はあれ、大体以上の如きものであろう。私が最初から指摘したように、彼らが厳重に法に固執して何ら疑問を提出しないのは、それはそれとして一種の立派な態度である、何故ならそれは、法を解説し適用する仕事が極めて献身的に行なわれることを確実ならしめるからである。そして、わが現代の文明世界においてこの仕事が極めてよく行なわれていることを否定する人はないに違いない。しかし、このような完全な献身的態度の背後に、合法性を如何なる犠牲を払っても保持されるべき価値のあるものと見なす立場への固執がひそんでいることを嗅ぎつけるのは、たいして難しいことではない。換言すれば、合法性の擁護（*dura lex sed lex* 悪法もまた法なり）そのものが、やはり法律家によって一種の選択が行なわれていることを示すものである。即ち、その法律家が、法的制度の存在そのものに内在するものとみなされる一つの価値——そういうものとして、また国家の究極の正当化を提供するところの価値——を承認している印《しるし》である。

この点に関するマックス・ウェーバーの評言は啓発的であり、また有無を言わさぬ力がある。彼は次のように述べた。「今日では、正当性の最も普通の基礎は、合法性に対する信念であり、形式的に正しく、かつ公認されている手続によって課された諸規則を遵奉しようとする心構えである。」マックス・ウェーバーは次のことに注目したのであった——大多数の近代的社会、特に国家は、〈合法的〉な社会である、即ち、そこでは「命令は人格的な権威の名においてではなく、むしろ非人格的な規範の名において下される。したがって、命令を下すことは、恣意的な決定や恩恵や特権ではなく、むしろ一つの規範に対する服従である。」したがってウェーバーは、〈合理的正当性〉——彼はこれを合法性と同一視した——が近代世界において生き残れる唯一のタイプの正当性である、と結論した。近代世界においては、「命令する権力の単独の保持者は、いずれも、合理的規範の体系によって正当化され、彼の権力は、その規範に合致しているかぎり、正当的である。かように、服従は人間に対してではなく、むしろ規範に対してなされるのである。」

以上のようなウェーバーの言葉は、今われわれが論じている問題について、啓発するところ多大なるものがある。それは、今日、法理論ばかりか現在行なわれている国家に関する見解においても、合法性に対する尊重、むしろ崇拝が何故にかくも重大な役割を果しているかを説きあかしている。さらにまた、このような事情にはそれ相当の理由がある、とも言えよう。合法性の原理は、近代的な国家観と緊密に結びついているからである。すでに見たように、憲法的制度〔立憲主義〕という概念そのものが、専制的支配に対する闘争から、また国家の行動を厳密な法的限界の内に局限しようとする要求から生れたのであった。法の支配という古来の観念は制度的実践に変容せられた。執行権のみならず立法権によっても合法性が悪用されるのを防ぐために、特殊の制度が制定されたり、あるいは徐々に発展させられた（例えば、ヨーロッパ大陸における〈administrative justice 行政裁判〉、アメリカにおける〈judicial review 裁判所の合憲性審査権〉の如きがそれである）。合法性が国家の基礎であるという観念が、Government under Law とか *Stato di diritto* とか *Rechtsstaat* とかいう定り文句〔いずれも日本で「法治国家」といわれるもの〕の精神となっているのであって、これらの表現は、近代国家の現状およびそれが目指しているもの、またその命令が正当なものとして承認される理由とを、最もよく言い表しているものとして、今日一般に受け入れられている。パウンド院長〔ハーヴァード・ロー・スクールの院長〕はかつてユーモラスな調子でこう言われた——現代人の（単に法律家の、ではない）国家観念はあの詩篇の中の *Propter legem tuam sustinui te, Domine*（主よ、あなたの律法の故にわたしはあなたにしたがいます）をもじった文句、〈おお国家よ、あなたの法の故に私はあなたに満足しております〉という言葉で表現されよう、と。たしかに、マックス・ウェーバーが指摘したように、合法性が正当性の現代版になったように思われる。

だが、もしそうであるとするなら、次のような疑問が起こる、即ち、合法性はどんな種類の正当化（legitimation）を提供するのか？　これまでのわれわれの分析がすべて正しいとするなら、合法性は、法にしたがって、また法の名において行使される実力が権力であると見る、権力観の中に内在しているわけである。このような実力の〈正常化 normalization〉がそれ自体において一つの利益ないし一つの価値を表現していることを、否定することはできない。われわれはホッブズの見解を解きほぐして見て、彼にとって政治的結合体の最高の利益と思われたものが、外ならぬこのような、人間的諸関係における正常化ないし合規性《レギュラリティ》であることを知った。またわれわれは確かに、平和と安寧の保持のためにホッブズがわれわれに払うように求めた代償が高価なものであることをも知った。しかし、すべて価値ある物を手に入れるには代価を支払わねばならないから、もしホッブズの時代であったら、法と秩序を回復し、混乱と無政府状態を終らせるために、われわれの多くが恐らくそのような代償を支払うことをためらわなかったであろう。今ここで明らかにしなければならない点は、まさにこのように価値が前提されていることである。何故ならば、国家によって保証される価値というものに言及するや否や、厳密に形式的な接近方法が放棄されることは疑いないからである。問題とされるのは、もはや権力の存在ではなくて、その目的と範囲である。もはや、純粋に事実叙述的に解答されうるような問題ではなくて、一種の選択を前提とし、必然的に価値判断《プリスクリプション》を要求するような問題である。われわれはもはや、法律家たちがやっているように、実力の合規的な行使を確実ならしめる法が存在するという事実を穿鑿するだけに止まってはいられない。すすんでわれわれは、法の目的について、即ち法そのものの内容について、――規範が追求し、またそのような規範の存立を正当化する諸目的について、或る一定の見解を採らざるを得なくなるのである。これが、すべての厳密に法的な国家理論を挫折させる原因であり、合法性の原理だけでは、これまで正当性の原理によって遂行されて来た仕事を遂行できない所以である。合法性が正当性をも提供しようとするならば、合法性はどうしても、権力の形式的構造だけでなく権力の本質的性格に触れねばならない。換言すれば、必要とされているのは、合法性を保障するという理由によって国家を称讃するとき、われわれはいったいどんな種類の合法性を思い浮べているのか、はっきり表示することである。

さて、前記のような表示が、法の支配の原理に――少くとも、イギリス・アメリカ的伝統において普通理解され、また他の諸国においても徐々に法思想に影響を与えつつあるような、法の支配の原理に――みとめられる、ということには殆ど疑問の余地はないようである。一九五七年にシカゴで行なわれた討論において、「〈西洋で理解されている法の支配〉は、単に一国における主権的権力がその国家の実定法の諸規定にしたがうことだけを意味するのではない」という点について、大体において意見の一致を見たようである。「実際に、法の支配は、基本的な諸価値の語で表現され得るような或る積極的な内容を持つ、という点では多くの意見の一致が見られた。」[1] それから二年足らず経って、法学者国際委員会（International Commission of Jurists）は、ニューデリーで催した大会で、法の支配を、〈人間の尊厳の発展のための適切な条件を実現すること〉と定義することを決議した。ここでは法の内容に、即ち合法性の目的に重点が置かれていることは明らかである。特定の諸規則の形式的な正しさや、一つの法的制度を構成する個々の決定の形式的な正しさだけが、要求されているのではない。それらの規則や決定が、一個の自由な社会の存立に必要なものと認められる諸価値に一致することが、要求されているのである。[2] かくてわれわれは、法の〈合法的性質〉、合法性の実質的側面を評価することを可能ならしめるような試金石を与えられたのである。正当性と合法性とは同一のものと見なされる、だが、合法性そのものが諸価値の主張である限りにおいてである。

（1） J. A. Jolowicz, Digest of the Discussion, Chicago Colloquium on 'The Rule of Law as understood in the West' (Sept. 1957), in *Annales de la Faculté de Droi d'Istamboul*, t. ix, 1959.

（2） N. S. Marsh, 'The Rule of Law as a Supra-National Concept,' in *Oxford Essays in Jurisprudence*, ed. by A. G. Guest, London, 1961, pp. 240–5.

しかし、以上のような見解が、ヨーロッパ大陸で受け入れられるに至るには、依然としてなかなかの困難があろう。ヨーロッパでは *Rechtsstaat* 即ち法治国家の観念は、最も悪質な専制政治をも正当化できるように故意に歪められはしなかったとしても、結局のところ、それのみが合法性と正当性との一致を正当化するところの価値内容を、わが法学者諸君によって失わしめられることになった。法治国家の理論は、特にドイツの法学者たちによって、十九世紀に発展させられた。その後ヨーロッパ各地に拡まり、イタリアでも大いに好意の目で見られた。少くとも初めのうちは、それは立憲政治の理論と殆ど同じ意味のものだという感じを持たれた。それは、民主主義とは言わないまでも自由主義の原理に立つ諸国家の性格を解明しようとするものであった。ところが後になると、とくにいわゆる〈実証的法理論〉〔法実証主義〕の影響の下で、法治国家の観念はその意味と性格を一変してしまった。〈倫理的中立性〉が学問的研究の条件として認められ、価値と内容に言及することがすべて、法の理解には適当でないばかりか有害であるとまで公言されるに至ると、すべての法的制度の唯一の正当化の根拠は〈実効性 efficacy〉、即ち、その事実上の存在であると考えられた。そして、どんな国家でも、それが法的制度であるかぎり、定義よりして、法治国家と見なされ得る、ということになった。[1] かくて、正当性の問題は根本的な変化をこうむった。〈実効性の原理〉が〈正当性の新しい原則〉となった。[2] なし得たことは、せいぜい、権力の〈法的〉正当化と〈道徳的〉正当化とを区別することくらいのものであった。ところが、道徳的正当化は、勿論、法律家の論ずべきことではない。実際に、それは正統派の実証主義者からは、単に個人的な意見に関する問題だとは言わないまでも、イデオロギー的な問題だと通常見なされている。法的正当化だけが理論家の関心事であって、理論家的見地から見ると、法的秩序の結合的要素《プリンシプル》が〈基本的規範〉に見出されようと、〈制度〉に見出されようと、余り大した違いはないのである。今日のイタリアの法実証主義の二大思想分派——と言っても必ずしもイタリア実証主義だけには限らないが——である〈規範主義 normativism〉も〈制度主義 institutionalism〉も、この点では意見が一致している。ケルゼンにとっては、〈正当性の原理〉とは、「(或る規範の体系の)有効性《ヴァリディティ》がそれらが属している秩序によってのみ決定される」ことを意味する。成功した革命の場合のように、「法的秩序全体が……その実効性を失った」とすると、このことは単に、新しい正当性が始まったことを意味するにすぎない、なぜなら、「正当性の原理は実効性の原理によって制限される」からである。(3) 制度主義論の頑強なイタリアの支持者であるロマーノも、同様な結論に達している。「正当でない法的制度というのは言葉の上での矛盾である。法的制度が存在することと、それが正当的であるということとは、同一のことである。(4)」

(1) P. Piovani, *Il significato del principio di effettività*, Milan, 1953.
(2) N. Bobbio, *Teoria dell'ordinamento giuridico*, Turin, 1960, p. 64.
(3) H. Kelsen, *General Theory of Law and State*, Cambridge, Mass., 1946, pp. 115–22.
(4) S. Romano, *Principi di diritto costituzionale generale*, 2nd edn., Milan, 1946, pp. 192–3.

さて、このような見解に対して、それは既成事実(*fait accompli*)を正当化するものだと言って非難するのは、極めてやり易いことであろう——そして実際にしばしば行なわれたことである。そのような見解は、結局のところ、正義ではなく実力を政治的生活のみならず法的生活の最後の拠り所とすることになるからである。しかし、実証主義者の見地に対するこのような批判は、恐らく完全に正しいものではないだろう。彼らの学説は、単に、政治および法の諸問題に対する純粋に事実的な接近方法のすべてに暗に含まれていることを、洗練された形で述べたものに過ぎないからである。彼らが、〈善い法〉とか〈善い社会〉とかいう問題は〈法を超越した〉問題であると正直に言明するときに、われわれ自身がこれまで追求してきたような研究の正しいことを、最もよく証明してくれるのである。われわれは、政治的現実主義者と法律家とが国家という複雑な現象の理解に致した積極的な貢献を、理解しようと努めて来た。もしもわれわれが最初からわれわれの選好《このみ》を（いわば）括弧に入れて、価値判断的な語り方よりはむしろ事実叙述的な語り方を意識的に採用しなかったならば、われわれは決してそうすることができなかったであろう。またわれわれは、今日の実証主義者の多数が高い道徳的信念の持主であることをも、忘れないようにしよう。きっと彼らは――今日の用語で言うと――政治的のみならず道徳的にも〈コミットしている〉〔或る立場を持っている〕に違いない。彼らが私がこれまで述べてきたような見解を固執してきたとすれば、彼らがそのような見解を採ることを公言することを知的な誠実性を示す印と見ているからである。彼らはオースティンと同様に、「法の存在と、法の理否曲直とは別問題だ」と繰返し言うだろう。彼らにとっては、法の効力《ヴァリディティ》の問題は、道徳的拘束力の問題とは別個のものである。ハート教授が次のような質問を発するとき、彼は彼らの立場を非常によく表現している。即ち、或る不法な国家を目前にして、〈これは法であり、これは国家ではあるが、余りに不正なものだから遵奉することも尊重することもできない〉と言うよりも、〈これは法ではない、これは国家ではない〉という方が、どれだけまさっているだろうか？と。ハートは言う、「或ることを法的に有効だと認めたからと言って、服従の問題に結末をつけることにはならない。」彼が更に、〈公的体制〉即ち国家は、その権力が道徳的に拘束力を持ち、その市民の尊敬と忠誠を受けるに価いするものと認められる前に、結局は、もう一度何らかの〈吟味 scrutiny〉を受けねばならないと言うとき[1]、現代の実証主義者の多くは恐らく彼のこの意見に賛成するだろう。

（1） H. L. A. Hart, *The Concept of Law*, Oxford, 1961, pp. 203–7.

だが、このような吟味が必要だということは、権力の掌握ということが国家に関する決定的なことではない、ということを意味するのではないか。たしかに、一つの法的制度を構成する規範的命題の構造全体は、一組の仮言的命令――つまりその法的制度がしかじかの処理を行なうときには、こうすべきであるという、実力の行使に関する一組の規則——であると見るとき、非常によく理解されるのである。この場合、権力は——これまでわれわれがこれを定義しようと試みて来たように——、実力と殆ど紙一重のものになるだろう。そしてまた法も義務的（obligatory）なものとは言えなくなるだろう。事実、ホームズ判事のいわゆる〈悪人の〉法の観念*が、たしかに、何故人々が服従するかという理由について、もっと適切な説明を与えてくれるであろう。法が義務的なものとなるためには、換言すれば、国家による実力の行使に関する単なる事実的陳述ではなくて、真の規範的命令となるがためには、或る価値的条項がその法的制度のどこかに挿入されねばならない、と私は思う。その構造全体が何らかの種類の権威づけ、ないし正当化を与えられねばならない。国家は単に権力の保持者ではなくて、正当な権力、もっと正しく言えば、権威の保持者である、そして〈公的体制〉を取りまいている〈威厳の後光《オーラ》〉は何らかの方法で説明され正当化され得るのだ、——と想定してかかる必要があろう。

権力の正当的基礎の探求は、空虚で無意味な探求ではない。それは政治哲学の基本的問題である。それに対して何らの考慮も払わないような国家理論は、どうしても不完全なものにならざるを得ない。正当性とか権威とかいう観念には情緒的なものが詰めこまれている、そんな観念は結局において非合理的であって、科学的用語のもつ正確さ厳密さをもってしては断じて定義され得ない、などと抗議するのは無益である。このような情緒的・非合理的性格があるということは、正当性の観念を研究し、それを単なるイデオロギー、政治的教義、または高貴な嘘などよりはもっと真剣なものと見る傾向のあった少数の思想家によって、今まで一度も否認されたことはない。「正当性の認識には何か不可思議なところがある」と、フランスを震撼したその歴史上の最も深刻な危機〔フランス大革命〕のあとで、バンジャマン・コンスタンは書いた。もう一つのもっと最近の危機の頂点に際して、イタリアの著述家グリエルモ・フェレーロは、国家を結合させている〈目に見えない霊〉に訴え、それなくしては〈この世に逃げ場所があり得ない〉ところの〈正当的な権力〉を回復すべき時が来た、と考えた。このようなものは想像の言葉であり、修辞的な言葉でもあろう。だが修辞的な言葉が正確な言葉ではないからといって、必ずしもそれを無意味なものにするわけではない。われわれの是とするところのものを科学的真理としては証明できない以上、それを人々に推奨する方法があるかも知れないし、またそうする理由があるかも知れない。〈民主的正当性〉と言うようなものがあるのだろうか。近代国家は、それが確かに持っている実力と権力を越えて、権威に訴えることができるのだろうか。われわれはわれわれの制度の健全性を説明できるか、少くともその制度の精神を成している理想を、その制度の追求している目的を、明らかにすることができるだろうか。現代において、真に国家理論と呼ばれるにふさわしいものを打ち建てることができるかどうかは、結局のところ、以上のような問いに答えることができるかどうかにかかっているのである。

参考書

合法性と正当性に関するウェーバーからの引用は、彼の次の二著から取った。『経済と社会』*Wirtschaft und Gesellschaft* (英訳は本書序論に挙げた)。『世界宗教の経済倫理』*Die Wirtschaftsethik der Weltreligionen*, in *Gesammelte Aufsätze zur Religionssoziologie*, vol. I (Eng. trans. in *Essays in Sociology*, ed. by H. H. Gerth and C. Wright Mills, 1947).

本文中で指摘しておいた通り、私はウェーバーの発言を、本章で論じた問題を取扱うのに極めて重要なものであり、また、最近この問題について書かれた多くのものよりも遥かに教えられる所が多いと思っている。実際のところ、〈正当的権力〉に関する政治科学者の見方は、多くの場合に、単に、或る一定の社会において、権力構造がそこで支配的な〈政治的教義〉や〈イデオロギー〉と一致していることを記述しているにすぎない。これではまるで、厳密な行動主義的接近方法では、経験的政治科学が規範的枠組即ち合法性の重要性を正当性の問題を正しく理解するのに必要な一歩として評価することが不可能になる、少くとも困難になるかのように、思われよう。

しかし、正当性に関する詳細な議論としては、次のようなスタンダードな著述を見られたい。ラスウェル・カプラン共著『権力と社会』Lasswell and Kaplan, *Power and Society*, London, 1952, ch. vi, §§ 6.3–6.5. リプセット『政治的人間』S. M. Lipset, *Political Man*, London, 1960, ch. iii: カール・フリードリッヒ編『権威』*Authority*, ed. by C. J. Friedrich (*Nomos* I, Cambridge, Mass., 1958) に収められている同問題に関する諸論文。また合法性と正当性との関係については、次に掲げる諸著を見よ。カール・シュミット『合法性と正当性』C. Schmitt, *Legalität und Legitimität*, Munich and Leipzig, 1932. ビュルドー『政治学概論』G. Burdeau, *Traité de Science Politique*, III, Paris, 1950, §§ 57–63. デュヴェルジェー『憲法と政治制度』M. Duverger, *Droit Constitutionnel et Institutions Politiques*, Paris, 1955, ch. I. フォン・デル・ガブレンツ「現代国家における権威と正当性」O. H. von der Gablentz, 'Autorität und Legitimität im heutigen Staat,' in *Zeitschrift für Politik*, N. F., V (1958). 最近フリードリッヒ教授 (C. J. Friedrich) は『人間とその政治』*Man and His Government*, New York, 1963, part ii, ch. 13 の或る章でこの問題に立戻って詳細に論じた。

正当性観念のマルクス主義者の利用の仕方については、ルカーチの短い論文が非常に教える所が多い。ルカーチによると、唯一の正当的な権力はプロレタリアートの権力であって、その任務は〈合法性のクレチン病と非合法性のロマン主義を共に除去することだ〉と言う。(ルカーチ『歴史と階級意識』の中の「合法性と非合法性」G. Lukàcs, 'Légalité et Illégalité,' 1920, in *Histoire et Conscience de Classe*, Paris, 1960).

本章では次に挙げるような、かなり古い著書をも参考にした。バルトロ・ダ・サッソフェラート『専制君主論』Bartolus of Sassoferrato, *De Tyrannia* (c. 1350). コルッチョ・サルターティ『専制君主論』Coluccio Salutati, *De Tyranno* (c. 1400) (以上の二著はイマートン『ヒューマニズムと僭主政治』E. Emerton, *Humanism and Tyranny: Studies in the Italian Trecento*, Cambridge, Mass., 1925 において英訳で読むことができる。) バンジャマン・コンスタン『ヨーロッパ文明との関連における征服と簒奪の精神について』Benjamin Constant, *De l'esprit de conquête et de l'usurpation dans eurs lrapports avec la civilisation européenne* (1814).

グリエルモ・フェレーロ『権力』Guglielmo Ferrero, *Pouvoir* は初め一九四二年にアメリカでフランス語で出版された。(Eng. trans. by T. R. Jaeckel, New York, 1942).

第三部

権威

一　法と秩序

権威の正当化《レジティメーション》の第一の、最も容易で、かつ最も普及している方法は、秩序に対する要求をふくみ、秩序を国家によって保障される最も大きな利益と見なす方法である。〈秩序 order〉という語がこのような意味で用いられていることを知るには、われわれは現代普通に用いられている言葉に注意を向けさえすればよい。〈秩序の維持〉、〈秩序の勢力〉〔秩序の維持を標榜する諸党派〕、〈旧秩序〉に対する〈新秩序〉――こんな語やこれに似た語には、新聞や演説で――著しく保守的な傾向を示す新聞や演説だけではない――いかにしばしばわれわれは出合うことだろう。秩序という語は、〈合法性〉という語の持たない一種の刺激力をもった、魔術的な、微妙に政治的な語である。なるほど少くとも英語では、法と秩序とはいつも結びつけられる。しかし、感動を呼び起し、人々の想像力と欲望の中に一種の反応を必ずひき起こすのは、法の観念ではなくて、秩序の観念である。何故なら、普通の人の心においては、秩序は無秩序と対立し、あるいは、よく言われているように、無政府状態《アナーキー》と対立しているからである。秩序は正常性、安全、平和である――いや、何がなんでも平和が欲しい、ということさえも意味する。このような意味で、秩序は必ずしもはっきりとは合法性と一致するわけではない。ロシア皇帝に対して「ワルシャワには秩序が支配しております」と報告した将軍*は、恐らく法律家ではなかったのだろう。彼にとって、法とは単に戒厳令の意味であった。しかし彼は、法の名において、実力行使を正当化したのであった。われわれがもし、秩序はやはり合法性の粗野で原始的な形態であると言明し、われわれが国家の著しい特色として選び出した実力の統制と正常化との――少くとも――萌芽を秩序の中に見出だそうとするならば、或る程度の巧妙さ、玄人的なこじつけと言ったものさえ必要である。秩序を論拠として持ち出すこと、また秩序のもたらす利益を論拠として持ち出すことは、権力の観念――この観念はすでに見た通り、それ自身においては客観的、中立的である――を価値の次元に移行させることになるのである。

　このような議論の次元の移行の古典的な例は、やはりホッブズの場合である。すでに見た通り、ホッブズは国家を合法性――つまり、安全と平和を保証する秩序と同一視した。しかし、この秩序なるものは、同時に一つの価値である、いや、それはこの世で人間に達成され得る最高の価値なのである。したがってそれは単に国家の本質をなすばかりでなく、国家を正当化する根拠でもある。だが、国家は法と秩序を保証するために存在すると主張するにとどまらず、更に一歩を進めて、それが良き物なるが故にこのような秩序を確立すべきだと要求するために、われわれはホッブズ主義者になる必要はない――つまり、ホッブズの前提、彼の人間性に関する極めて悲観主義的な見解を受け入れる必要はない。或る意味において、すべての政治哲学者――すべての善良な市民と言ってもよかろうし、また更に、喜んで法を守ろうとするすべての人間と言ってもよいが――は、ホッブズの推論を己れの物としているのである。これらの人々がこうなったのは、その人々が秩序を単に事実としてでなく、価値として――即ち、単に存在しているものではなく、存在すべきもの、そしてそれから積極的な利益を享けるようなものとして、〈受け入れる〉限りにおいてである。

　こういうわけで、もしわれわれが過去の政治理論をながめるならば、法と秩序の価値について疑問を投げかけているような理論は殆ど見当らない。〈自然状態〉の神話は、秩序を破壊するような神話でも無政府主義的な神話でもなく、秩序の価値を否認しようがための手段でもなかった。それがホッブズにとってそのようなものでなかったことは確かである、何故なら彼はそれを国家が必要であることを強調するために使ったのだからである。だがそれはまた、人間性についてもっと楽観的な見方をして、「そのむかし黄金時代とその幸福な有様をうたった人々」[1]にとっても、そのようなものではなかった。そのような無邪気で幸福な状態にあった人々は、強制されることなく法に服従し、共に平和に仲良く暮らしていた。しかし彼らは、天国の天使たちと同様に、一つの秩序、即ち、聖アウグスティヌスによれば、平和の条件をなすところの秩序が存在したことを証明する証人である。*pax omnium rerum tranquilitas ordinis.*[2] また空想主義者の夢想も必ずしも無政府的ではない。歴史上の或る時期に人々が現実からの逃げ場を求めたところの、ユートピア、即ち完全な社会のモデルも、秩序の否認を意味してはいない。それどころか、ユートピアは、より良い秩序あるいは異なる秩序、——現実に存在している、実定法の体系の中で定められている秩序よりも厳重で苛酷なものと言ってもよいような秩序——への憧憬の表現である。

（1）　ダンテ『神曲』煉獄篇第二十八歌一三九—四〇。
（2）「すべての物の平和とは、秩序の安らかさである。」

しかし、次のような反論がなされるかも知れない——伝説的な時代の失われた幸福を夢みたり、遙かな未知の国々において完全な国制を造ることを構想したりすることと、国家を強制的な機構として正当化することとは全く別のことだ。前の場合には、理性にもとづく秩序が存在することを推定するのであるが、後の場合には、われわれは実力の行使を特色とする秩序のことを言っているのだ、と。しかしこの反論は明らかに的はずれである。何故ならば、秩序が価値を有するということはいかにして秩序が形成され確立されるかということとは全く別問題であり、それとは無関係だからである。われわれが秩序が実力によって押しつけられ得るか、またそうしなければならぬか、あるいは他の何らかの手段によって達成され得るか、またそうしなければならぬか、を判然とさせるに先立って、必ず、秩序はそもそも望ましいものであるか否かについて結論を下すことが問題となるだろう。そしてこの場合には、ホッブズ主義者であろうと反ホッブズ主義者であろうと、政治的現実主義者もユートピアを求める人も、みな次の点には同意するようである。即ち、秩序は望ましいものであり必要である。秩序は積極的価値を持っている。秩序は人間を動物から区別し、人間の生活を生き甲斐のあるものにするものである、と。

このような見解がどのようにして意識的な挑戦を受けたかを知るためには、わが近代世界の発端にまで溯らねばならない。そこでわれわれがぶっつかるのは、秩序に対する軽視、もっと正確に言うなら、秩序の消極的側面の強調である。秩序は個人の行動する力に制限を加える、したがって、独自にして貴重なものを犠牲にする結果になる。秩序は人間の〈真の本性〉に反し、それ故に悪である。なお悪いことには、不必要な悪であり、また恐らくは避け得られる悪である。こういう見解が、いわば近代国家の最終的な確立に対抗して、即ちその権力の完全な独占に対抗するかのように、十八世紀において初めて現われて来る。こうした見解はその世紀の好尚にしたがって、寓話や神話の形で表現される。しかしこれらの寓話は、一種の詩的な真実性、魅力ある清新さ、率直さを失っていない。それらは、国家に対して意識的に敵対的な、無政府主義的であれ自由主義的であれ、後世の諸理論を予告しているからというばかりでなく、その後われわれの権力に対する態度の不可欠の部分となったところの、法と秩序に関する幾つかの要求を記録しているが故に、記憶するに価いするのである。この問題に関しては、特に三人の著述家が想い浮べられる。彼ら三人はそれぞれ別の物語を語ってはいるが、同じような結論を示している。即ち、秩序は必ずしも良きものではなく、人間はそんなものがない方が却って良い生活ができるかも知れない、また、立法によっては確保できず、かえって妨害されるような多数の価値があることは確かだ、と言うのである。

これら三人の著述家の中で、モンテスキューはその著トログロディート人の物語〔『ペルシア人の手紙』〕において、伝統から離れることが最も少い。アラビアの少数民族であるトログロディート人は、彼らの国王を殺してから、彼らの生活をもっぱら彼らの個々の利益の追求に献げることを決意する。その結果は完全な混乱と不安定——ホッブズのいわゆる自然状態である。医者でさえ、正当な報酬の支払いを拒絶されると、その仕返しに、疫病が襲って来て彼らを皆殺しにする際にも、治療を拒絶する。かくて生残った少数の人たちは、〈人道〉、〈正義〉、また〈道徳〉の信仰に改宗する。幸福と繁栄、内部における平和、敵に対する勇敢が、再び花を咲かす。ところがトログロディート人はもう一度指導者を選任することを決意する。彼らは指導者になってもらおうと尊敬すべき老人のところへ行くと、その老人は自分に白羽の矢が立ったことを知ると、泣きながらこう言う、「〈私は、トログロディート人が生れたときは自由だったのに、今また隷属状態に陥るのを見ると、情なくて死にそうだ。……おお、トログロディート人諸君よ、私には事情がわかっています。諸君の徳義が諸君にとって重荷になり出したのです。現在のような状態にあっては、諸君はいやでも道徳的にならねばならない。諸君は徳義がなくては生きては行けない、ところが諸君は諸君の先祖たちと同様な悲惨な状態に陥ろうとしている。この桎梏は諸君にはきつ過ぎるようです。諸君はひとりの君主に服従し、今の諸君の道徳よりは厳しくない彼の法律に従う方がよいでしょう。そうなれば諸君は野心を満足させ、富を手に入れ、卑しい贅沢の中に溺れることになるかも知れないことは、御存知でしょう。だが、諸君が大きな罪を犯さない限りは、徳を必要としなくなるのです。〉一瞬彼は言葉をとぎらせた、と彼の涙は一層すみやかに流れ出た。〈ああ、諸君は私に何をしろと言うのです。私がどうしてトログロディート人に命令を下すことができるのですか。私が有徳な行為を命ずるから有徳な行為をするようにさせようと望んでいるのですか。自ら、自然に与えられた本能だけではやれないのでしょうか。〉」

モンテスキューの物語の与えようとする教訓は大体はっきりしている。真に有徳な人々には、政府などは余計のものだ。実のところ、政府は、全く徳義なしで済ませて行くための方便かも知れない。人々が理性にしたがうなら、国家などは要らないだろう、と言うのである。この教訓は、あの昔ながらの黄金時代の物語の教訓と本質的に異なるものではない。何故なら、余計なのは国家という強制的機構であって、秩序そのものではないからである。それどころか、人間の平和な、幸福な共同生活を可能にするのは、理性の支配である。彼らは国家のない方がうまくやって行ける、だが、彼らが理性的である限りにおいて、である。

法と秩序の利益が否定されるのを見るためには、もう一つの神話、即ち幸福な未開人の神話を取上げねばならない。われわれは自然状態に関するルソーの驚くべき解釈を取上げて見なければならない。それは、彼のすべての先行者たちの解釈とは根本的に違っているからである。ルソーの見るところでは、人間の本性は、ホッブズやスピノーザが考えているのとは違い、万人の万人に対する戦争に導きはしない。だがそれは、大多数の自然状態論者が考えているような、原初的な平和な社会を必然的に生み出しはしない。人間は放置されれば、「彼の同類たちを必要と」することもなく、「彼らを害しようとする願望」を持つこともない。日常生活を続けて行くのに必要な簡単な小屋と僅かばかりの道具が、「自由で、健康で、正直で幸福な」生活を営むのに必要なもののすべてである。利己心、要求の増大、他人との接触が奴隷制の基礎となった。要するに、人間を堕落させ正道を踏みはずさせたのは、社会である。歴史は不平等の進展の物語に外ならない。

だが、よく知られている通り、ルソーにとってはこれで話がすべて終ったわけではない。『人間不平等起原論』は、『社会契約論』によって補足される。ルソーが最後的に言おうとしたのは秩序の破壊ではなくて、新しいより良い秩序の建設である。政治の基本問題は、人間を自然状態におけると同じくらい社会においても〈自由〉にすることができるような方法を見つけること、人間の自然的な独立と同じものを市民的自由の形態の下で回復することができるような方法を見つけることである。これが『社会契約論』の中でルソーが直面している問題であって、この著書において、市民は〈社会全体〉、即ち国家に対して〈自己を完全に譲り渡す〉ことによって如何なる〈個人的〉従属をも受けないように保障されることになっている。かくて、後に見る通り、結局ルソーは幸福なる未開人〔という考え方〕に決定的に背を向けた、そして恐らくは、倫理的国家論、あるいは現代的全体主義への道をひらくことにさえなったのである。

だが、そうだからと言って、自然状態に関するルソーの独特の解釈がその重要性やその魅力を失うわけではない。幸福なる未開人の神話は、彼と同時代の教養のある人たちの想像力の中に深く根を下ろした。自然に帰れという福音は、ややもすれば無政府状態への公然たる誘いになり易かった。このような主張は、例えばディドロの『ブーガンヴィル航海記補遺』に見出される。この著述は、文明の洗練らしきものも一皮むけば、反乱の戦慄《スリル》と革新への消しがたき渇望によって浸透されていた時代の、逃避への憧れ、異国風《エキゾティック》なものの追求に完璧な文学的表現をあたえている。ここにすでにわれわれは、マルクスのような人の叱責のことば、パレートのような人の神託的な言葉を聞くかの如き感じがする。「政治的、市民的、宗教的な制度を注意ぶかく見よ。もし私が間違っていないなら、人類が、一握りほどの悪漢どもがその上に押しつけようとして来た桎梏のもとでどの時代にも押しつぶされて来たことに諸君は気づくだろう。秩序を押しつけようとする人に用心せよ。秩序を造りだすということは、常に、他人を犠牲にして自らが他人の主人となることを意味するのだ。」

ディドロによると、ヨーロッパの諸民族の中で、イタリアの最南端の住民であるカラブリア人だけが、〈立法者の甘言〉に騙されないように何とかやって来た。彼はこの住民の〈無政府状態〉、つまり、まだ文明化していない未開の人々の純真で幸福な状態を賞讃した。「彼らの蕃風」の方が「われわれの都会風よりも悪くない」と見てよかろう、また、少くとも「僅かばかりの大犯罪に対しては大いに憎しみを抱いて大騒ぎをするが、」その代り、「われわれにはこまごました悪徳」が幾らもあって、充分に補いがついている、と彼は指摘した。注意すべきことに、ディドロがこれを書いてから僅か数年後に、イタリア民族主義の最初の予言者の一人ヴィットーリオ・アルフィエーリが*、同じような論法を用いた。マキアヴェリの著述を耽読していたアルフィエーリは、イタリアの特典である〈巨大にして崇高な過失〉を公然と弁護しようと企てた。これらの過失を彼は、「イタリアが如何なるヨーロッパの国にもまして、今もなお、激烈な精神の人々を豊かに持っている」証拠であると見た。「そのような性格に必要なのは、偉大なる事業を成しとげるための余地と手段だけである。」ここには明らかに〈英雄主義《ヘロイズム》の倫理〉が宣言されており、これはやがてロマン主義者たちの大切なモティーフとなり、また後には超人崇拝や暴力の公然たる弁護をも生み出すことになる。

　無政府状態をほめたたえることの外に、なおまだ残されている仕事があるとすれば、それは、徳義と正義が社会の基礎であるという伝統的見解――モンテスキューの描き出したトログロディート人は苦難の末にこれを知り尊重するに至ったのだが――には何らの顧慮をも払わずに、人間の反社会性、自利心《エゴイズム》、個人的利益の追求の弁護を公然とうたいあげることであった。これこそ、十八世紀のあらゆる寓話の中で最も辛辣なマンデヴィルの『蜜蜂物語』のテーマである。マンデヴィルの目的は、「個人的な悪徳は……公共的な利益に転化され得る」ことを証明して見せることである。〈詐術、贅沢、矜持〉と〈饑餓〉とが結びついたものが、政治的生活の原動力《スプリング》である。国家の繁栄は、蜂の巣の繁栄と同様に、その成員の貪欲、一組の人間による他の一組の人間に対する搾取の上に立っている。「かかるものが国家の祝福なのであって、彼らのもろもろの罪悪が相協力して彼らを偉大ならしめるのである。」

　だが、マンデヴィルは大変な皮肉屋ではあるが、やはり伝統的な道徳上の用語を用いていることに注意すべきである。依然として悪徳は悪徳、害悪は害悪である。これらの悪徳が経済的美徳と呼ばれるようになるのには、まだちょっと間《ま》があった。マンデヴィルが言わんとした趣旨は、要するに、「この世でわれわれが悪と呼んでいるものが……われわれを社交的動物たらしめる偉大な要素なのだ」ということに過ぎない。彼が実際にやっていることはと言えば、新しい一組の価値を持ち出すことである。彼はホッブズの自然状態を逆手に取っている。人間の基本的本能を、リヴァイアサンの鉄の爪で邪魔する必要はない。それは進歩の見込みに満ちた、建設的な力だ。必要なことは、それらを勝手に働かせることであって、邪魔をしなければ、しないほど良い。競争、即ち権力と富の争奪の闘争が、昔ながらの法と秩序への憧憬に取って代るべきである。そのような世界になれば、国家は純粋に消極的な役割しか果さなくなる。結局のところ国家は、それを左右できる人々にとっては権力の手段、左右できない人々にとっては生存のための保険以外の何物でもなくなるだろう。

これら三つの神話には、三つの異なる世界がある。それらのそれぞれにおいて、現代の読者は何らかの見なれた特色を、あたかも歪んだ鏡に映っているかのように、認めることができよう。どれにも、近代人の国家に対する態度を形成するのに幾分でも寄与した特殊の特色が見出されよう。国家権力の偶像化のいろいろの極めて極端な形態を知ってしまった現代のような時代において、国家の価値が下ったと言ったら逆説的に聞えるかも知れない。しかしながら、今日なお国家理論において地歩を保っている二つの見解——国家を単に実力であると見る政治的現実主義と、すべての実効的な法的制度にも実力が存在していることを認める法的実証主義——が、そのような国家の価値下落を意味しないかどうかを問題にすべきであろう。実のところ、意識して中立性の平面に立っている諸理論をあげつらいながら、つまり、私がこれまで繰り返し指摘したように、厳密に事実叙述的な平面にとどまろうとする意図を有する一種の論法を論じながら、価値が上ったとか下ったとか言うのは、何の益もない。だが、そうだからといって、次のような事実には何の変更もない、即ち、すでに見た通り、現実主義者も実証主義者もしばしば価値判断をやっている。マキアヴェリとホッブズはその顕著な実例である。また次のような事実にも何らの変化もない、即ち、そのような価値判断は、合法性の観念に代えるに秩序の観念を以てしようとすることの中にも確かにあるのである。このようなことが日常の用語においても行なわれているのにわれわれは気づいた、そしてそのことからわれわれは本章の解説を開始したのであった。

数世紀来、秩序を、権力を正当化する第一最高のものと見ることを力説した人々のすべて――こういう人々が政治哲学者の過半数を占めているが――が、価値判断を行なったことは確かである。もっとも彼らは、どんな秩序でもよいというのではなく、〈正義に則る〉〈正しい〉秩序でなければならない、と言ったのだが。ここでは、如何なる定義よりも、アウグスティヌスの定義が重要である。曰く、「秩序とは、互いに調和していないものを、それぞれの処を得しめるように処置することである。」[1] この定義は、正義は「各人にその権利を与えようとする確固不動の意志」[2] であるという、ローマの法律家たちの定義をまねていることは明らかである。いずれの場合にも、もはや重点はあることではなくて、あるべきことに置かれている。秩序は、単に事実上の状態ではなくて、理想的な状態、現にある状態に対する判断の基準を提供するような、これから求められるべきものである。つまり、秩序は正義と同じものであって、国家は秩序を保障するものであるから、正義のみが国家の基礎、その存立の根拠たり得るのである。iustitia fundamentum regnorum.〔正義は政治の基礎である。〕

（1） 'Ordo est parium dispariumque rerum sua cuique loca tribuens dispositio.'
（2） 'Iustitia est constans et perpetua voluntas ius suum cuique tribuendi.'

このような接近方法は、われわれがこれまで出合ったもののいずれの方法とも全く違っている。この新しい観点からすると、国家はもはや単に自らを押しつける実力でないばかりか、何らかの法にしたがって行使される権力でもない。それは、一定の諸目的を達成するために服従を強く要求することを〈認可された authorized〉権力である。こうして秩序の概念の分析は、われわれの研究全体の調子を変えてしまった。これからはわれわれは、断じて中立的でない定義や理論にぶつかって行く覚悟をしなければならない。政治論における重大な一歩が踏み出された――事実叙述から価値判断へ、である。

参考書

聖アウグスティヌス『神の国』*De Civitate Dei*, Book XIX, ch. 13. モンテスキュー『ペルシア人の手紙』Montesquieu, *Lettres Persanes* (1721), Letters xi-xiv, 引用は Ozell の英訳 (1722) による。マンデヴィル『蜜蜂物語』Mandeville, *The Fable of the Bees, or Private Vices, Publick Benefits*, 2nd edn., 1723: 'The Grumbling Hive' or 'Knaves, turn'd Honest' (pp. 9 and 23); 'A Search into the Nature of Society' (p. 428.). ルソー『人間不平等起原論』Rousseau, *Discours sur l'origine et les fondements de l'inégalité parmi les hommes* (1755), trans. by G. D. H. Cole, London, Everyman's Library, 1913, *passim*. 同『社会契約論』*Contrat Social* (1762), same edn., Book I, ch. vi. ディドロ『ブーガンヴィル航海記補遺』Diderot, *Supplément au Voyage de Bougainville* (1772), in *Œuvres*, ed. Pléiade, pp. 1029-30. アルフィエーリ『君主と文学について』Alfieri, *Del Principe e delle lettere* (1778-86), ch. xi.

ルソーの解釈、特に『人間不平等起原論』と『社会契約論』との間の明らかな対立点についての解釈については、次の二著に負う所が多い。ドラテー『ルソーと当時の政治学』R. Derathé, *J. J. Rousseau et la science politique de son temps*, p. 151. カッシーラー『ルソーの問題』E. Cassirer, *The Question of J. J. Rousseau*, trans. by P. Gay, New York, 1954.

マンデヴィルの逆説、およびそれが暗示し、功利主義派によって達成された〈道徳の言語の変革〉については、次の書を見よ。アレヴィ『哲学的急進主義の発達』E. Halévy, *The Growth of Philosophic Radicalism*, trans. by M. Morris, London, 1928, pp. 15-16 and 33.

空想主義および無政府主義の意味については、それぞれ次の二著を参照されたい。リュイエ『ユートピア論』R. Ruyer, *L'Utopie et les Utopies*, Paris, 1950. ウードコック「無政府主義」G. Woodcock, 'Anarchism: The Rejection of Politics', in the volume *Power and Civilization*, ed. by D. Cooperman and E. V. Walter, New York, 1962.

二　自然と人為

国家において法的制度を用いて達成される秩序を、如何なる意味で、また如何なる条件の下で、〈正しいもの〉とか〈正当なもの〉とか定義することができるのか。こんな形で出された質問は、現代の人々の耳には途方もないものの如く響くかも知れない。しかしこのような問いは、文明の黎明このかた絶えず発せられて来たものであり、しかも、言葉の使い方こそさまざまに違ってはいても、今もなお人々の心に引っかかっている問いなのである。この問題に解答を与えることは、昔から政治哲学者の特殊な課題と見なされて来た。政治哲学なるものがまだ存在していることを証明するためだけにも、是非これに一つの解答を与えねばならないのだ。実際には、論点は二つある。如何なる意味において法と秩序とが〈正しい《ライト》〉と呼ばれるか、という問題は、明らかに定義に関する問題である。それは、われわれが国家を法と秩序を保証する者と定義しようと企てる際に、或る点まで来ると、純粋に事実的な接近方法を放棄して、価値に対する何らかの関係を導き入れたことを認める、ということを意味する。ところが他方、如何なる条件の下で、国家によって打ち建てられる秩序が〈正当《ジャスト》〉であるかという問題は、それらの価値の検討にわれわれを巻き込むのである。そこで当然、われわれが価値判断の本質および性格の検討を進めるに先立って、まず、国家を定義するにあたってそのような価値判断に頼っているかどうか、もしそうだとすれば何時また如何にしてか、ということを確かめねばならないわけである。

国家を〈正しい秩序《ライト》〉と定義することは、次の二つの中のいずれかの意味をもつ。すなわち、国家は〈正義〉と呼ばれる価値を担うものである、ということを意味するか、それとも、国家は単に一つの道具、つまりそのような価値を達成する手段にすぎない、ということを意味するか、いずれかである。とにかく、どちらの場合にも、国家と正義とは不可分に結合されている。この点に関するアリストテレスの記述は、模範的なものと見てよい。彼は言う、「正義はポリスのものである。何が正当《ジャスト》であるかを決めることである正義は、即ち政治的結合体を秩序づけるものである。」

アリストテレスの議論を簡単にたどって見よう。『政治学』の初めの方にはこう書いてある——国家の中でのみ人間は、自己の本性に固有の完成を達成することができる。国家の外にあっては人間は人間性《ヒューマニティ》の上にある存在か、その下にある存在か、つまり「神か動物か」いずれかである。人間はその本性からして政治的動物（politikon zōŏn）である。ということは即ち、政治的生活（国家において生きること）こそは人間の自然的状態であって、政治的生活がないことは、政治的結合体の利益にあずかることのできない人間や、あずかる必要のない人間が人間とは呼ばれ得ないように、有り得べからざる状態、殆どとんでもないとでも言えるような状態である、ということになる。何となれば、「人間は、完全なものとなれば、動物の中の最善のものであるが、もし法と正義から切離されるなら、最悪のものとなる」からである。

明らかに、すべては自然（nature 本性）の概念にかかっている。アリストテレスにとっては、存在するものの本性を決定するのはその目的である。或る物の本性とは、それの発展の最後の、完全な段階における、それの状態である。したがって、国家は自然的《ナチュラル》であると言うとき、これは単に、人間が事実上政治的社会の中で生きているということを意味するのではない。勿論アリストテレスは、国家の〈自然性〉を証明するためには、事実的な証明に訴えることを拒んではいない。彼はこう言っている——経験の教えるところでは、人間はすべての動物の中で最も社交的なものであり、話す力を与えられている唯一の動物である。人間の天賦の能力には違いがある、また、家族は、それぞれ差異はあるが、歴史的には国家の起原となる核である。ところが、国家の目的、即ち国家を正当化する根拠を考察する場合には、このような時間的順序は逆転する。政治的生活の自然性は経験的に承認されるが、また国家の発達を人間的結合体の発展の中にたどることはできるけれども、上に述べた自然の概念によって、歴史的展望は全く変えられてしまう。この自然の概念は、出発点にではなくて、到達点に重心を置くからである。したがって、時間的な因果関係がどうであったにせよ、論理的また道徳的には、国家は、その起原をなす家族や村落に先行するのであり、それらよりも〈自然的〉である。何となれば、全体は部分の存在および福祉の条件であると同様に、国家は村落や家族の存在および福祉の条件であるからである。国家は、その下位にあるすべての集団に対してのみならず個人に対して、目的としての価値を有する一つの善《グッド》の所有者である。この善が即ち正義である。アリストテレスは『ニコマコス倫理学』の中でも繰り返しこう述べている、「正義は、その相互関係が一個の体系をなす法によって支配されているような人々の間にのみ、存在する。」

しかし、アリストテレスは国家を正義の体現として描きはしたが、どんな国家をも正当なものと認めようという意図を持っていたのではない。彼は具体的な政治形態の多様性と相対性について、また具体的な政治形態は、正義と国家との完全な一致を保証するところの、理想的な典型、つまりモデルとはかけ離れていることを非常に強く感じていたので、そんな気にはなれなかった。そのような正義と国家との一致は、〈善き〉国家においての外は起こらないし、また起こり得ない。それはあたかも、普通の市民の徳が、善い国制の中においての外は、善き人の徳、即ち徳一般とは同じものでなく、また同じものであり得ないのと同然である。しかし、正義が国家の本質的な内包価値（value-connotation）であり、国家がこの価値の手段であるばかりか、その体現である、ということには変りはない。それは、いわば国家に内在《イマネント》する価値であり、個人が政治的生活に完全にかつ積極的に参加することによってのみ達成され得る価値である。国家の〈倫理的〉性格は、このような内在性から出て来る系《コロラリ》である。この考え方は、国家は、法によって打ち建てられる秩序の如き、外面的・形式的な秩序を保証するだけでなく、徳に合致して行なわれる生活、即ち道徳的な生活のための諸条件を提供する、という考え方である。このようにアリストテレスは国家に最高の任務を割り当てるので、道徳を軽視する結果になる。何故ならば、道徳的理想の達成は、都市国家に結びつけられているので、特殊的、部分的にならざるを得ない、換言すれば、およそわれわれが道徳的価値というときに連想するような、あの普遍的性格を欠いたものにならざるを得ないのである。

この数世紀来、アリストテレスの政治哲学よりも遙かに効果的に西洋思想を支配してきた政治哲学は、国家と正義との間の関係について、それとは全く違った説明をしている。そしてこれが、それよりずっと強くわれわれの歴史とわれわれの生活様式に影響したものである。このような変化が、アリストテレス直後の数世紀の間にどうして起こったか、如何にして新しい価値が啓示されたか、またそれは誰によって行なわれたのか。今は、この極めて劇的な物語を繰り返し述べるべき場所ではない、やれば必ず極めてまずい方法でしかやれないだろう。ここで必要なのは、これらの新しい価値の発見が国家を正当化する新しい、全く別の方法をもたらしたということを強調することである。アリストテレスにおいては、国家は価値を有するものであるとする立場が国家が〈自然性〉を有するという教説の中に表現されていたが、今度は、国家はもはや自然的なものとしては現われず、人為的（conventional）なものとして現われるのである。今度の議論は、ソフィストによって唱導されストア派によって再び取上げられた路線に沿って行なわれる。即ちそれは、フュージス（*physis*）とノモス（*nomos*）、つまり自然的かつ永久的なものと、人為的であって変化するものとの間の対照を基礎としているのである。*自然はもはや発展の終極点を意味せず、逆に出発点の状態を意味する。そこで、われわれがなぜ国家が発生したか、国家の存在を正当化する根拠は何か、国家が人間生活において果す役割は何か、ということを理解しようとするならば、まさにこの状態に立ち戻らねばならない。かくて、国家を人為的な制度と定義すると、もはや内包価値は元から具わっているもの（in built）ではなくて、いわば外部からもたらされるものとなった。国家を必要なもの、有用なもの、あるいは望ましいものにし、しかもそれだけが人類の始原的状態から現在の状態への変化を説明できるような、そういう特殊な理由は何かを知ることが問題になった。この理論の伝統的な思想によると、国家は、普遍的で恒常的な若干の価値——人間の本性に合致するという意味で〈自然的〉な価値を実現するために存在する、と言う。これらの価値は、〈自然の法〉、即ち、かの有名なキケロの定義によると、神みずからがその作者であり、理性がその解釈者であって、都市国家の城壁によって局限されることなく、あらゆる民族、あらゆる時代に妥当するところの法に、表現されるのである。

これは一見したところでは、完全に否定的な態度、国家の価値をわざと低下させようとする態度であるかのように見えるかも知れない。国家は、それ自体が目的であるという価値を奪われてしまえば、作られる価値ではなく与えられる価値を達成するための手段にすぎないものとなる。正義はもはや法と秩序の中に内在するのではなく、政治の平面を超越するものとなる。正義は、国家がより高き秩序とより高き法とを模範とする時にのみ、実現される。しかし、先に「国家の価値を下げる云々」と言ったが、もっと細かく検討して見ると、この言い方は、このような接近方法を正しく言い表わすものではないことが明らかになる。むしろこの接近方法は、〈正当《ジャスト》な〉秩序を建設する可能性が人間に与えられていること、またそうする責任が人間に背負わされていることを、積極的に評価していることを意味している。ダンテの素晴らしいイメージを借りるなら、〈真実の都市〉は、現在この世では実現できないにしても、少くとも遙か遠くの方に、その塔や尖塔は看取することができる。[1] 国家は人間が造ったものであるから、中心的な問題は起原に関する問題である。人は、政治的束縛の起原を研究することによってのみ、なぜ自分は国家の中で生活し、その法に従わねばならぬかを知ることができる。

（1）Onde convenne legge per fren porre;
convenne rege aver che discernesse
de la vera città almen la torre. (*Purg.* XVI. 94-96).
〔したがって抑制のための法律が必要となり、真実の都市を、少くともその都市の塔を見定める君主が必要になった――煉獄篇、第十六歌九四―九六行〕

この数世紀来、そのような起原についての解釈――国家の〈人為的性質 conventionality〉についてのさまざまな説明の中で提示された解釈――は余りにも多数だから、それらを列挙しようとすれば数巻の書を必要とするだろう。キリスト教的な中世にあっては、罪《シン》の観念が、人類の天真爛漫な状態から現在のような政治的生活をしている状態への移行について、完全に適切な説明を与えることができた。罪の観念は、純粋な事実としては苦しいが忍ばねばならぬもの、避けられない運命であったものを義務に変えることによって、人間が法と秩序に従わねばならぬことを、諦念の輝きで染め上げることさえもできた。新しい時代が来ると、今度は逆に、個人の自主性への要求が政治哲学者たちをして、政治的制度の発生を説明し正当化するためにも、またその限界と目的とをはっきりさせるためにも、意志的行為――〈社会契約〉――の必要を主張するに至らしめた。現代に至ってようやく、政治的生活が人為的性質（conventionality）のものであるとする理論が、いわゆる社会科学上の証明、とくに人類学によって、決定的な反駁を受けるに至ったようである。社会科学はすべて、一致して次のように主張しているようである、――何らかの形態の――どんなに原始的であろうと――政治的組織の存在は、経験的に証明され得る現象である、何故ならそれはすべての時代のすべての民族の間に見出されるからである。したがって、われわれは国家を人為的なもの、人工的なものとしてではなく、自然的なものとして論ずべきである、ということには些かの疑問もあり得ない――このように、この議論は主張するのである。

しかしこのような議論は、伝統的な政治哲学者には殆ど強い影響を与えなかったであろう。それも無理からぬことだ、と言うのは、この議論は、人為と自然との対照における最も重要な点と、それの近代的国家理論への寄与とを、見逃しているからである。たしかに〈自然状態〉と国家（あるいは〈政治的〉ないし〈市民的状態〉）との間の関係は、時間的な継起の関係として考えられ得るし、また実際にもそう考えられた。少くともストア派や教父たちはこのように考えたのである。またローマおよびビザンティンの法学者たちもこのように考えたし、アクイナスがアリストテレスを再発見する以前にはアリストテレス的な人間の政治的本性の観念を利用できなかったところの、中世の政治哲学者たちもそう考えたのであった。この考え方は、聖書の中のエデンの楽園の物語や、決して忘れられない黄金時代の神話によって、いっそう力づけられた。後世に至って、社会契約説が一世を風靡するに至ったときにも、政治理論家たち（その全部ではなくても、その多数が）は、相変らず自然状態を、この世の幸福な幼年期に照応する原初状態――新しく発見された、新鮮な希望に満ちた土地でもう一度見出され得ると思われる状態だと考えた。ロックの感動的な言葉によると、「原初においては、世界はすべてアメリカであった」と考えられたのだ。

しかし、アリストテレスにおいてもそうだったが、自然状態論者や社会契約論者においても、〈自然的〉なものとされた状態の経験的な、あるいは歴史的な裏付けは、実は相対的な重要性しか持たなかった。重要な意味を持っていたのは、それらの状態が或る標準あるいはモデルを打ち建てるものとして、即ちあることとあるべきこととの間の間隙《ギャップ》に橋を架けるのに役立つものとして、価値を持っていることであった。すでにわれわれが知っているように、アリストテレスが国家を自然的なものと言うときには、歴史的因果関係は完全に逆転されるのである。同様に、ストア派、教父たち、中世哲学者たち、社会契約論者たち、あるいは近代的功利主義者たちさえもが、それと反対の立場を採って、国家は自然的制度ではなく人為的制度であると主張するとき、彼らの胸中に抱かれているのは、歴史的因果関係ではなくて、国家は或る目的を達成するための手段であることを明らかにすることが大切だ、という考えである。したがって、自然状態がかつて存在したかどうか、社会契約がかつて行なわれたかどうか、などということは大して問題にはならないのである。実際の事態を参考にするだけで、価値判断が出て来るはずはない。自然状態と社会契約とは規範的な概念であった。両者の重要性はまさにこの点にあるのである。何故なら、国家を人間の工案に成る物と見ることによって、はじめてリヴァイアサンの制御という考えが意味を持つことになるからである。そのときになって、政治的制度はその本当の大きさにまで引き下げられ、その限界が保障され、その任務がはっきりさせられるのである。かくて政治よりも高い諸価値、つまり、真に普遍的であるためには、およそ人間たる者すべてに適用されねばならぬような、究極的な諸価値の追求への道は、常に開かれ得ることになるのだ。

以上のようなことは、国家がそれ自体として目的であり最高価値の保有者であると見なされる場合には不可能であり、このことの証明は、明らかに近代的な〈倫理的国家〉の理論から浮び上って来る。私はこの理論については前に触れた。すでに述べたような理由から、この理論は結局においては大文字で書かれた政治的現実主義の一変種にすぎないのではないかという疑問があるにせよ、今こそこの理論ともっとがっちりと取組むべき時である。何となれば、この理論によると国家を正当化する理由は究極において国家が存在しているということにあるとするならば、実力の礼讃を政治の問題への究極の解答とする立場を考察した際に私が論じた諸点のすべては、ここでもなお有効だからである。

実はこれは、近代的な倫理的国家論の最大の提唱者として、また現代において国家を正義の最高の体現として人格《パーソニ》化《ファイ》した真の大家と見なさるべき人物の教説の、最後の産物である。一見したところでは、ヘーゲルの教説はアリストテレスの志を忠実に承けついだように見える。彼の用いた言葉さえも、アリストテレスの言葉とわずかしか違わない。両者とも国家を人間の完成の道具と見なしているばかりか、またその条件とも見なしている。「個人は、国家の一員としてのみ、客観性、真実性および倫理性を有する。」しかしアリストテレスと違い、ヘーゲルとその追随者たちは、現実的なものと理想的なもの、あるものとあるべきものとの間に相違のあり得ることを認めない。「いずれかの原理に立てば、どんな国家でも邪悪なものであることが明らかにされ得ようし、国家には何らかの欠陥が発見されるだろう。しかし、ともかくわれわれの時代の成熟した国家の中の一つが問題にされるならば、その国家は存在の欠くことのできない諸契機をその中に持っている。……欠陥があるにもかかわらず、肯定的なもの、即ち生命は生き続ける、そしてここでのわれわれの主題《テーマ》は、この肯定的要素である。」こうした理由から、国家――近代民族国家――は、ヘーゲルにとっては、われわれの歴史全体の最後を飾る物であるばかりか、道徳的生活の最高の積極的表現であった。国家の〈権利《ライト》〉には、それによって国家が他の諸国家に対抗してこちらの存在を思い知らせてやるところの実力によって設けられる限界以外には、何の限界もない。ホッブズの場合と同様に、楽園は剣によって守られている。だがヘーゲルは次の点でホッブズと意見を異にしている、即ちヘーゲルにとっては、剣は生存と平和を保障するばかりでなく、新しい道徳――国家においてのみ実現されることができ、それに対しては個人が全く従属的立場に立つような、価値――のシンボルである。

一時、道徳と政治との対立、および後者は前者に合致すべきであるとの要求が、大いに議論された。ここでは、この点についてはただ次のような一般的な評言を加えて置くだけでよい。国家の福祉は、個人の福祉の要求するものとは全く異なるものであると認められる権利がある。倫理的実体である国家は、その明確な存在、即ち権利《ライト》を、存在しているもの、抽象的ではなく具体的なものに直接に体現させるのであって、その行動の原理たり得るのは、ただこの具体的に存在するものであり、道徳的命令と見なされる多くの普遍的な思想の一つではない。

国家と正義との間の関係に関する伝統的な見解は、ここではひっくり返されている。ここでは一つの新しい政治哲学、むしろ新しい宗教とも言うべきものが、宣言されている。この宗教は、その幾つかの教義の中で、特に次のことを主張した――人間は民族の権力と偉大さを創り出すための道具にすぎない。諸国家は歴史の審判においてのみ責任をもつ。そして戦争は世界の健康のためになる。

われわれが生れてから今日までヨーロッパを震撼した幾つかの悲劇的な事件が、この恐るべき哲学を決定的に片付けたはずである。もしこの哲学が、疑いもなく近代の政治の特色を示すような、或いは少くともついこの間までそうだったような、一種の歴史的、心理的な情況を示しているのでなかったならば、この哲学について云々する理由は何もないだろう。このような情況を処理しようがために、国家は目的ではなくて人間の造ったもの、道具にすぎないという従来の見解に立ち戻ったところで、何の役にも立たない。国家が罪の救済方法であると考えることができたような時代は、とっくの昔に過ぎ去った。しかし、国家が一定の目的の追求のために意識的に組み立てられた機械にすぎないものと考えられたような時代も、また過ぎ去ったのだ。今日では国家は一般に、権力の法的組織化に先立ってすでに存在していた結合の紐帯の表現であると見なされている。もはや政治的義務は、昔のように宗教的な後光で取りまかれてはいない。だが、それはまた、社会契約論者や功利主義者が考えたように、特殊な目的に対する特殊な手段の適合性についての、単なる打算の結果とも見なされてはいない。むしろそれは、抽象的で明らかに議論の対象になるような言葉には還元しにくいような、情緒的で非合理的な要素の一杯つまった、複雑な現象である。今日でもなお国家は、共通の遺産の倉庫として、多くの人々には盲目的な献身をささげるべき対象となっており、この盲目的な献身が人々に大きな犠牲を払うことを促すことにもなり、時にはまた大きな不正を行なわせることにもなり得る。その証拠は、〈良くても悪くても俺の国だ〉というスローガンだ。まことに、このような献身の名目は愛国心であり、実に民族性の絆は、ヘーゲルが言ったように、民族国家としての近代国家の最も強固な柱であった。かようなわけで、祖国（country）と民族（nation）の観念は、近代的な国家観念を取りまく挑発的な情緒的な雰囲気を説きあかすのである。したがってわれわれは、如何なる理由から、また如何なる方法によって権力の正当化が、正義の概念の中に求められるよりは、少くともそれとの関連において求められるよりは、むしろそのような祖国と民族の概念の中に求められてきたかを、検討しなければならない。

参考書

アリストテレス『政治学』Aristotle, *Politics*, Book I, chs. i and ii; Book III, ch. iv. 同『ニコマコス倫理学』*Nicomachean Ethics*, Book V, 6（引用はサー・アーネスト・バーカーの英訳による）キケロ『国家論』Cicero, *De Re Publica*, III, §§ 22, 33. ロック『第二政府論』Locke, *Second Treatise of Government*, ch. v, § 49. ヘーゲル『法の哲学』Hegel, *Philosophy of Right* (trans. by T. M. Knox), § 258 ann. and Add. 152; § 324, Add. 188; §337 ann.

国家を自然的な制度と見るか、人為的な制度と見るか、こういう二つの異なる国家観の間の対立は、政治思想史家たちによって度々分析されてきた。私の意見では、この問題に関する最も優れた、最も綜合的な論述は、ずっと前に出たものではあるが、やはり今でも、次の記念碑的な著書の中のものであると思う。カーライル『西洋における中世政治理論の歴史』R. W. and A. J. Carlyle, *History of Medieval Political Theory in the West*.

〈倫理的国家〉について言うなら、喜ばしいことには、この学説は英国にも英語諸国にも一度も強固な足場を築いたことがなかった。この説について述べた、これらの国々で見出される限り最も詳しい書物であるボーズンクィット『哲学的国家論』B. Bosanquet, *Philosophical Theory of the State*, London, 1899–1910 は、そのインスピレーションをヘーゲルよりはむしろルソーから汲み取ったのである。そしてこの理論に対する最も破壊的な批判は英語で書かれたのである。例えば次の如きものである。ホッブハウス『形而上学的国家論』L. T. Hobhouse, *The Metaphysical Theory of the State*, London, 1st edn., 1918. カール・ポッパー『開放的社会とその敵対者たち』K. R. Popper, *The Open Society and its Enemies*, vol. II.

マルクーゼ（H. Marcuse）は、その著『理性と革命』*Reason and Revolution. Hegel and the Rise of Social Theory*, 2nd edn., London, 1955 の最後の節において、ヘーゲルの政治哲学とファッショ的、ナチ的な国家観との間に関係があることを否定している。彼が、ヘーゲルの国家論がやはり〈合理的基準〉と〈個人的自由〉への関心——一言で言えば自由主義的要素の上に立っていることを強調しているのは、確かに正しい。ナチのイデオロギーは他の多くの要素の所産であって、その中の幾つかについては本書で後に触れることになろう。だが、ファシズム支配下のイタリアではヘーゲル的な倫理的国家の観念が決定的な役割を果したことは確かであって、当時の正式の文書や声明によって公的な裏付けさえ得たのである。

三　祖国と民族

この数十年の間に、民族（nation）と民族性（nationality）の問題について多くの注目すべき研究が発表された。このことは、この問題がなお依然として現代の人々が深い関心を寄せている諸問題中の一つであることを示す、意義ふかい兆候である。私は、前章の末尾で浮び上って来た特殊の問題、即ち、祖国（country）、民族（nation）および国家（State）の間の関係の問題に関してこれから行なう私の短い説明において、これらの研究を存分に利用することにしよう。

最初に、一つの重要な点を強調しておかねばならない。民族の観念と民族性の観念は、最初に近代的政治世界の新しい姿を描き出した三人の偉大な思想家の著作に見出される国家の定義には、全く欠けている、ということである。

まずマキアヴェリについて見ると、彼にとっては国家が民族と判然と異なるものであったことは、全く明らかである。『君主論』の最後の章のあの大熱弁にだまされてはいけない。マキアヴェリは、近代的な意味での〈民族主義者《ナショナリスト》〉ではなかった。彼の念頭にあったのは、中央イタリアにおいて一個の強固な政治的単一体を設立することであった。かくしてのみ、イタリア半島を〈蕃族的〉侵略者から解放することができる、と彼は考えた。実のところ、マキアヴェリがイタリア全体を一個の〈民族《ネーション》〉と考えていたかどうかも、疑えないことはない。彼はこの語をめったに使っていないのである。彼にとっては、国家はもっぱら実力的なものであった。国家は、その被治者たちが同じ地域の者、同じ言語を用いる者（*della medesima provincia e della medesima lingua*）でない時には、非常に不利な条件に直面することになるかも知れない。だが、そのような不利は、老練な支配者によって克服され得る。ローマ人はそうしたことを何とかうまく切り抜けた。マキアヴェリにとっては、ローマ人は常に正しかったのである。

ホッブズは、これと非常によく似た見解を抱いていたように思われる。彼は、〈統治の権利〉が〈外国人たち〉の手中にある時は、このことが〈大きな不都合〉の原因になるだろうと、はっきり認めている。だが彼は次のように附言している――そのような不都合は「必ずしも外国人の統治への従属から生ずるのではなくて、むしろ、政治の正しい原則を知らない統治者たちの不手際から生ずるのだ。」したがって、これらの原則をまもれば、これまで同一の政府の下に生活したことがなく、また同一の言語を話さない人々でさえ、一個共通の市民としての羈絆に結合され得るものと、考えられよう。

「そしてこれこそは、わが最も賢明なる王、ジェームズ王が、彼の二つの王国、イングランドとスコットランドの合併のために努力したときに、目指したものであった。」言語も人種的同一性も、ホッブズが作り上げたところの、国家構成要素のリストには載っていないのである。このこともまた注意すべきである。明らかに、ホッブズの国家は、民族国家（Nation-state）ではない。

わが三人の著述家の中でボダンは、今日いわゆる〈民族的《ナショナル》〉要素なるものが国家の存立に対して無関係であることを、最も力強く主張している。権力だけが必要な条件である、と彼は信じている。「故に、多くの市民たちが、一人または多数の支配者の強力な主権によって統治される場合、これらの市民たちから国家が成立するのであって、彼らの間に法、言語、慣習、宗教、および民族上の違いがあってもかまわない。」

そこで、問題は次のように提起されざるを得なくなる。即ち、国家《ステート》と民族《ネーション》が非常に密接に結びつけられて、民族性《ナショナリティ》の原理を近代国家における正当性《レジティマシー》の究極の原理にしたのは、何時か、如何なる方法によってか、また如何なる理由に基づくのか[1]？　ところで、この問題はもう一つの問題を前提にしている。それは即ち、〈民族 nation〉とは何か、〈民族性 nationality〉とは何か？　という問題である。こうなると、いよいよ難かしい問題が起こってくる。何故なら、英語およびその他の国語における〈nationality〉という語の厳密に技術的な意味（それらの国語においては、この語は一層狭い意味において、単に市民権 citizenship〔国籍〕と同じ意味にも解されている）を別にすると、われわれは、民族および民族性の概念を解明しようと努力し、これらの概念を極めて定義しがたくするあらゆる種類の落し穴にはまらないように警告した学者たちの意見に、同調せざるを得ないのである。結局のところ、かくもさまざまな意味のジャングルの中での適切な案内者は、言語学者と歴史家だけである。われわれは彼らの助けを借りなければならない。

（1）この見解の最も明快な、最後的な表明は、少くともイタリアでは、イタリアの法学者パスクワーレ・スタニスラオ・マンチーニ（Pasquale Stanislao Mancini, *Della nazionalità come fondamento del diritto delle genti*, 1851）が行なったものだと、普通考えられている。彼は彼のインスピレーションをマッツィーニから得たのであった。だが、このような見解は、国家に関して論じた無数の論文において明示的あるいは暗示的に述べられているのである。

さて、これらの学者の大部分は、次の点では意見が一致しているだろう、即ち、十九世紀において一般的に主張されていた意見とは逆に、民族および民族性の概念は歴史の比較的最近の産物である、と。勿論、民族意識なるものの根はずっと深く、また民族意識は、わがヨーロッパ社会の発端にまでさかのぼるような、長い、はっきりわからない過程の結果であることを、否定することはできない。ただし中世においては、ヨーロッパには人種的言語的、また――こう呼びたいならば――〈民族的〉な差別が存在していることに関する、明瞭な認識があったことは、確かである――但し、〈民族《ネーション》〉という語が、中世の文献では現在用いられている意味とは著しく異なる意味で用いられていることを見逃すわけにはゆかないが。[1] そのような民族的差別の意識は非常に古い表現、例えば *romanae nationis ac linguae*〔ローマの生れで、ローマの言語を話す〕というような表現にも見出される、ということを指摘した人もあった。たしかに、ヨーロッパの大分割をみとめた最初の文書の一つは、カロリンガ帝国のテュートン・フランクとラテン・フランクへの（*inter teutonicos et latinos Francos*）分割を認可した八八七年の条約であった。

（1）*Natio* という語は、出生地を示すか（ダンテの句 *florentinus natione non moribus*〔気風ではなく、生れにおいてフィレンツェの〕における如く）、何らかの曖昧な人種的、または地理的区分を示す（中世の諸大学や宗教会議における〈nations〉の区別の如き）かの、いずれかであろう。それが市民権とか政治的忠誠関係に合致した例は、殆どない。

しかし、このような民族的差別の認識が現代的意味での民族意識といかに懸けはなれたものであったかを明らかにするには、一つの点を指摘すれば充分である。言語、血統、慣習の相違の認識は、とにかく久しい間、より高い統一性、即ちレスプブリカ・クリスティアーナの統一性の否定をもたらさなかったのである。むしろ、それらの多様性は一大家族の内部における生れつきの差異のように、あるいは職能や役割の配分のように考えられた――とはいえ、個個の〈民族〉は、自分たちに課された任務は他の民族に課された任務よりも高貴なものであると主張したり、あるいは、フランス人によって、かの誇らかな文句 *gesta Dei per Francos*〔『フランク人による神の事業』*〕において主張された如くに、自分たちは或る特殊の任務を委任されているのだと主張することはあったであろうが。恐らく、民族性に関するこのような特殊な考え方の最も良い例証は、ダンテにおいて見出され得るだろう。ダンテが非常に強い民族感情を持っていたことは、誰にも否定できないだろう。彼の眼には、イタリアは独自のもろもろの特色、一個の言語、一個の伝承を持った判然たる統一体として映じている。しかしダンテがいかにイタリアを愛していたとしても、このことが彼の超民族的な政治的綱領、即ち帝国の統一を擁護するのを妨げはしなかった。この綱領において彼は、自分の国には単に特権的な地位を保留するだけにとどめたのである。ダンテの場合は、たとえこれが、すでにマキアヴェリにおいて見られたような、国家と民族という二つの概念の間の分離のもう一つの証拠を提供しているにすぎないとしても、やはり重要である。ダンテもマキアヴェリも、その理由こそ違え、民族性の紐帯を、市民権という紐帯、即ち政治的紐帯とは全く異なるところの、恐らくそれとは無関係でもあるようなものと、見ていたようである。

　しかし、民族の観念と国家の観念とが徐々に緊密に結びついて来るのが見られるのは、ダンテからマキアヴェリに至るまでの時期――それよりも早い時期ではあるまい――においてである。だが、この過程を正しく理解しようとするならば、この段階について論ずる際にはそのような語を一切用いないようにする方がよいだろう。最近スイスの歴史家ヴェルナー・ケーギは、近代的意味での〈民族〉は、もし政治的権力の統一化的、中央集権化的な行動がなかったなら、恐らくヨーロッパには生まれなかったろう、という意味のことを述べた。われわれの歴史における決定的要素は、民族性ではなくて、〈権力中心〉の存在であった、と言うのである。これは大胆な理論ではあるが、事実によって裏付けられる。フランスは、一個の王朝がかの〈四角な土地——*pré carré*〉即ちフランス王国を確保し、統一し、いわば〈崇高な農民的心情〉を以て完全なものに仕上げようとした辛抱づよい努力によって、徐々に形成された民族の古典的な実例である。この仕事は完全にやり遂げるのに八百年もかかったが、その結果は少くともフランス人にとってはやり甲斐のあるものであったので、それは今日でも、その他の点では旧体制《アンシャン・レジーム》に対し決して快く思っていないフランス人からも賛辞を与えられている。イングランドの場合は、これと似た所もあれば違った所もある。そこでは、結合要素は議会によって提供されたのであって、議会において、いわゆる〈イングランド〉なるものが鍛造されたのである。ポラードは次のように書いた。「たしかに議会は、イングランド民族とイングランド国家を作り出す手段であった。実にそれはこれら両者と生死を共にするものである。議会が存在するに至るまでの数世紀間にもイングランドというものがなかったわけではないが、そのイングランドは要するに地理的な名称以上のものではなかった。それは民族とは見ることができず、いわんや国家ではなかった。[1]」

（1） A. F. Pollard, *The Evolution of Parliament*, London 2nd edn., 1926, p. 4.

したがって、民族感情は、それ自身部分的には権力によって造られたものであるから、現に権力を握り、それを巧みに利用して近代国家の土台を築いた人々の手中では一種の武器であったとしても、不思議ではない。こうした場合にもまた、その過程は非常に早い時期に始まったかも知れない（「初期の近代的民族主義《ナショナリズム》は、国王の命令によって、十二、十三世紀に起こった」とポースト教授は述べている）。しかし、その輪郭が比較的はっきり認められるようになり、国家の観念と民族の観念とが直接に接触するに至るのは、中世末期である。近代の発端にあたって、〈新君主国〉が、民族意識を如何に有利に利用すべきかを知ったことは確かである。だが、それはまた、その意識を型にはめこみ、或る特定の目的の追求のために方向づけるように努めたのである。〈新しい君主たち〉は、何のためらいもなくその流動的な可能性を利用した。そうすることによって彼らはまた、かの近代的現象たる民族国家（Nation-state）を生み出すのに力を致したのである。この過程の決定的な目撃者は、マキアヴェリである。彼の冷静な現実主義は、イタリアの完全な統一ができるなどということを思っても見なかった。しかし彼は、彼の君主に、イタリアの民族感情に訴えるように進言することをためらわなかった。このことはたしかに、彼のその他の点では皮肉で辛辣な小著〔『君主論』〕の締めくくりを成している、あの大熱弁を解釈する鍵である。

しかし、イタリアでは思いも及ばなかったところの、国家と民族との合致が、マキアヴェリがまだ生きていた時代に、ヨーロッパの他の部分においては実現されたのである。十六世紀は、ヨーロッパの大民族国家の生れた時代だが、それはまたヨーロッパ民族主義の青春でもあった。イングランドだけでも、この点について充分な証拠を提供する。ここでは全く、同世紀の末頃にあたって、政治的であると同時に民族的な感情の正真正銘の爆発がみとめられる。ここで政治的であると同時に民族的な云々と言ったのは、独立の誇りと統一の意識とのうち、どちらの方が大きな役割を果したか、はっきりわからないからである。こうした感情は、「この恵まれた土地、この大地、この王国、このイングランド」というシェークスピアの不滅の一行に最も良く表現されている。(1) こうした感情は、次にあげるような多くの要因の結果であった——イングランドの地理的位置、その人種的構成が比較的均質的であること、ローマとの分裂、宗教改革、なおまた外国からの脅威もまたこれに加えられる。しかし、そのような感情は、何にもまして、かの典型的な〈新君主〉、偉大なエリザベス一世の特異な人格の中にその模範と刺激とを見出した。彼女は、議会を王冠のまわりに団結する民族全体の代表と見なしたところの、極めて深く根ざしたイングランドの政治的伝統を注意ぶかく尊重しながらも、同時に他方においては、最も無慈悲な個人的支配を実行するのはもとよりのこと、己が臣民たちの進展して行く民族主義を、自分のむき出しの権力政治の枠内に組み込んで行く術策にかけては、偉大な達人であった。

(1)『リチャード二世』(一五九七年)、第二幕第一場。「此幸運の土、此地塊、此王領、此イングランド、」(坪内訳)。

したがって、マキアヴェリ、ボダン、ホッブズのような著述家たちが、民族性の如き極めて重要な要素を彼らの国家の定義において黙って見すごしたのは、どうもおかしいと思われるかも知れない。しかし、当時すでに少くとも部分的には起こっていた、国家と民族との合致というものは、或る特定の政治綱領の追求と緊密に結びついていたこと、そしてそれは究極においては、新しい君主たちや新しい諸国家の〈権力への意志〉に依存していたということを想起するならば、この謎は解けるだろう。そのような綱領《プログラム》に何らかの変化が起これば、これら二つの概念は再びばらばらになったであろう。ヨーロッパの支配者たちが民族的統一から領土の拡張と正真正銘の権力政治とに乗り出したときに、このような現象が実際に起こった。国家の新たな進路を正当化するために、新しいイデオロギーが要求された。勢力均衡論、王朝的継承論、自然的境界論といったようなものがすべて、民族と国家との合致の進行に停止を命じた。何故なら、勢力均衡論は、それと関連する〈補償〉の理論をともなっていたから、〈人民〉がまるで羊の群のように交換され得ることを意味した。また他方、王朝的継承論は単に外交と結婚の術策を用いて大きな多民族的な単位《ユニット》を造り上げるための手段を提供した（*tu felix Austria nube!* 汝、幸福なるオーストリアよ、婚姻を結べ！）*。また、いわゆる自然的境界論なるものは、人種的境界線や言語上の境界線には殆どかまわなかったから、異質的な少数民族を民族国家の中へ包含させることにならざるを得なかった。かくて皮肉なことに、近代国家が成年に達しようとし、ヨーロッパの地図がお馴染みの形を帯びるようになろうとしていた丁度そのときに、民族性の観念の影がうすくなったように見える。十八世紀の政治家たちは、政治の実践を民族主義的情緒から截然と切りはなした。十八世紀は世界市民主義《コスモポリタニズム》の世紀であり、〈理性〉と〈知識《ライツ》〉の時代であった。しかも、まさにこの世紀において、民族国家の統一化と集中化が新しい刺激を受け、民族性の原理が未曾有の勢で噴出したのであった。

ヨーロッパ大陸で今日なお一般に抱かれている見解によると、民族主義 Nationalism という近代的教説は、世界における人間の地位に関する伝統的な見解を徹底的に変革した一つの歴史観と緊密に結びついている、と言う。人間性は基本的に不変であるという昔からの信念に反して、また特に、あらゆる場所、あらゆる時に普遍的に妥当するような法を宣明しようがために画一性と規律性を強調しようとする願望にさからって、関心の焦点は、すべての歴史的事件の枢軸ないし終点としての、特殊的にして相異なるもの、即ち個性（individuality）へと移行した。このために、世界市民主義は民族主義によって取って代られようとした。何となれば、民族は、一国民の生活、その言語、その伝統、その過去において、全く独自なものであるから。したがって民族主義という教説はまた、よくロマン主義の一分枝とも見られている。ロマン主義なるものは、その根は十八世紀に見出されるが、その完全な衝撃は十九世紀に至ってはじめて感得されたところの、一大精神革命であった。

　このような解釈に対して幾多の手ごわい反駁が加えられた。ここで私はその中の一つだけを取上げて考えて見たい。過去の再発見と独自性の情緒的な強調とは、たしかにロマン主義の一つの特徴ではあったが、これだけでは、新しい政治的意識の誕生をも、またあの過去の宗教的狂信《ファナティシズム》によって示されたものに等しいような、いやむしろ力強さにかけてはそれにまさるような、この新しい種類の狂信の猛烈な爆発をも説明することはできないだろう。なかんづく、そうしたものでは、民族性の原理が国家の観念に決定的に吸収されることになったことを説き明かすことにはならないだろう。ごく最近公けにされた研究『国家と民族』において、アクジン教授が、ロマン主義と民族主義とを〈あっさり〉同一視するのは宜しくないと警告したのは正しいことである。非合理主義、伝統主義、有機体説と言ったような、十八、九世紀の交にヨーロッパを席巻した新哲学の道具立ては、必ずしも民族主義を生み出しはしなかった、少くともそれらだけが民族主義を生み出したのではない。或る意味では神聖同盟はマッツィーニの青年イタリア党と同様に〈ロマンティック〉なものであった。両者を区別するもの、両者を互いに対抗させたものは、国家の本質と目的に関する見解の相違であった。民族主義は民族性なるものを歴史的事実から一個の政治的イデオロギーに、つまり、国家を正当化する唯一の原理に変えた。このようにするためには、諸民族は各個別々の、はっきり区別された単位として存在すると主張するだけでなく、民族的統一が追求され促進されるべき理想であり、〈良き〉国家は民族国家だけである、と主張することが必要であった。かくて民族は、過去においていまだかつて持たなかったような高い地位に祭り上げられた、というよりはむしろ、過去において、忠誠の究極の焦点——つまり、そのために人間が自己の生命を犠牲にせよと要求されてよいとされるような最高善——を何処におくべきかが問題になったときには、いつでもその名を挙げられたところの高い地位に、祭り上げられたと言った方がよいだろう。ローマ人はそれを *patria* と呼んだ。この語に最も近い英語は、‘fatherland’ よりはむしろ ‘country’ だと思う。こうした点からも、日常語が如何に教えるところが多いかを思うべきだ。どんなに熱烈な民族主義者でも、〈民族のために死ぬ〉べき義務などという言葉は使わないだろう。ところが、なにも民族主義者でなくても、自分の祖国（country）への義務があることは認めるのである。ところで、この義務は、民族国家に一つの価値を帰属させていることを明らかに示しているのである。して見ると、シャボーが見事に説き明かしたように、民族の観念と国家の観念との仲を取りもったのは、*patria* あるいは country の観念だったのである。愛国心 patriotism は、今日もなお民族的国家をつつんでいるところの情緒的、感情的な後光を提供したのであった。

　民族の観念や国家の観念と同様に、祖国（country）の観念も長い歴史と立派な系図を持っている。〈パトリア〉は、古典古代的文化の遺産である。それは、キケロの『義務論』の如くに西洋における教育の支柱を提供した多数の名著の中で、愛情の最高の対象として示されている。民族主義はもとより民族さえ存在しなかったずっと昔から、パトリオティズムは存在した。ヨーロッパが最悪の解体状態にあった時期においても、それはなくはなかった。それは、新しい諸国家の君主の指導からはもとよりのことだが、古典を読むことからも新しい刺激を与えられた。しかし〈パトリオティズム〉は必ずしも民族意識や政治的忠誠の念と結びついてはいなかった——とはいえ、少くともヨーロッパの若干の部分では、それはやがて後者と結合するに至ったのであるが。*Pugnare pro rege et patria*〔王と国のために戦う〕という言葉は、中世では常套句であった。それは英語に用いられて今日まで残っている。しかし、個人的忠誠さえもパトリオティズムの不可欠の要素ではなかった。例によってマキアヴェリの態度には教えられるところが多い。彼のパトリアは都市国家フィレンツェであった。彼の新君主は、剣だけを頼りにする孤独な存在であった。にもかかわらず、彼の著述は熱烈な祖国《カントリ》への愛情の表現に満たされている。たしかに、マキアヴェリは自ら現実主義者を気取ってはいるけれども、パトリオティズムの情緒が彼の著述において明らかに大きな役割を果している。グィッチャルディーニに語った彼の言葉はしばしば引用される、曰く「私は私の魂よりも私の祖国を愛する。」『ローマ史論』の中の次のようなすさまじい言葉もまた忘れてはならない。「究極的に国の安危が問題になるときは、正義か不正義か、寛大か残酷か、賞讃を受けるか非難を蒙るかなどということは、顧慮すべきではない。」すでに指摘したように[1]、マキアヴェリの仮言的命令を定言的命令に変えるのは、以上のような叙述である。祖国の安全が、国家の目的であり、その正当化の根拠である。

（1）第一部第四章五一頁

だが、ここでもまた祖国《カントリ》と国家《ステート》との合流は全く偶然的だったのかも知れない。ここに一人の典型的な十八世紀的な著述家〔ダゲッソー〕がいる。彼は当時ヨーロッパの最大最強の国家の市民であった。彼にとってフランスとは何を意味するか？ *'Un grand Royaume. et point de Patrie!'*(1) もう一人の著述家の言を聞いてみよう――この人は、精神的にではなくても、空間的にはイタリアに近い人なのだ。「私の名はヴィットーリオ・アルフィエーリ。私の生れた所はイタリア。私には何処にも祖国《パトリア》はない。(2)」これらの人々にとっては、国家、民族および祖国《カントリ》の観念は、如何なる意味でも合致しない。国家は、如何に強大であろうと、彼らに祖　国《ファーザーランド》を提供してくれなかった。たまたまそこに生れたが故に彼らが属していた民族は、当然彼らの祖国《カントリ》となるべきものではなかった。〈パトリア〉は、人が自から真に価値ありとする物を見出だすことのできるような場所、共同体、〈国家《ステート》〉だけであった。したがって、『大百科全書』(*Grande Encyclopédie*)* が力説した如く、専制君主の軛《くびき》の下には愛国心《パトリオテイズム》はあり得ない。したがってまた、ヴォルテールがほがらかに断定したように、或る人が幸福に立派に生活している所ならどこであろうと、そこにその人の祖国がある。*Ubi bene, ibi patria.*〔幸福あるところ祖国《パトリア》あり。〕民族が環境の所産であり、国家が申合せによって成った制度であるのと全く同様に、或る人にとって祖国《カントリ》はその人の選択の結果である。これこそは啓蒙時代が告知しようとした趣旨であり、そしてこのような断定に対して、やがてエドマンド・バークが彼の最も手きびしい攻撃の一つを向けることになるのである。

（1）「偉大な王国である、だが祖国ではない……」（ダゲッソー―D'Aguesseau）
（2）'Il mio nome è Vittorio Alfieri; il luogo dov'io son nato, l'Italia: nessuna terra mi è patria.'

ところが、まさにこのような選択、つまり価値判断の強調が、不吉な変化への扉を開いたのであった。バークは国家を「現に生きている人々、すでに死んだ人々、およびこれから生れて来る人々の間の……共同体《パートナーシップ》」と定義することによって、それまでのものとは非常に違った国家観念に訴えることができたかも知れない。だがやはり、如何にしてそのような共同体は〈聖別〉され得るか、また如何なる理由によってそれは献身と愛情の対象となるのかを説明する必要があった。これこそは、かの民族主義の教説がなさんとしたことであった。そして、もしわれわれが、民族の概念に一個の全く新しい意味をあたえ、それをいわば単なる歴史の産物から一種の有意的な構成体に、つまり習俗《モーリーズ》の共同体であるのみか意志《ウイルズ》の共同体に変えたのが、フランス革命であったことを認識しないならば、われわれは決してこの革命の巨大な重要性を正しく評価することにはならないだろう。この時点において、これまでわれわれがその気紛れな、自主的なコースをずっと跡づけて来た三つの観念が最終的に合致するのを見るのである。〈民族は祖国となる〉、しかし、そうなる所以は、民族が自決の表現であり、国家がもはや独裁者の一顰一笑や少数の特権階級の利益の強化によって立つのではなく、〈一般意志〉の主権によって立つからである。シャボーが、フランス革命を実現した人たちにもまさって、新しい主義の真の提唱者がルソーであった、と力説しているのは完全に正当である。そのときにはまだルソーは、民族主義の教説がロマン主義時代に輪郭を描いたような民族的性格《ナショナル・キャラクター》の明確整然たる姿を、眼前に思いうかべてはいなかったかも知れない。しかし彼が、後に近代世界を支配するに至った新しい宗教の予言者であったことは、確かである。そういう点では、彼のポーランド人に対する進言は、『社会契約論』にもまして重要である。愛国心《パトリ・オテイズム》は、集団にとってはもとより個人にとっても、救いに至る真の道である。しかし愛国心は、民族の矜持であると共に自由への愛であり、自己主張であると共にまた法の尊重でもある。*ubi bene, ibi patria*〔幸福あるところに祖国あり〕はここで完全に逆転される。それは今や、*ubi libertas, ibi patria*〔自由あるところ、祖国あり〕、また*ubi patria, ibi bene*〔祖国あるところ、幸福あり〕と書かれることになる。新しい世界が到来しつつある、そこでは民主主義が民族主義と手を携え、これまで権力の冷たい打算の合計であったところの国家が、未曾有の権力を自己の手にかき集める。何故ならその権力は、かつては少数者の特権であったもろもろの決定に人民全体が参加することとなることから生ずる結果に外ならないからである。

私の見るところでは、以上が、民族が近代国家における正当化《レジティメーション》の最も重要な根拠の一つになった理由である。ところが、共通の背景に立ちテーマが近似しているにもかかわらず、この新しい世界にもやがて再び、分岐点が見えてきた。それは特に、ヨーロッパの各部分における諸国家と諸民族が全く異なる発展をとげたこと――この相異は、サー・リュイス・ネーミアが非常に巧みに力説したものであるが――の結果として起った。国家と民族との融合が達成されてから長い時間が経っていた所では、愛国心は、自由、つまり、世界の賞讃を博した自由な制度によって獲得され裁可された自由の、誇らかな主張という形で、表現された。〈議会の母〉なる英国ではそうだった、と言ってよいだろう。革命フランスでも確かにそうだった。かつてライン河の左岸に立てられたプラカードには〈ここから自由の国が始まる *Ici commence le pays de la liberté*〉と書いてあった。ところが、民族がまだ多数の政治的単位に分裂していた所では、愛国心はまず統一と独立への要求という形を採らざるを得なかった。自由の大義の方はまだ先に延ばしてもよかった。「ドイツはもはや一個の国家ではない」と、一八〇二年にヘーゲルは書いた。それから僅か数年後にフィヒテが彼の『ドイツ国民に告ぐ』において繰り返し力説した焦眉の急は、即ち、ドイツは一つたらねばならぬということであった。イタリアにおいて、自由よりも独立が優先されたことは、国家統一運動《リツルジメント》の最も決定的な選択の一つであった。それは、世界のこの部分において自由な制度がもろい土台に立つことになった原因の一つと見てよかろう。

しかし、このように道が二つに分れたことには、もう一つの理由が考えられよう。もう一度シャボーの啓発的な提言を引用すると、最初から民族に関する考え方には二つのものが有り得たように見えるだろう。即ち、一つは全く〈自然的〉な諸要素に基づくものであり、もう一つは、〈精神的〉な諸要素に基づくものである。前者は与えられたものに基づくもの、後者は望ましきものに基づくものである。これら二つの見方の中の前者は、はじめは単に言語的、人種的差別を民族性を差別する要因として強調しただけだったかも知れないが、結局は、血縁とか人種とかの如き極めて怪しげな生物学的要素を重大なものに祭り上げることになってしまった。これに反して第二の見方は、文化的紐帯の重要性を認めることを基礎としていた。それは、もしも民族が一個の生きた精神的単位になろうとするなら、個人がこれに積極的に参加すべきであることを強調した。たしかにルナンの有名な文句によれば、民族は一つの選択——毎日行なう人民投票に外ならない、と言う。そのような民族性の考え方は必ずしも対立や憎悪を生み出すとは限らない。むしろそれは、全体としての人間の文明が複合的なものであると見なすことによって、民族間の不一致を調停する可能性を認めることになろう。今日流行の言い方では民族国家の〈イデオロギー〉と呼ばれているものに関して最終的な判断を下すに先立って、このような可能性のあることを考慮に入れるべきである。

言うまでもなく、この特殊なイデオロギーは、公然とけなされたり故意に非難されたりはしないにしたところで、現代の人々の目には——少くともヨーロッパでは——すでに過去の物としか映じないだろう。しかし、それについてこれまで私が試みた非常に大まかな分析から、一つの教訓が汲み取られよう。その教訓とは、〈国家〉は単に権力的構成体としては理解され得ず、また単に抽象的な哲学上の原理の助けを借りて正当化され得るものでもない、ということである。国家の正当化には、歴史的な諸要素や非合理的、情緒的な諸要素が織り込まれるのだ。新しい、超民族的な国家——今日、多くの人々がそうしたものに憧れているのだが——ができれば、それは、ヨーロッパを滅亡の瀬戸際にまで追い込んだあの民族主義〔ナツィズム、ファシズム等〕の最後的な消滅の合図となるだろう——このように言われるのを、われわれはしばしば耳にして来た。しかし、少くとも次のことだけは、確信を以て言いうるだろう。即ち、そのような新しい国家が発生し、実際に運営してゆけるものとして確立されるとするなら、その国家もまた、頼りにすべき一つの〈イデオロギー〉——人々の想像力に点火し、人々の心情に感激を呼び起こし得るような、一つの信条を必要とするだろう。言葉を換えて言えば、そのような国家が人々の心に、〈古い〉国家によって吹きこまれたのと同じくらい偉大な献身の精神を吹きこむためには、そして、そのような国家がその新しい市民たちの眼前に新しい、しかも前よりは良い *communis patria*〔共通の祖国〕としての価値をもつことを明らかに示し得るためには、そのような一つのイデオロギー、一つの信条が是非とも必要であろう。

参考書

キケロ『義務論』Cicero, *De Officiis*, I, 17, 57. ダンテ『俗語論』Dante Alighieri, *De Vulgari Eloquentia*, I, vi ff. 同『モナルキア』*Monarchia*, II, iii, 16 and passim. 同『書簡』*Epistole*, VI and VII. 同『神曲』*La Divina commedia*, *passim*. マキアヴェリ『君主論』Machiavelli: *Prince*, chs. iii and xxvi. 同『ローマ史論』*Discorsi*, III. 41. 同『グィッチャルディーニへの手紙、一五二七年四月十六日附』Letter to F. Guicciardini of 16 Apr. 1527. ボダン『国家論』Bodin, *République*, I, 6. ホッブズ『リヴァイアサン』Hobbes, *Leviathan*, Introd. and ch. 19 *ad finem*. ダゲッソー『第十九回水曜会演説』D'Aguesseau, *XIX*^{e} *Mercuriale* (1715). 『大百科全書』(*Grande Encyclopédie*,) の'Patrie' の項。(1765.) ヴォルテール『哲学事典』Voltaire, *Dictionnaire Philosophique* (1771 edn.), 'patrie' の項。sects.1-2. ルソー『ポーランドの政治に関する考察』Rousseau, *Considérations sur le Gouvernement de Pologne* (恐らく一七七〇—七一年に書かれたと思われるが、初めて刊行されたのは一七八二年)。ch. iv. バーク『フランス革命の考察』Burke, *Reflections on the Revolution in France* (1790). アルフィエーリ『フランス嫌い』Alfieri, *Misogallo* (1792), doc. 1. ヘーゲル『ドイツ憲法論』Hegel, *Die Verfassung Deutschlands* (1802). フィヒテ『ドイツ国民に告ぐ』Fichte, *Reden an die Deutsche Nation* (1807—8). ルナン『民族とは何か』Renan, *Qu'est-ce qu'une nation* (1882).

民族、民族主義および愛国心に関して近年公けにされた多数の研究の中から、ここには必読とみなさるべきものと共に、本文中に触れたものだけを列挙する。順序は刊行年次の順。

シャボー『民族の観念』F. Chabod, *L'idea di nazione* (一九四三—四年に講演され、謄写版で刷られたが、死後に印刷刊行された。Bari, 1961.) コーン『民族主義の観念』H. Kohn, *The Idea of Nationalism*, New York, 1944. ハーツ『歴史と政治における民族性』F. Hertz, *Nationality in History and Politics*, London, 1944. ケーギ『歴史的省察』W. Kaegi, *Historische Meditationen*, Zürich, 1942-6, the first three essays. ネーミア「民族性と自由」、Sir L. Namier, 'Nationality and Liberty.' これは一九四八年の講演であって、今では単行本 *Avenues of History*, London, 1952 に収められている。ポースト「公法、国家および民族主義」G. Post, 'Public Law, the State and Nationalism.' 一九五三年に発表された論文、今では単行本 *Studies in Medieval Legal Thought*, 1964 に収められている。シェーファー『民族主義』B. C. Shafer, *Nationalism. Myth and Reality*, London, 1955. ケドゥーリ『民族主義』E. Kedourie, *Nationalism*, London, 1960. アクジン『国家と民族』B. Akzin, *State and Nation*, London, 1964. 更に詳しい参考文献を見ようとするならば、前記ケドゥーリの著書とドイッチュ＝フォルツ共編『民族の形成』K. W. Deutsch and W. J. Foltz, ed., *Nation-Building*, New York and London, 1963 は大いに参考になろう。

シャボー教授の戦時中の講演から私が受けた深い印象をここで特に強調する必要はなかろう。私はこの機会に、この私の友人であり同国人である氏に対する私の一般的な感謝を表明しておきたい。彼の早逝はイタリア文化にとって痛烈な損失である。私の論文「シャボーと民族性の観念」Frédéric Chabod et l'idée de nationalité はやがて、政治哲学国際協会（Institut International de Philosophie Politique）から刊行される単行本『民族の観念』*L'idée de nation* で公けにされるであろう。

四　神権説

〈秩序〉、〈正義〉、〈祖国《カントリ》〉——これだけ挙げただけでは、国家権力の存在を説明するばかりか、それを正当化するために根拠とされてきた、また現にされている価値のすべてを挙げたことには、決してならない。しかし、これらの語は、政治的な問題が論議される場合には、最もしばしば人の口にのぼることばである。これらの語がしばしば用いられるということは、この種の会話において価値の基準がいかに事実の基準と混り合いがちであるかを示している。

これからわれわれはもう一つの種類の正当化《レジティメーション》を取り上げなければならない。これは、国家の定義よりはむしろ権力の行使に関係するものである。ここではもはや、国家の存立の必要条件を吟味することが問題ではなく、国家の行動の諸条件および諸方法を吟味することが問題となる。この国家行動なるものは、実際上、国家において権力を把持し、服従を以て迎えられるような命令を発する人々、あるいはそのような集団によってのみ、行使され得る。いまわれわれがもし、これらの命令を有効なものであるばかりか義務的なものにするのは何かと問うならば、われわれはいわば注意の焦点を国家の本質は何かという一般的問題から、権力掌握者の現実の性質とその行為へ移行させることになる。この場合、そのような性質と行為との双方が考慮に入れられねばならず、そしてこのような問いが一度発せられると、久しきにわたる政治理論の発展のあいだ絶えず繰り返されて来た次の二つの要求に到達することになる。その第一は、権力の究極的な基礎は何か、つまり或る一定の人々が自分たちの仲間の人々に対して有すると主張する権利を正当化するものは何か、ということをはっきりさせたいという要求である。第二は、政治的権力の目的およびその限界をはっきりさせたいという要求である。近代人は、第二の要求に対しては今日もなおかなり強い関心を示してはいるが、第一の要求に対しては、懐疑的であるとか公然と皮肉な目で見ているとまでは言えないにしても、無関心を示すような傾向がある。

　政治理論家たちは、権力の究極的基礎の問題に対して、多くのさまざまな解答を与えて来た。それらの解答は、その問いが提出された時と場所のそれぞれの事情、あるいはその問いを提起した人々が解答を与えようとした時と場所のそれぞれの事情から、いろいろ異なった影響をこうむった。本章では、ヨーロッパにおいて支配的であったし今もなお支配的である宗教と直接関係があるために、西洋思想において重要な役割を果している一つの理論を考察することにしよう。それは、キリスト教の信仰そのものの若干の厳密な教義の上に立っている。予めお断わりしておくが、私はここで与えられている僅かな紙幅において、もっと遙かに大きな、もっと重大な問題、即ちキリスト教は独自の政治理論を持っていたかどうかという問題を論ずる意図を持ってはいないのである。ここで重要なことは、キリスト教の教説は権力の正当化の問題に対して一つの判然たる解答を提供した、という事実である。その解答とは、聖パウロのローマ人への手紙第十三章の有名な文章において与えられているものである[1]。このパウロの文章は政治に関するすべてのキリスト教的解釈の出発点となっており、したがって、すべてのキリスト教的政治理論はこの文章に関する一連の長い、間断なき註解と見なしてもよいほどである。ローマ人への手紙第十三章の教示は明快かつ定言的《カテゴリカル》であるように感じられる。「神によらない権力はない」。*non est potestas nisi a Deo.* 神の制裁は服従を義務に、権力を権威に変える。権力を握っている者は〈神の僕《しもべ》〉である。服従する者は、単に強制されるからではなく、〈良心のために *propter conscientiam*〉服従しなければならない。政治的秩序は〈神の命令〉である。それに参与することは、神の摂理によって望まれ、また予定された計画に参与することを意味する。

（1） 'Let every soul be subject unto the higher powers. For there is no power but of God: the powers that be are ordained of God. Whosoever therefore resisteth the power, resisteth the ordinance of God: and they that resist shall receive to themselves damnation. For rulers are not a terror to good works, but to the evil. Wilt thou then not be afraid of the power? do that which is good, and thou shalt have praise of the same. For he is the minister of God to thee for good. But if thou do that which is evil, be afraid; for he beareth not the sword in vain: for he is the minister of God, a revenger to execute wrath upon him that doeth evil. Wherefore ye must needs be subject, not only for wrath, but also for consience sake.'（ローマ人への手紙、第十三章、一—五。テトスへの手紙第三章一およびペテロ第一の手紙第二章一三—一七にある関連する文章を参照のこと。）

〔参考のため邦訳聖書中の訳文を掲げる——訳者。「すべての人は、上に立つ権威に従うべきである。なぜなら、神によらない権威はなく、おおよそ存在している権威は、すべて神によって立てられたものだからである。したがって、権威に逆らう者は、神の定めにそむく者である。そむく者は、自分の身にさばきを招くことになる。いったい、支配者たちは、善事をする者には恐怖でなく、悪事をする者にこそ恐怖である。あなたは権威を恐れないことを願うのか。それでは、善事をするがよい。そうすれば、彼からほめられるであろう。彼は、あなたに益を与えるための神の僕なのである。しかし、もしあなたが悪事をすれば、恐れなければならない。彼はいたずらに剣を帯びているのではない。彼は神の僕であって、悪事を行なう者に対しては、怒りを以て報いるからである。だから、ただ怒りをのがれるためだけではなく、良心のためにも従うべきである。」（日本聖書協会訳）〕

ところで、聖パウロの言葉は明快かつ定言的ではあるが、彼の教説の正確な意味をつかむことは、それほど容易ではない。まず第一に、聖パウロは権力が誰に属するかを述べていないし、また彼は、或る人々が他の人々に対して行使する権力の特殊な性質について多くを語ってはいない。ローマ人への手紙第十三章のこの文章は、如何にして権力が形成されたか、また如何にしてそれが特定の支配者の手中に握られるに至ったかを、説き明かしていない。それはただ、キリスト者は権力の中に純粋に人間的なものではないもの、——それを行使する人々をいわば超越し、彼らに或る特殊な性格を与えるところの或るものを認めねばならない、と述べているだけである。その性格が、即ち権威《オーソリティ》である。この教説はどう言ったら一番よくその本質を表現しうるかと言えば、それは難かしいことではない。それは、権威が神聖な性格を持つものだと主張する教説であって、権力が神聖なものだと主張する教説では断じてない。この区別は大いに重要である。古代世界は権力の神聖化（divinization）ということを知っていたし、またそれを広く実践したのであった。東方から輸入された、支配者の神格化（deification）はヘレニズム時代の君主たちの、後にはローマ皇帝の、基本的制度となった。キリスト教はこの異教的な教説に真正面から抵抗したのであって、それは、もっと後世になってから、キリスト教が国家の神聖化に同様に断乎として反対したのと似ている。キリスト教の見地においては、権力は神の与えたもの（God-given）であって、遠回りの間接的な形でのみ神の如き（God-like）ものと見なされるのである。神が与えたのは権力そのものではなくて、権力に与えられる権威である。キリスト教徒の皇帝ユスティニアーヌスは、彼の偉大な法典の一つの前文において、余は帝国を神の権威によって――*Deo auctore* ――統治すると述べたとき[1]、この見解を正確に述べたわけである。

（1） Constitution 'Deo Auctore', *Digest*.

しかしながら、権威が神聖な性格を有するとする教説〔以下「権威神聖論」と訳す〕は、キリスト教的政治観にとって基本的なものではあるが、非常に種々さまざまな解釈を受けることになったことは、否定すべくもない。これらのさまざまな解釈については、初期のキリスト教と中世のキリスト教とを対照してみると、教えられるところが多い。いろいろな理由によって、初期キリスト教の教義は、前記のローマ人への手紙第十三章の文章を、いわば〈絶対主義的〉な意味に解釈する傾きがあった。権力の摂理的な性質に殆ど専ら重点が置かれた。神の定めた計画は、それがどのような形で現われていようとも、受け入れねばならぬ、と言うのである。神の制裁は、権力の行使の仕方によって決まるのではない。善悪にかかわらず、すべての権力は神の権力である。したがって、たとえ悪い権力であっても、これを我慢して耐え忍ばねばならない、ということになる。キリスト教徒にとっては、無抵抗の服従の道しか許されない。無論、キリスト教徒として服従できないような、また服従してはならないような場合も起こるだろう。だが、その人は、そのような拒絶に続いて起こる結果に対して無抵抗に従うことによって、服従を実践することはできる。このような解釈は恐らく、後期ローマ世界に支配的であった特殊な情況の影響を受けたものであろう。たしかにキリスト教的な権威神聖論は、古い皇帝崇拝の若干の遺制とさえ結びつくことができた。その証拠は、例えば、キリスト教徒であった諸皇帝が、*nostra divinitas*〔吾等の神聖な権力〕とか、*divinum verbum*〔神聖な言葉〕とか *sacratae leges*〔聖なる法律〕などという表現を用いたことに見出される。だが、またこのような解釈は、なかんづく、政治的生活および政治的制度に対する非常に悲観主義的な態度に由来するものであって、このような悲観主義は、すでに見た通り、聖アウグスティヌスの歴史観に浸み通っており、また後に、支配者や君主は天災〔神が罰として与えたもの〕であるとするルターの見解において、その最も極端な表現に達したのであった。

しかし、あの聖パウロの言葉には、以上のような解釈とは甚だ違った解釈を下すこともできる。そのような違った解釈を見出だそうとするなら、歴史上の別の時代に目を転じ、中世の最も代表的な著述家たちの著書をひもときさえすればよい。出発点は、あのローマ人への手紙第十三章の文章全体を規定している重要な但し書、「彼〔即ち、権力の保持者〕は、あなたに益を与えるための神の僕《しもべ》なのである――*Dei minister est tibi in bonum*」に見出された。この文章は、どんな権力でも神聖な性格を持っているということを意味するのでは決してなく、善なる事に向けられるところの、またそれらの著述家たちの書いているところによると、正義に基づくところの権力のみが神から与えられたものであり、このような権威のみが神聖なものである、と言おうとしていると解することができる。このような新しい解釈への道は、すでに、教父の一人で、法学の訓練を積んだローマ人であったから、高度に正確な言葉づかいと微妙な区別を尊重した人物によって辿られたのであった。後世の理論に極めて重大な影響を与えることになった文章において聖アンブロシウスは、*ordinatio Dei* と *actio administrantis* とを――即ち、神によって命ぜられたものと単に人間の為すこととを区別した。権力が問題になる場合、その行使の仕方がその性格を決定する。*munus*（職務）だけは神から与えられるが、権力を善用する支配者（*qui bene utitur potestate*）だけが神の僕である、と言うのである。

したがって、この新しい解釈は、単に権威が神の定めたものだということ（the divine sanction of authority as such）と、権力が現実の歴史的経験に表現される種々さまざまな様相《すがた》とを、截然と区別することを土台として立っていたのである。中世的見地からすると、権威が神聖な性格を有するか否かは、その行使の仕方如何にかかっていた。それは、権利の源泉であるよりは、むしろ義務の源泉であった。中世の政治思想は、政治的権力を宗教的な後光で包むことによって、権力の作用を一つの判然と規定された使命の限界内に制限しようとしたのである。このようにして開かれた展望は、広汎な影響を及ぼした。今や、聖パウロ自身の言葉から全く違った幾つかの結論が導き出され得るようになった。もはや無抵抗の服従の必要はなくなり、むしろ（全部ではないが、大多数の中世の著述家が賛成したように）抵抗の合法性が、いなそれが義務であるとさえ主張されるに至った。何となれば、権力の行使が一つの職務であり、支配者に課された任務であるとするなら、被治者における服従は、この任務の遂行によって条件づけられるのであって、その任務がもはや遂行されなくなったり尊重されなくなったりした場合には、終りになる、ということになるからである。中世の政治的著述家たちは、権力は単に存在している故に神から与えられたものであり、服従しなければならぬとか、支配者は権力を掌握しているという理由だけで権威の聖油《クリズム》を賦与され得るなどと考えることは、殆どできなかったであろう。

この最後の点は特に重要である。というのは、それはわれわれに、権威神聖論をこれと時々混同されるもう一つの理論から区別することを可能にするからである。もう一つの理論とは、〈神権divine right〉の理論（君主神権説、あるいは国王神権説）、あるいは最近の呼び名によると、〈神政的国王 theocratic kingship〉の理論のことである。もし事実の問題、あるいはむしろ定義の問題として見て、〈神権〉という語が、すでに見た如く権力がキリスト教的政治観において帯びるところの、〈摂理的〉性格を示そうとするだけのものであるならば、そのような政治観を表明するのにこのような語を用いることに異議をはさむには及ばないだろう。ところが歴史家たちが用いている言葉使いでは、〈国王の神権 divine right of kings〉という表現は、もっとずっと限られた意味をもっている。それは、その発端は中世にまで溯ることができるにせよ、もっと後の時期に満開に達することになった一つの理論を示すために、用いられている。この理論についてのフィッギスの要約は、それ以上にうまくやることは殆ど不可能だと言いたいくらいよく出来ており、われわれの当面の目的のためには、ただこれを単純化すればよいだろう。実際には、神権説は、三つの異なる要求、即ち緊密に関連してはいるが三つの別々の命題を必然的に生み出した。まず第一に、それは君主政治を、神によって裁可された最良の政治形態、いな唯一の政治形態として称揚することを意味した。第二にそれは、君主に絶対的権力を与えるべきことを要求するものであった。即ち、国王は自己の行動については神に対してだけ責任を負うべきである。国王はその被治者から無条件的な服従を求めることができる、というのである。最後に、これもまた重要なものだが、神権説は〈王朝的正当性 dynastic legitimacy〉、即ち権力を保持する権利が出生によって与えられるという主張〔正統王朝主義〕を意味した。この権利は、出生によって得られるものであるが故に、臣民の同意とは無関係であり、剝奪され得ないものである。これら三つの命題のそれぞれを考慮に入れるならば、この理論そのものが、主権論によって法的基礎を与えられた絶対王制のイデオロギー的正当化以外の何物でもないことを見抜くことは、難しくはない。ジェームズ一世とボシュエが、この理論にその最も精緻な形を与えたのである。それは、あらゆるイデオロギーと同様に、たしかに時代の要求に応ずるものであった。それは広く一般に受け入れられた、そして、それがもはや〈正統主義《レジティミズム》〉の少数の時代遅れの擁護者の間にも生き残っていないとしても、ウィーン会議〔一八一四―一五年〕の頃までは生き残っていたのである。ここで私が強調しておきたいと思うのは、この理論は必ずしもあの権威神聖論とは結びつかず、全く別の結論に達するのだ、という点である。

まず、君主政治は神によって定められた制度であるという主張から考察してみよう。たしかに、ローマ人への手紙第十三章にはそのような趣旨を示している所はないし、また、すべての権力は神から与えられたものだという観念は、すべての権力が当然に神政的国王制となることを意味してはいなかった。君主政治が他の政治形態よりも広く普及していたこと、また或る時期や場所においてそれが好まれたことは、特殊な歴史的、政治的事情の結果であった。勿論、中世においては、君主政治を良いものと見る立場は、宗教的および哲学的な議論に支持を求めることができた。そのような議論の例として挙げられるのは、中世の著述家たちがしばしば強調したことだが、一王国における単独の国王の支配と宇宙における単独の神の支配との間の対比《パラレル》である。この議論は、聖トマス・アクィナスはもとより、ダンテもまたこれを用いている。のみならず、権威の神聖性は、多数者の支配におけるよりも、一人の君主の統治において一層判然とかつ力強く現われるかのように思われたかも知れないのである。そうした場合には、特殊な制度の助けを借りて、象徴的、カリスマ的性格を適宜に〈賦与すること investitures〉によって、それに一種の眼に見える形を与えることとさえ可能であった。国王の聖別や戴冠の際に行なわれたような、典礼上の大盛儀は、この性格を明らかに示すために特に教会によって工夫されたのであった。その目的とするところは、聖界と俗界の密接な関係を強調すると同時に、後者の前者への究極的な依存関係をも強調するにあった。しかし、権威神聖論からは、決して、君主政治が優れたものであるという結論が出てくるわけではない。キリスト教的見解の要点は、要するに、正当に構成された権力はすべて神聖な性格をもち、その歴史的起原または形態の如何にかかわらず、それは究極的には神の意志にまで溯るべきものであり、したがって或る条件の下で神の裁可を受けているものと見なさるべきだ、というのである。ずっと前に神政的国王制がなくなってしまってからも、なおこのような理論が生きながらえていたこと、しかもそのことが合理的に説明されうること、このこと自身は重要な意味を持つであろう。権威の神聖性および服従の義務の原理は、数世紀のあいだこの原理の系《コロラリ》と見られていた国王神権説よりも、永く生き残った。これら二つの理論の間の区別についてまだ何らかの疑惑があるならば、現在に至るまでのカトリック教会の教説がそれらを払いのけるに充分であろう。何故なら、カトリック教会は権威に対する尊敬を宗教的義務として説くことを一度もやめたことがなく、また、神と教会との権利が保障され尊重されるかぎりは、如何なる形態の政府をも承認することを躊躇しなかったからである。

しかし、権力は絶対的なものであり、被支配者はこれに完全に服従すべきであるという主張は、すべての権力は神から与えられたものであり、権威は神聖なものであるという原理から出て来る論理的帰結ではない。たしかにこれらの原理は、後世においてはもとより、キリスト教の最初の数世紀においても、絶対主義（Absolutism）の支持者たちの最も厳しい要求とも判然と合致するような意味に、解釈された。なるほど、パウロの本文《テキスト》に言うところの〈神の僕〉なるものは、ぜひそうしたいと切望する人々の手にかかれば、容易に神の代理人—— *Dei vicarius* ——に転化され得るものであった。しかしながら、すでに見たような、この本文に与えられ得たところの非常に異なる解釈を一瞥するならば、権威神聖説が、被支配者の側は無抵抗の服従をなすべきだという要求とも、支配者の側は絶対的、無責任的な権力を有すべきだという要求とも、必ずしも結びついてはいないことが、判然とするだろう。中世的理論は、抵抗の合法的であること、いなその義務であることをも主張したにとどまらず、支配者の無責任性の原理をも断乎として拒否した。それは権力の行使を、道徳的のみならず法的な一連の制限に従属させた。そしてまさにこのような制限から、時が経つにつれて、憲法によって制限された権力という観念が生じて来たのであって、この観念こそ、近代的国家理論および絶対主義と正反対の立場に立つ理論の、要石をなしているのである。

神権説を完全なものに仕上げる第三の原理、即ち王朝的正当性説（dynastic legitimacy）〔正統王朝主義〕について見ると、この原理があのパウロの本文ともキリスト教的政治観とも何の関係もないことは、充分に明白である。王朝的正当説は、君主政治の理論においても、比較的後世の産物である。その起原は、一般にはゲルマン族の血統権（*Geblütsrecht*）――或る種族は独自の高貴性あるいは優秀性を有し、これが或る血統の人々に対して争うべからざる権力獲得の権利を与えるという思想――にまで溯るものとされている。この説が中世の理論と実践において、どのように成功を収めたかについては、ここで論ずべきことではない。ここで言って置くべきことは、王朝的正当論は領邦的国王制の強固になるにつれて重要性を増すようになったものであって、君主が民族的統一性の象徴であった国々においては国王制の強化と並んで発展したが、これに反して、君主制が根を張っておらず、忠誠関係が別の焦点を持っていた国々では無視され、あるいは蔑視されさえした、ということである。ダンテがフランス王政の〈悪の樹〉に対して浴びせた罵詈、彼がフランスの国王たちの〈祝聖された骨〉について述べた嘲弄の言を想い起こすだけでも、*中世末期のヨーロッパの多くの部分において、この説がまだ如何に性に合わないものであったかを知ることができよう。中世の政治思想は、王朝的正当説のみならず、権力の基礎に関する他の全く異なる二つの理論をも知っていた。一方には、古典の繙読とパウロの本文そのものとの双方から導き出すことのできたものだが、人物と職務との間、僕《しもべ》たる者（minister）と任務（*munus*）との間にぴったりした合致がなければならない、という考え方があった。他方には、すでに見たように中世の法の観念に暗黙の裡にあり、ユスティニアーヌス法典によって裏付けられていたものであるが、権力の究極の基礎は社会全体の意志である、とする理論があった。正当性に関するこれら三つの異なる原理――血統、適合、および選挙――は互いに競争し、またさまざまな形で結びついた。教会は久しいあいだ、王朝的原理に比べて選挙的原理を好むことを些かもかくしはしなかった。たしかに、或る有名な事件において、教会は帝国の継承権が単一の家族に固定化するのに断乎として反対した。(1)** 教会の教説と国王神権説との間に了解ができたのは、もっとずっと後になってからのことであって、それも原理上の問題としてよりは、むしろ便宜上の問題であると見なしてよいだろう。

（1）　インノケンティウス三世の一二〇二年の法王令 *per Venerabilem*.

したがってわれわれは、権力の正当化の問題に対するキリスト教の最も重要な貢献は、大ざっぱに言うなら、権力の起原および本質に関する理論ではなくて、権力の基礎および有効性《ヴァリディティ》に関する理論である、と断定してよいだろう。キリスト教の教えは、〈権力の地位にある者 the powers that be〉が正当化され、権威の聖油で聖別され得る背景を提供したが、しかし、実際に権力がどうして成立したか、それが何処に位置すべきかという問題は、未解決のままに残した。スコラ学的な区別方法を用いるならば、権威神聖論は権力の〈形式〉に関心を寄せたが、その〈実体〉には関心を寄せなかった、と言ってよいだろう。〈形式的には *secundum suam formam*〉およそ権力なるものは常に神から与えられるものであるが、〈実体的には〉、直接神から指名を受けたというような有りそうもない場合を除けば、権力は人間の作り出したものである。こうした陳述に矛盾がないことは、権威の神聖なることを力強く表現した幾つかの常套句が、今日まで――つまり、国王神権説がとっくの昔に見棄てられ、権力の起原が人為的であることについて殆ど疑いが残されていない今日に至るまで、生き残った、ということを考慮に入れるだけで、明らかにされ得よう。〈神の恩寵によって〉という簡略な文句はそういう類いのものであるが、この文句はシャルルマーニュにまで溯るもの（それ以前にまで溯ることはできないが）であって、しかも今日でも、英国の貨幣に女王の肖像のまわりに刻まれているのが見られるのである。ヨーロッパ大陸では前世紀に至るまで、人民の意志が自分たちの権力の源泉であることに何の疑いも持たなかった君主たちは、やはり、神による任命ということに拠り所を求めることができると考えていたのである。フランスのナポレオン三世、イタリアのヴィットーリオ・エマヌエーレ二世は、〈神の恩寵と人民の意志とによる〉皇帝あるいは国王と名乗ったのである。彼らはそう名乗ったとき、自ら矛盾を感じてはいなかった。彼らは伝統的な教説の線に沿っていたのである。権力の神聖性を認めることは、権力の起原についての一層突っこんだ研究を排斥することにはならず、むしろそれを要求するのである。権力が神から直接に与えられ得ることを認めない限り、二つの解決だけが可能である。私は次章においてこれらの解決策を検討することにしよう。

参考書

聖アンブロシウス『ルカによる福音書の註解』St. Ambrose, *Expositio Evangelii secundum Lucam*, V, 29, in Migne, *Patrologia Latina*, vol. xv, cols. 1620–1. 聖トマス・アクイナス『君主政治論』St. Thomas Aquinas, *De Regimine Principum*, Book I, ch. 2. 同『神学大全』*Summa Theologica*, Iª, CIII, 3. 同『異教徒批判大全』*Summa contra Gentiles*, IV, 76. ダンテ『モナルキア』Dante Alighieri, *Monarchia*, Book I, chs. 7 and 8. 同『神曲』煉獄篇 *Purgatorio*, XX, 46–60. ジェームズ一世『政治的著作集』James I, *Political Works*, ed. by C.H. McIlwain, Cambridge, Mass., 1918. ボシュエ『聖書の言葉から導き出された政治学』Bossuet, *Politique tirée des propres paroles de l'Écriture Sainte*, Books II–VI. バーカー『アレクサンドロスからコンスタンティヌスまで』Sir E. Barker, *From Alexander to Constantine*, 336 B.C.–A.D. 337, 2nd edn., Oxford, 1959. これは、それぞれ権力の神聖性（divinity of power）と権威の神聖な性格（sacred character of authority）とに関する異教的およびキリスト教的著述の見事な選抄である。

中世における君主政の理論およびそれに関連する制度については、次の著書参照。ブロック『魔術的国王』M. Bloch, *Les rois thaumaturges*, 2nd edn., Paris, 1961. シュラム『英国戴冠の歴史』P. E. Schramm, *A History of the English Coronation*, Oxford, 1937. 前掲のカントロウィッチ『国王の二つの身体』E. H. Kantorowicz, *The King's Two Bodies*.

国王神権説については、次の有名な二著は現在なお基本的なものである。フィッギス『国王神権説』J. N. Figgis, *The Divine Right of Kings* (1st edn., 1896), 2nd edn., Cambridge, 1922. ケルン『中世初期における国王神権説と抵抗権』F. Kern, *Gottesgnadentum und Widerstandsrecht im früheren Mittelalter*, Leipzig, 1914 (Eng. trans., by S. B. Chrimes, incomplete, *Kingship and Law in the Middle Ages*, Oxford, 1939).

本文中で触れた〈神政的国王制〉について、私は次のことを明らかにして置きたい。即ち、私の参照したのはウルマンの近著『中世における統治および政治の諸原理』W. Ullmann, *Principles of Government and Politics in the Middle Ages* (London, 1961) であるが、ローマ人への手紙第十三章とそれがキリスト教的政治思想に与えた衝撃について私が提出した解釈は、多くの点で、ウルマンの学識豊かな再構成によって正面から反対された、ということである。私は自分の見解の弁護と、ウルマンの見解に対する私の異論を、『イタリア史学雑誌』*Rivista Storica Italiana*, vol. LXXV (1963) に発表した、彼のこの著書に関する長い書評において、詳しく述べておいた。ここでは次のことを述べるだけで充分である。即ち、私が賛成できない重要な点は、ウルマンが神政的国王制をパウロの本文と直接に結びつくものと見、またそれを、権力の人間的ないし人民的起源の〈上昇的見方 ascending conception〉に真向から対立し、したがってこれと両立できないような、〈統治と法の下降的な見方 descending conception of government and law〉の現われと見ている点である。

五　実力と同意

権力は人間的な起原のものであり、人間の創り出したものだ、と言うとき、この言葉は二つの非常に違った意味を有する。それは、命令する権利が他のすべての人々を除外して、一個特定の人または人々の一個の集団に属する、という意味になる。しかし、それはまた、そのような権利は或る特定の個人ではなく、潜在的にすべての人々に属する、という意味にもなり得る。これは、政治理論家たちを二つの陣営に分裂させ、またモスカの想像力に富んだ表現を借りると、〈貴族主義的原理〉と〈民主主義的原理〉とを互いに不倶戴天の敵たらしめたように見えるところの、二者《オールタ》択一《ナティヴ》である。私が主張しようとする見解——本書の第一部（第六章）ですでに提出した示唆を発展させるのだが——は、〈貴族主義的原理〉即ち、人間は平等ではなく不平等であるという主張は、権力の正当化の適切な根拠にはなり得ない、ということである。普通に信じられているところとは逆に、不平等ではなくて平等こそは、政治理論の基本的前提であると思う。

　不平等が議論の対象となるときは、いつも必ずアリストテレスが引合いに出される。政治的生活の〈自然性〉と共に、またそれからの系《コロラリ》として、人間の〈自然的〉不平等という説がアリストテレスの『政治学』の要石をなしている。〈自然的　natural〉という語の特殊な意味にもう一度注意を向けてみよう。人間は自然によって（by nature）不平等であると言うとき、これは単に、人間の不平等であることが経験によって明らかにされる、ということを意味するのではない。それは、あらゆる種類の社会的集団においては、その集団が〈諸部分〉より成るところの〈一個の全一体《ホール》〉である限り、多様性と多様化が要求される、ということを意味するのである。「一個以上の部分から構成され、しかも一個の共同体を成している一個の複合体が存在している場合には必ず、……支配する分子と支配される分子とが見出され得る。」したがって、「自然は別々の目的のために別々の物をつくる」から、「……自然的に支配者たる分子と、自然的に支配される分子との結合が当然なければならないのであって、これは両者の保存のためである。肉体的な力がある故に、他の分子が計画することを行ない得る分子は、自然的に〔当然に〕支配される分子である。」このような前提から出発して、アリストテレスは周知の如く、奴隷制度を正当化した。だが彼はこの場合に一つの重要な但し書を附した。法によって裁可された奴隷制は、自然によって定められた奴隷制と一致しないかも知れない。奴隷制が現に存在しているということは、〈自然の〉定め――それによると「或る者は何処においても本来奴隷であり、他の者は何処においても本来自由である」――を反映しないかも知れない、と言うのである。

そこで問題は次のようになる――アリストテレスによると、正確には、人間の不平等は政治的関係においてどのような役割を果すのか、またそれは、権力の本質を決定するのにどれほど重要であるのか？ 前に見たように、アリストテレスは、「他の人々よりも断然優れており」、「彼ら自らが法であるが」故に、喜んで服従されるべきであるような個人の場合をはっきり述べている。このような場合は、ただ独りの人の場合に起こるか、数人の場合か、あるいはまた或る家族ないし種族全体の場合か、いずれかであろう。しかしアリストテレスは、このような場合は例外的であって、この種の事態はめったに起こるものでないことを、はっきりと述べている。普通の状態はこうしたものとは違っている。それは、人々が近似的な平等の状態において共同生活しているような状態である、何故なら、〈ポリス〉は奴隷と奴隷所有者から成るのではなく自由人から成っており、「できるかぎり、平等な人々から成る社会になろうと目指している」からである。たしかに、アリストテレスの見解においては、市民たることとの概念そのものが平等の概念と結びついているのである。「普通の意味での市民とは、交互に支配しまた支配されるような市民的生活に参与するすべての人々のことである。」したがって政治上の最も重要な問題は、まさに自由で平等な人々、即ち支配する資格もあり服従する資格もある故に自由かつ平等であるところの〈市民〉を、如何にしたら最もよく統治できるか、という問題である。こういう目的を抱いているからこそアリストテレスは、『政治学』の第四巻で注意ぶかく且つ詳細に検討されているような、さまざまな実際的工夫を示唆しているのである。ここでわれわれの当面の目的のため必要なことは、政治的紐帯はアリストテレスにとっては全く明らかに、不平等な者の間の紐帯ではなく平等な人々の間の紐帯であると考えられていた、ということを強調しておくことである。

（1）本書第二部第一章八六頁。

勿論、アリストテレスが念頭に置いていたのは、いわば不平等から生れて来る平等であり、不平等を前提とする平等であることは確かである。奴隷だけが市民たるの光栄を得られないものとされているのではなく、職工や労働者のように卑しい勤めを果す者、ポリスの生活の物質的基礎を提供することだけを唯一の任務としているような人々のすべてが、市民たり得ないものとされている。市民的生活に参与することは、恵まれた少数者だけに限って与えられる特権である――しかし、これらの恵まれた少数者は、少くとも、能力と精神的素質において殆ど平等でなくてはならない。したがって平等は、或る意味で、政治的権力と他の種類の権力との間の分割線をなしているのである。何故なら、自由で平等な人々に対して、あるいはそういう人々相互間において行使される権力は、奴隷に対して奴隷所有者が行使する権力――〈専制的《デスポティック》〉な権力と言った方がよいだろう――とは異なるものである。政治的権力は一種の優性の標識《しるし》であって、これはギリシャ人のような文明人のみが有するのであって、屈従的な精神的傾向の故に専制政治にのみ適し、あるいは少くとも、完全に発展を遂げた政治的生活をなすほどに成熟していないような蕃族には、それは知られていないのである。これは誇り高く傲慢な主張であり、如何にもアリストテレスの人間不平等観にぴったりしているように感じられよう。しかしわれわれは、このような主張が数世紀にわたって行なわれ、新しい情況に適合させせられ、また別の調子で語られて来たことに気づくのである。それは、例えば、キリスト教的著述家、聖グレゴリウス大法王がローマ皇帝の権力と蕃族の支配者の権力との間に立てた区別――即ち前者は自由人の首長であり後者は奴隷の主人であるという区別にも、見出すことができる。ずっと下って、モンテスキューとバークとの〈自由の精神〉の讃美にもそれがまたも繰り返されているのに気づく。彼らによると、〈自由の精神〉こそは、専制政治が東方の諸民族を奴隷化し堕落させたのに反して、ヨーロッパにその毅然たる性格を与えたのだ、と言う。たしかにここには、単に自己満足的な人種的優越性の主張以上の何物かがある。ここには、政治的権力の真の本質と、政治的権力の本質の形成において平等と自由とが果す役割とに関する、深い洞察がある。

しかしながら、権力の起原および基礎に関するヨーロッパ的見解を形成するのに決定的な役割を果したのは、アリストテレスの教説ではなくて、多くの点でそれと全く相反する教説であった。この教説は自然的不平等と鋭く対立し、すべての人間の自然的平等を主張する。アリストテレスから僅か数世紀の後になると、哲学者も法学者も神学者も、すべて一致して、〈自然法に関するかぎり、万人は平等である〉(1)と宣言している。「アリストテレスの理論からキケロとセネカによって代表される後世の哲学的見解に至るまでの政治理論上の変化ほど、完全性において驚くべき変化はない。人間性の自然的不平等についてのアリストテレスの見解に真向から反対して、人間性の自然的平等の見解が提出されているのが見られる。……たしかにここに、フランス革命の〈自由・平等・友愛〉がその現時的表現をなしているに外ならないところの、人間性および人間社会に関する一つの理論の起原がある。」このようなカーライル博士の有名な言明はしばしば攻撃を受けた。しかしそれは今日でも依然として大きな重要性を持っている。しかし私は、もう一度その妥当性を論じようとする意図を持ってはいない。私の意図するのは、むしろ、政治理論における人間平等原理の意味について簡単に論評し、それが権力の基礎の問題に本当にどのような衝撃を与えたかを検討するにある。われわれは、民主主義的原理——即ち政治的関係に関するかぎりでは平等が原則であるという前提——にもとづいて建設されていることを誇りとしている世界に現に住んでいるが故に、この問題はいよいよ以て重大である。もしわれわれが、〈民主主義的正当性〉なるものがあるかどうかということを、つまり、民主主義に対して正当化の根拠を提供することができるような——たとえ民主主義のために一挙に世界を安全ならしめることはできないにせよ——一個の価値体系があるかどうかを見極めようと欲するならば、右の前提を明らかにすることが是非とも必要である。

(1) 'Quod ad ius naturale attinet, omnes homines aequales sunt' (*Dig.* I, 17, 32).

平等の原理の意味に関する限りでは、これがあのように多くの疑問、あのように多くの議論をまき起こしたことを、不思議に思わないわけにはゆかない。言うまでもないことだが、この原理そのものは、経験的に検証され得るものではない、換言すれば、これは事実に徴して証明され得るようなものではない。どちらかと言えば、経験の示すところでは、人間は平等ではなくて不平等であり、政治的関係においては確かに平等ではなくて、或る者は命令し他の者は服従し、或る者は権力をもち、他の者は殆ど権力をもたないか、あるいは全く持っていないのである。したがって、最初からはっきりさせておくべき点は、甚だ単純である、即ち、政治が論じられる場合に言及されるところの人間平等の原理なるものは、事実叙述的命題ではなくて規範的〔命令的〕命題である——つまり、現存の事態に関する言明ではなくて、これから採用さるべき原則とこれから従うべき方針とに関する言明である。これは正に、〈自然によって by nature〉とか〈自然的 natural〉とかいう語を用いてなされた、平等に関する古い定義において強調されていたことである、と思う。そのような表現が用いられたこと、そのことが明らかにそれらの定義の規範的性格を示しているように思われるのであって、それらの定義が今度は、現存の不平等を〈自然に反する against nature〉ものとして批判することになるか、あるいはまた、事実上の不平等を規範的見地に、またそれがあらわにした新しい展望に、合致しないものとして非難することになった、と思われる。自然法あるいは理性の法によれば万人は平等である、という言明は、人間はあらゆる点、あらゆる事柄において平等である、あるいは平等であり得る、というような不合理なことを意味しようとしたのではなかった。むしろそれは、もっと単純に、社会によって公認されている若干の不平等は悪しきものであり、また、そのような不平等が存在していても、とにかくすべての人間は、自然法あるいは理性の法が彼らに人間として与えた若干の個々の権利を要求することができる、ということを意味したのである。これと殆ど全く同じように、現代の或る国々の憲法は、「すべての市民は、性、人種、言語、宗教、政治的意見、あるいは人的・社会的な条件の上で差異があろうとも、人間としての尊厳において同等であり、法の前において平等である」(1)と言明することによって、平等原理を確認したのである。この場合には平等とは、本質的には、無差別を意味している。

それは積極的価値よりは、むしろ消極的価値をもつ。このような両面的性格《アンビヴアレンス》〔積極的性格と消極的性格の両面を有すること〕に、恐らくその最大の強味があるのである。

（1）　イタリア共和国憲法（一九四七年十二月二十七日）、第三条。

何となれば、もしこの最後に述べたことが正しいとするならば、それは、平等の観念が一方においては、政治的分野において変革と進歩を促す有力な酵母を提供しているのに　他方においては、予期されたほどには現存の社会構造を顚覆するようなものではなかったのは何故かという理由を、説きあかしてくれるからである。だから、奴隷制やその他の社会的不平等が、人間平等の観念が一般に受け入れられてから長い時間が経ってからもなお生き残っているのが見られるのである。しかし、なおまたわれわれは、歴史全体を通じて、そのような不平等の重要性を軽視する傾向、あるいは、少くとも、そのような不平等を、およそ人間に与えられるべきすべてのものに関する一つの基本的無能力を示すものとは見なそうとしない傾向があることに、気づくのである。こうした状態から、そのような不平等が政治的な目的には不適当であると見なさるべきだと要求するに至るには、ほんの一歩の距離しかなかった。この一歩を踏み出すことは、まことに奇妙なことだが、新しい型《タイプ》の権力——つまり、近代国家の集中化的、平等化的な権力の発達によって、かえって容易にされたのであった。主権が、それに服従していた人々に形式上の平等をもたらしたことは、すでにわれわれの知っている通りである。[1] 問題は要するに、如何にして服従を参加に変えるべきかであって、それが解決されれば、いよいよ多数の人々が政治的生活に参加するための門が開かれたであろう。この一歩が最後的に踏み出されるまでには数世紀を要したかも知れない。だがしかし、（こんな表現の仕方はどうも美辞麗句的なものと感じられるかも知れないが）、ヨーロッパにおいてはすべての人を市民たらしめるという理想が一度も死滅したことはないと、どうしても思いたくなるのだ。この理想はかつてローマ人が追求したものであり、そのためにローマは詩人から *urbem fecisti quod prius orbis erat*（汝は、これまで一つの世界であったものを、一つの都市にした）[2] との讃辞を受けたのである。ギリシア人が或る人々には与えたが他の人々には与えることを拒んだ、あの〈名誉の印 mark of distinction〉——平等と自由とを共にする仲間としての政治的生活——が、今では殆どすべての国々の殆どすべての人々にまで拡大されるに至ったことは、紛う方なき事実である。かようなことが起こったのは、人々が突如として自分たちは平等であると悟ったからではなかった。それどころか、それが起こったのはむしろ、人々が、自分たちは如何に不平等であろうとも、自分たちの不平等は克服され得るものである、少くとも、特権の廃止と自由な民主主義的な制度の採用とによって、そのような不平等は不適当なものと見なされるようになり得るのだと悟ったからである。(3)

（1）第二部第五章、特に一二二頁を見よ。

（2）C. Rutilius Namatianus, *De reditu suo*, I, 66.

（3）平等原理についてここに与えた解釈を弁護するためには、それの最も偉大な使徒たちの一人の権威以上に、役立つものはなかろう。次に掲げるのは、アブラハム・リンカーンが、有名な演説の中で、〈独立宣言〉の中の人間の平等の〈自明なこと〉について述べている言明の意味を説明した言葉である。

あの重要な文書〔独立宣言〕の執筆者たちはすべての人々を含めようとはしたが、すべての人々があらゆる点において平等であると宣言しようとしたのではなかった、と思う。彼らは、万人が皮膚の色、身体の大きさ、知性、道徳的発達あるいは社会的能力において平等であると言おうとしたのではなかった。彼らは、すべての人々が如何なる点において平等に創られていると思うかを、かなりはっきりと述べた——即ち、〈生命、自由および幸福の追求を含む、若干の奪うことのできない権利〉について平等である、と言ったのである。彼らはこのように言ったのであり、その意図はこのようなものであった。彼らは、万人が当時現実にそのような平等を享受しているとか、あるいはまた、彼らはそれを直ちに人々に与えようとしている、とかいうような明白な嘘《うそ》を主張しようとしたのではなかった。実際に、彼らはそのような恩恵を施すだけの力を持っていなかった。彼らはただ権利を宣言して、その権利の実行が事情が許すかぎり速かに行なわれるようにしようと思ったのである。彼らは自由社会のための基準（a standard maxim for free society）を打建てようとしたのである、そしてこの基準は、すべての人人によく知られており、すべての人から尊敬されるべきであり、——絶えず目標とされ、絶えずその実現のための努力が行なわれ、そして、たとえ完全には達成されなくても、絶えず接近され、そうすることによって、絶えずその影響力を拡げ深め、かくて生活の幸福および価値をすべての場所のすべての皮膚の色のすべての人々にまで拡げて行かねばならない、と彼らは考えたのである。

平等の意味と密接に結びついているのは、それが権力の基礎の問題に与えた衝撃である。この場合にもまた平等の観念は有力な酵母としての作用を果し、政治理論家たちを刺激して、人間の〈自然的〉平等という基本的な規範的原理を犠牲にすることなしに、政治的関係に内包されている不平等を説き明かすため、多数のいろいろの解答を工夫させるに至った。それらの理論は、相異点はあるものの、われわれがすでに承知しているように、みな一つの共通点を持っている。それらはすべて、政治的制度が〈人為的 conventional〉な性格を持っていることを強調している。それらはすべて、方法はちがうが、〈自然的な〉平等の状態から、現実に人間的な事柄に起こっているような、さまざまな不平等への移行を説明しようとしているのである。しかし、権力の正当化に関して実際に重要な点は、それらの理論のすべてではないが、若干のものが、次のことを力説していることであった――即ち、もしも不平等が政治的に必要《レリヴァント》であるとするならば、不平等は、現実に公然たる同意によって〈賛同《アグリー》〉されないにしても、〈認められる〉か〈受け入れられる〉かする必要がある、ということを強調していることである。そのような承認、同意、または容認がないならば――この議論はこう言っている――権力は存在し得ない。顕著な優越性ということだけではそれを確固たるものにするのには充分でない。他の何物かが必要である。ヒュームが言ったように、「エジプトのサルタンやローマの皇帝は、自分の罪もない臣民たちを、彼らの感情や性向を無視して野獣の如く駆り立てることができたかも知れない。しかし彼は少くとも彼の武士階級《マメルーク》や親衛隊は、人間らしく、彼らの意見にしたがって、指導しなければならなかった。」この点に至ると、問題はもはや平等と不平等との間の関係についてではなく、むしろ権力の確立において実力と同意との果す役割の比較についてである、ということには殆ど疑問の余地はない。

　ところで、権力は同意に基づいて存在するものだという主張は、全く違う二つの意味に解されるだろう。それは単に、権力が実際上確立されている場合には現実にはそうなのだ、という事実的叙述として解されるかも知れない。ヒュームが指摘したように、どんなに専制的な政府でさえも、究極的には容認――それがほんの僅かな人々からの容認であろうとも――の上に立っているものである。だがこの主張はまた、同意が、そうでない場合には単に実力の結果となるようなもの、即ち、社会的・政治的制度に内在する不平等を正当化する唯一の手段と見なさるべきだ、という要求とも解されよう。これら二つの解釈はいずれも、西洋の政治理論の長い間の発展過程の中に見出されるものであって、しかも第一の解釈から第二の解釈の方へ絶えず移行して来たようである。私は本書の他の部分において[1]、中世における同意の観念の重要性について論じた。われわれがすでに知っている通り、それに含まれる意味は、長い間政治的であるよりはむしろ法的であった。もろもろの法がそれの適用を受ける人々から容認を受けることによって効力を得る、という見解には何ら革命的なところはなかった。同意の観念がついに、すべての個人には権力の確立および行使に参与する権利があるという思想と結びつくようになったとき、はじめて現代の民主主義理論の判然たる特徴が明白々のものになり出したのである。恐らく、このような強調点の移行は、ロックが『第二政府論』の中でフッカー――彼が伝統的見解の代表者としてこの人物を選んだのは正しいのだが――の著述からの沢山の引用文を巧妙に、また多くの点で歪曲して利用したところに、最も明らかにうかがわれる。人間は潜在的に平等であり、同意は権力の唯一の安全な正当化《ヴァリデーション》である、という見解は、数世紀来一般に容認された無害の定理とされて来たのであったが、今やこれが、法と国家に関する一つの新しい厳しい理論に変えられたのである。(2)同意による政府が唯一の正当な政府である、何となれば、それだけが基本的人権を公正に取扱う政府であるから、――と言うことになった。

(1)　第二部第四章。

(2)　ロックがフッカーの教説の意味を全く変えた点の二つだけを挙げて見ると、――フッカーにとって、平等は権利の源泉ではなくて、義務の源泉である。また、彼にとって同意は個々の人々の意志の表明ではなくて、社会全体の〈集団的〉生活の表現である。しかし勿論、ロックがフッカーについて行なった最大のごまかしは、彼を自分の社会契約論の先駆者に仕立て上げたことであった。

今やわれわれは、人間平等の観念が人間の歴史において果した決定的な役割を正しく評定することのできる立場に達した。たしかに、歴史を振返って見るとき、この思想と対立する人間不平等説があのように長い間われわれの間で地歩を確立し得なかったということを知って、感慨を催さずにはいられない。不平等説は、アクイナスの教説の中でも地歩を占めることができなかった。アクイナスはアリストテレスの政治観をできる限り採り入れようと心掛けてはいた、しかし彼は、自然的不平等説が人間を支配する人間の権力の充分な正当化の根拠であるとする見解を受け入れることは、断じてできなかった。(1)また――この方がもっと重要なことだろうが――ヨーロッパの膨脹が始まり、アリストテレスの自然的優越性の説が、新しく発見された世界を征服し従属させるヨーロッパ人の権利にとって有利な、ありがたい論拠を提供しただろうと思われる時にあたっても、その説は地歩を確立することができなかった。(2) 人間平等の観念が政治思想の伝統的前提として公然と挑戦を受けたのは、比較的最近になってからのことである。われわれがこれまで集めた証拠からすれば、平等論を弁護することは大して難しいことではないと思う。

(1) 不平等は奴隷制を正当化する根拠とされていない。奴隷制は、アクイナスにとっては、すべてのキリスト教的著述家におけると同じく、罪《シン》の結果であると考えられている。ただ奴隷制は、官職就任については、強い制限を課する理由となるだろう。官職就任は、アクイナスが認める次の二つの方法のいずれかによって正当化されねばならない。即ち上からの授権 (auctoritas superioris) か、あるいは下からの授権 (consensus subditorum) のいずれかである。

(2) そのような権利の存在は、カルロス五世が一五五〇年にバリャドリードに召集したスペインの法律家および神学者の会議 ('Congregation') によって、厳粛に否認された。

　まず、極端な形態の反平等主義、人種差別主義は無視してかかることにしよう。何故なら、それは権力の正当化の根拠を全く提供することができないからである。そのような主義は、或る人種や民族に支配の権利があると主張するが、同時に、その支配が押しつけられる人種や民族の側にも同様な権利があるという主張は、問題にならないものとして否認する。したがってそれは、公然あるいは暗黙のうちに、実力だけが政治において問題になり得る要素であると認めるのである。このような見解は、ヨーロッパを燃え上らせるに充分な力を持っていたけれども、幸いなことに、わがこの大陸においてその勝利を確実ならしめるに充分なだけの力をかき集めるのに失敗した。そのような見解は、西洋の政治的伝統にとっては全く異質のものである。トックヴィルが、ゴビノーの人種不平等論を読み了えて、その著者にあてて書いたように、「君の理論と私の理論との間には、知的宇宙の全体が横たわっている」のである。

　しかし、すでにわれわれが知っている通り、右に述べたのとは別種のもう一つの反平等主義があり、その人心に訴える力はもっと微妙かつ陰険であるから、ここで些かこれについて検討を加える必要がある。例の〈エリート〉理論は、社会に現存するもろもろの不平等の説明として始まった。ところがしまいには、支配階級すなわちエリートに属する人々の〈優越性〉と〈功績《メリット》〉を強調することによって、それらの不平等を正当化する根拠を提供しようとするようになった。ところが〈エリート〉理論の支持者たちは、如何にしてエリートが形成されるか、またエリートが現に掌握している権力に如何にして到達するのか、あるいは到達したか、ということを説明する段になると、意見の分裂を来たしている。実のところ——或るイタリアの著述家によって示唆された効果満点の区別を借用すれば——二つの解答しかない。即ち、エリートは〈押しつけられた imposed〉ものとするか、それともエリートは〈指名された proposed〉ものとするか、いずれかである。第一の場合には、問題になるのはエリートの功績《メリット》や本質的優越性ではなくて、いざという場合には実力を用いてでも権力を奪取しうる能力である。第二の場合においては——近代的社会では明らかにこうなっているのであるが——、前記の利点と優越性は、エリートがその権力を行使する当の人々から承認や容認を取りつける必要があるから、少くともその一点において、支配者と被支配者は平等の立場に立つことにならざるを得ない。いずれの場合においても、エリート理論は、実力か同意かという昔ながらの二者択一の外に第三の解決策を提示しているわけではない。人間不平等説は権力の正当化の論拠にはならない、むしろ、人間不平等説そのものが正当化される必要があるのである。

　以上の如く見てくると、平等原理は、権力の基礎として、これと関連のある同意の観念と共に、近代世界における正当性《レジティマシー》の観念の本質的な構成要素である、と思われるだろう。ところが、平等ということは、たしかにいろいろの長所はあるが、それだけでは充分ではないぞ、とわれわれに警告を与えるために、信頼できる人々が意見を表明して来た。トックヴィルはその民主政治研究の大著の結論として次の如く書いた。「現代の諸民族は、人間の諸条件が平等になって行くのを妨げることはできない。しかし、平等原理が彼らを隷属状態に導くか自由な状態に導くか、知性的な状態に導くか野蕃状態に導くか、繁栄に導くか貧困に導くかは、彼ら次第である。」この文章の言わんとすることは何か、と言うなら、それは外でもない——平等には危険なところがある、そして同意は民主主義の基本的な諸価値の保存にとって充分の保障とはならない、何故なら、何事にも同意することが可能であり、もはや平等でも自由でもないようになることにさえ同意することもあり得るからである——ということである。明らかに、この点においては、権力正当化の問題が新しい角度から、また新しい光を浴びて現われてくる。注意を向けねばならないのは、もはや権力の起原ではなくて、権力の行使である。やらねばならないことは、権力の特殊な動き方《プロシージャー》と、平等に次いで重要な自由が如何にして確保されるか、その方法を、はっきりさせることである。

参考書

アリストテレス『政治学』Aristotle, *Politics*, Book I, chs. i–vi, and esp. 1252^a and^b, 1254^a, 1255^a; III, xiii, 1283^b, 1284^a; xvii, 1288^a; IV, xi, 1295^b; VII, vii (引用はバーカー訳による)。聖グレゴリウス大法王『書簡』St. Gregory the Great, *Epist.* XIII, 34. 聖トマス・アクイナス『ペトルス・ロンバルドゥス命題集四巻の評釈』St. Thomas Aquinas, *Commentum in quatuor libros Sententiarum Magistri Petri Lombardi*, II, xiiv, q. 2, art. 2. 同『神学大全』*Summa Theologica*, I^a, XCVI, art. 4. 同『異教徒批判大全』*Summa contra Gentiles*, III, ch. 81. フッカー『教会政治』R. Hooker, *Ecclesiastical Polity*, I (1594) ch. x. ロック『第二政府論』Locke, *Second Treatise of Government* (1689–90) §§ 5, 15, 74, 90, 91, 94, 134, 135. ヒューム『政治論集』Hume, *Political Essays* (1741–2), iii, 'Of the First Principles of Government': モンテスキュー『法の精神』Montesquieu, *Esprit des Lois*, (1748), Book XVII, ch. 6. バーク『フランス革命の考察』Burke, *Reflections on the Revolution in France* (1790). トックヴィル『アメリカの民主政治』A. de Tocqueville, *De la démocratie en Amérique*, Vol. II. (1840), Conclusion (引用文は Eng. trans. by H. Reeve, London, 1889 による。)『トックヴィル=ゴビノー往復書簡』*Correspondance entre A. de Tocqueville et le Comte de Gobineau* (*1843–59*), Paris, 1909. ゴビノー『人種不平等論』J. A. de Gobineau, *Essai sur l'inégalité des races humaines*, Paris, 1854. リンカーン『アルトン合同討論における反論』A. Lincoln, *Reply in the Alton Joint Debate*, 1858. モスカ『過去および将来における貴族主義的原理と民主主義者』G. Mosca, *Il principio aristocratico ed il democratico nel passato e nell' avvenire* (1902). これは今は次の単行本に収録されている。『議会制の危機における政党と労働組合』*Partiti e sindacati nella crisi del regime parlamentare*, Bari, 1949.

平等の概念に関する議論については、ベン＝ピーターズ共著『社会的原理と民主国家』S. I. Benn and R. S. Peters, *Social Principles and the Democratic State*, London, 1959 に収められている右両氏執筆の「正義と平等」(Justice and Equality) に特に負う所が多い。

〈押しつけられた〉エリートと〈指名された〉エリートとの区別については、私は故ブルツィオの『自由主義の本質と現実』F. Burzio, *Essenza e attualità del liberalismo*, Turin, 1945 に負うている。

平等観念の歴史の概観としては次の書を参照せよ。ラコフ『政治哲学における平等』S. A. Lakoff, *Equality in Political Philosophy*, Cambridge, Mass., 1964.

六　消極的自由

権力の目的は人間の自由を確保することだ、と言うとき、これは正確には如何なることを意味しているのか。このような目的の達成はどうして、また何故、近代国家を正当化する最も有効な原理の一つとなるのか。これら二つの問題は、僅か数行を以ては完全には答えられないような、大きな、難かしい問題である。だが、その重要性を今さら強調するまでもないような議論においてわれわれの判断を導いてくれるような、政治理論の発展における幾つかの里程標を示すことだけは、できる。

近代国家の発生が、現代において支配的である自由の諸概念と何らかの意味で必然的に結びついていたかどうか、ということを、歴史的な証拠は明らかに示してはくれない。すでにわれわれが知っている通り、ホッブズにとって〈国家《コモンウエルス》の自由〉とは、その独立のことである。[1] マキアヴェリもまた、政治的自由（*vivere libero, stato libero*）について語る際には、特にこのような意味を念頭においていたようである。彼にとって自由とは、第一次的には外国からの支配のないことであり、ただ第二次的に、専制に対する反対を意味したに過ぎない。彼の言うところの〈新君主〉の支配は、それが強固な政府を確立するに成功すれば、それだけで正当化されるものであった。少くともイタリアでは、当時すでに政治的生活の腐敗が進んでいたからして、彼がもはや不可能と見ていたような、自由の復活に成功することを、条件とはしなかったのである。

（1）　本書第二部第八章一五二頁

したがって、〈新しい君主国〉の勃興の際に主人役をつとめたイデオロギーは、〈自由主義的〉なタイプのイデオロギーとは全然かけはなれたものであったと思われる。しかし、このような判断を決定的なものとして受け入れるに先立って、しばらく立ちどまって些か省察を加える必要がある。実際のところ、強固な国家、法と秩序の強固な基礎への要求――このような要求はマキアヴェリにおいてもホッブズにおいても明らかにうかがわれるのであって、このことだけでもすでにヨーロッパにおける絶対王政の勃興と成功とを説明するに充分だとされるかも知れないが――このような要求がそれ自体において、（どうもこうは言えないように思われるとしても）、取るに足らぬ自由への要求ではなかったかどうか――ということをもう一度問題にすることは可能である。『君主論』第十七章の冒頭の有名な一節――これはマキアヴェリの著述の中で最も遠慮のない、また恐らく最も戦慄をもよおさせる文章の一つであるが――を取上げて見よう。曰く「チェーザレ・ボルジャは残忍であるとの評判が高かった。しかしながら、この彼の残忍さがロマーニャを復興させ、それを統合させ、服従と平和を回復させたのである。」マキアヴェリの目には、その達成が新君主の残酷な行動を正当化するものと見られたところの恩恵、善行とは何であったか、考えて見よう。それは、統一、服従、平和であったのだ。これらは、われわれが前にどこかで出遭ったことのある価値である。これらの価値は、ホッブズが自然状態を棄てて〈市民的状態 civil state〉に入る必要があったことを証明するために持出した諸価値と、非常によく似ているのである。

たしかに、ホッブズが列挙しているところの、自然状態に欠けている善きもののすべてのリスト以上に、教えるところの多いものはない。彼がこのようなリストを作ったのは、明らかに、それらが自然状態を終息させることによって、即ち一個の〈共通の権力〉、一個の〈国家〉を樹立することによって、手に入れることができるものであることを示そうとする意図があったからである。彼は『リヴァイアサン』の最もよく知られている、最も印象的な文章の一つにおいて、次のように書いている。

そのような状態においては、産業をいとなむ余地はない。その成果が不安にさらされているからである。またしたがって大地の耕作も、航海も、海路を通って輸入されて来る品物の用いられることもない。快適な建物もなく、多くの力を必要とするような物をあちこち動かすための道具もない。大地の表面に関する知識もなく、時間の計算もなく、工芸も文学も社交もない。最も困るのは、絶えざる恐怖、暴力による死の危険があることである。だから、人間の生活は孤独で貧しく、不潔で野蕃、しかも短命である。

ここに、あたかもネガ・フィルムで見るように、ホッブズによれば国家において達成されるとされている諸価値、諸恩恵が如何なるものであるかを、明瞭に見て取ることができる。これらの価値は物質的でもあれば精神的でもある。精神の改善のみならず生活の快適さに関係するからである。それらは現代の用語では、〈文化的〉価値と呼ぶべきものである。そして文化的価値は必ず、何らかの面で、自由、つまり人間の創意およびエネルギーの自由な発揮とに結びついているものである。

勿論、マキアヴェリの国家もホッブズの国家も、現代の〈自由主義的な《リベラル》〉国家と大して共通点は持ってはいない。前者の〈君主〉も後者の〈主権者〉も、彼らの権力に対する制約《ブレーキ》のあることを知っていない。もし自由が単に独立を意味するにすぎないならば、彼らだけが〈自由《フリー》〉である、何故なら、彼らの権力は実力によってのみ制限されるのであり、彼らの意志は最高の法であるからだ。しかしながら、もし権力の目的が平和と安全とを保証することであるとするならば、法の総合的な活動は或る点で停止せざるを得ない――単に、それが平和と安全の成果たるすべての善きものの享受を許すに過ぎないとしても。法と秩序とを正当化する根拠は、まさにここにある。平和と安全が保たれるなら、もし平和と安全が消失したならそのようなものを享受することの妨げになるような障碍は、除去されるのである。これは、自由の概念に対する全く消極的《ネガティヴ》な接近方法である。ホッブズは、「被治者の自由は、主権者がその作用を制約することを怠った事柄だけにある」と言っている。換言すれば、市民は法によって制約を受けない分野においてのみ自由である――*silentium legis, libertas civium*〔法の沈黙、そこに市民の自由がある〕――ということになる。そこで、この自由に適当な名を与えよう。それを〈消極的自由 negative liberty〉と呼ぶことにしよう、但し、この点ではホッブズをも〈自由主義的《リベラル》〉著述家の中に加えるという条件づきで。[1] 何故なら、この偉大な絶対主義の哲学者は、被治者の自由とは何であるか、或いは何であるべきかについてかなり寛大な見方をしているようだから――と言うのは、その自由には「売買の自由、相互に契約を結ぶ自由、自らの住居、自らの食事、生業を選択する自由、また適当と思うように自分の子供を教育する自由など」が含まれているのだから。

(1)　有名なホッブズ研究家レオ・シュトラウスによると、ホッブズ的国家は萌芽状態にある自由主義的国家に外ならぬ、と言う。

このように、われわれが権力の起原の考察から一転して権力の行使を考察して見ると、消極的自由なるものが、近代的国家の第一の、恐らく最も重要な正当化の根拠として現われて来る。これを問題にする場合、ホッブズ自身が国家の任務であるとした、あの障碍の除去と個人的独立の分野の確保との二つを挙げて取りかかるのがよかろう。しかし勿論、もう一つの条件が満たされるまでは、つまり、権力が停止されねばならぬ一線がはっきり画されるまでは、一言で言うなら、国家行動の限界が判然と確定されるまでは、この消極的自由なるものが確実であるとか完全であるとか言うことはできないのである。ここでもまた進むべき道を指し示しているのがホッブズであるのは、なんとも皮肉であるような感じがする。彼がそのような指示を与えているのは、彼が法が善き法となるに必要な諸条件を分析している箇処である――何故なら、すでにわれわれが知っているように、定義からしては〈法はすべて不正《アンジャスト》なものではあり得ない〉けれども、法には善きもあり悪しきもあり得るからである。[1] それらの諸条件の中には、〈有用たること needful〉という条件が含まれている。これによってホッブズは、無用の制限や重荷を課さないような法だけが承認さるべきである、と言おうとしているらしい。「何となれば、法の効用《ユース》は、……人々にすべての自発的行動をさせないように束縛することではなくて、彼らが自己の激しい欲望や無謀や無思慮のために自らを傷けないようにするために、彼らを一定の行動をするように仕向けて行くことである。あたかも垣根は旅人を停止させるためではなく、彼らに道を誤らせないために設けられているように。」法と垣根との類比は言い得て妙である。人間の平和的共同生活を確保するに欠くことのできない法だけが、〈善き法〉である。そのような法は、個人の決定にのみ任ねらるべき分野にとって、境界の役割を果さなければならない。ここでもまたわれわれは、消極的自由の概念に直面する。だが今度の場合、その概念は法的基準として、——国家が踏み越えてはならぬ限界を示す尺度として用いられている——勿論、ホッブズの見地からすれば、国家がそれを踏み越えるのを妨げる物はないわけだが。これと同じ比喩をロックもまた用いているのは、実に興味津々である。法が垣根の役目をするということは、彼にとっては、法の最大の功績であり、またその本来の任務でもある。たしかに法は垣根の役目を果すが、それによって法は、ホッブズの考えとは逆に、自由の条件となるのである。何となれば、「われわれが沼地や断崖に落ちこまないように垣根で仕切ることは、拘束《コンファインメント》と呼ぶには余りふさわしくないからである。したがって、そのように誤解されることがあるとしても、法の目的は自由《フリードム》を廃止したり制限したりすることではなくて、自由を保持し拡大することである。……何故なら、自由《リバティ》とは、他人から制限や暴行を受けないことであり、自由は、法が存在しなければ、有り得ないからである。」

（1）　本書第二部第六章一三二頁。

言うまでもなくロックは消極的自由を主張した第一等の哲学者であったし、今もそうである。自由主義的国家観の完全な定式化として、『第二政府論』に肩を並べ得るのは、恐らく、もう一つの古典、即ちジョン・スチュアート・ミルの『自由論』だけであろう。このミルの論著は、もっと近代的な言葉で、ロックの時代にはまだ知られていなかった社会的諸力（social forces）の圧力に対して個人を擁護する問題を論じている。しかし、これら二人の著述家は、同じような自由主義的インスピレーションを持っているその他のすべての人々と同様に、ホッブズや彼よりあとの多くの〈絶対主義的〉な著述家たちが主権者から与えられる有りがたい賜物と見なしていた、個人的独立の領域を確保することに関心を寄せているのである。たしかに、彼らが権力の任務と国家行動の限界を確定する際に参考にしている原理は、大いに異なってはいる。ロックは、国家に先行する自然の法および理性の法と、譲り渡すことのできない、また時効によって消滅することのない自然的人権を原理として援用している。ミルの方は、功利《ユーティリティ》の原理——「進歩する存在としての人間の永久的利益に根ざす、広義の功利」——に訴えている。なおまた、確保すべき目的の定義においても、力点の置き方が違っている。ロックにとっては、国家存立の理由、――彼自身の言葉を用いれば、人間が〈社会契約 social compact〉において団結する理由は、〈彼らの生命、自由および財産《エステーツ》の保持〉であって、彼はこれら三つの基本的な善き物《グッズ》を要約して、一つの〈一般的な名称、財産《プロパティ》〉としている。他方ミルは、社会が尊重しなければならぬ諸自由の長いリストを列挙しているが、次いで彼もまたそれらを一つの文章に要約して、次のように述べている。「凡そ自由と呼ばれるにふさわしい自由は、われわれが他人からその善きもの《グッド》を奪おうとしたり、それを得ようとする他人の努力を妨げようとしない限りにおいて、われわれ自身の善きもの《グッド》を追求する自由だけである。」ここで重要なことは、両者のいずれにおいても、権力の正当化が自由の本質的に消極的な概念に関連させられていることである。国家行動の目的、および同時にその限界は、確立され確保されるべき唯一の価値、即ち個人の自由にして制限されぬ発展によって決定される、と考えられているのである。

　したがって、この際、消極的自由の概念と、それを基礎とする自由主義的国家観とは、或る特定の歴史的時期の産物にほかならず、そのようなものとして判断し評価しなければならぬ、と断定するのは、論理にかなったことと思われよう。自由主義 Liberalism が、制約のない個人主義が最高の善だと思われるような社会構造が確立された時代の典型的な表現であるとして説明されるときに、われわれは右のような断定が表明されるのをしばしば聞くのである。このような主張にはたしかに多くの真理がある。ロックの教説がもてはやされたのは、歴史的に見ると、商業的中等階級とその階級の人々が信奉した〈所有的個人主義 possessive individualism〉とが勃興した時期と一致するし、同様に、ミルが人気を博したのは、自由放任主義とブルジョア的生活様式とが最後的な勝利を得たことと密接な関連があった。しかしながら、自由主義が〈ブルジョア・イデオロギー〉と呼ばれるとき、そう呼ぶ人の意中には論争的態度あるいは敵対的な態度さえも秘められている場合が少くないから、やはりこの問題をその最も一般的な形において取扱い、或る政治理論が或る一連の歴史的事情と結びついていたという事実だけから、その政治理論が、変化した、もっと複雑になった世界では利点《メリット》や妥当性を持たなくなるのではないかと疑う理由となるかどうかを、問題にする必要があろう。

この問題に対して正しい解答を与えるに先立って、消極的自由と自由主義的国家観との〈ブルジョア的性格〉について一言することは許されようし、また一言しなければならない。もしこれが〈ブルジョア・イデオロギー〉だとしても、もう一つの、多くの点でこれに対立する理論——これもまたブルジョア的と呼ばれているのだが——すでにわれわれが本書において一度ならず検討を加えた、あの支配的エリートの理論とは、その前提においてもその含意においても、甚だしく異なっていることは確かである。現代の〈エリート主義 élitism〉とはちがい、古典的自由主義は、論理的にも歴史的にも、人間平等の原理に結びつけられていた。それは、すべての個人に対して、人権の平等の分前を与えるべきことを要求した。それは、現存の社会構造に対して反動的な態度や保守的な態度を表明するどころか、進歩の手段であった、いな、その社会構造、そのような社会構造に附随していた特権や差別をも顚覆する手段でさえあった。

だが、自由主義的国家論の功績《メリット》はこうしたものだけではない。その最大の成果は、独自の手段や制度を生み出したことであり、そのような手段や制度が現になお近代国家の強固な基礎をなしているのである。これらの制度は幾度もの嵐を乗りこえて、変化した社会の要求に適応し得ることを証明した。たしかに、それらの制度は、しばしば批判にさらされ、最近においては破壊の脅威に直面したが、かえってそうしたことから新たな元気と霊感とを汲み取ったように見える。私はこれらの制度を法的な視角から検討した際に、それらは歴史的発展の結果であると同時にまた意識的な賛成と選択の結果でもあったことを指摘した。(1) 今や、この選択を実行した人々は、憲章《チャーター》の部分の前に加えるのが慣習になった荘厳な〈宣言〉を用いて、それを極めて明白な形式で実行した。彼らは、権力の正当化に是非とも必要と見なした諸価値を、〈諸権利〉の弁護という形式で書き記した。しかし、これらの権利は大方は消極的自由であった。それらは、国家の行動に加えられた限界に外ならなかった。またそれらは、ミネルヴァがユピテルの頭脳から武装して飛び出して来るように、これらの人々の頭脳から飛び出して来たのではなかった。それらは、ブルジョア社会が発生するずっと以前に、いな近代国家の勃興するずっと以前に、つとに考えられていたものであった。

（1）　本書第二部第七—九章。

そこで、自由主義の政治理論を論ずるにあたっては、次のことは常に忘れてならぬ要点である。即ち、消極的自由の観念は単に抽象的な理論の産物でもなければ、単に比較的最近の社会的条件の産物でもない。〈イギリス人の諸権利〉という表現は、さまざまな国々における多数の権利宣言書にとってインスピレーションの源泉となり、また模範となったものだが、その背後には長い歴史があるのだ。それらの権利は〈自然的〉権利となる前に、すでに〈歴史的〉な権利だったのである。それらの権利は久しきにわたる闘争において勝ち取られて、有名な諸文書に書き記されたのであって、それらの文書の中でマグナ・カルタ〔一二一五年六月十五日〕が時間的に最初のものであった。十七世紀のイングランドの権利宣言は、抽象的な性格も普遍的な性格も帯びてはいない。それどころかむしろ、力点は先例に置かれている、すなわち、そのような諸権利は前から存在していたのであって、過去において裁可されていたこと、また、したがって問題は要するにそれらの権利を厳かに再確認し、その擁護のための適切な手段を提供することだということを、強調しているのである。これらの歴史的な諸権利が自然的な権利に変ったのは、アメリカ革命が行なわれてからのことであった。勿論、ロックの著述に表現されていたような新しい精神的風土《クライメト》と国家の合理主義的構成とが、このような変貌に一つの役割を果した。しかし、政治的闘争のための必要も、同じような役割を果したのである。したがって、アメリカ植民者たちは、いったん母国から離反した以上は、もはや〈イギリス人の諸権利〉という文句を持ち出すわけにはゆかなくなり、彼らはやむなく（と言ってよいだろう）これらの権利を一般的な理由に立って〈人間の諸権利〉〔人権〕として要求するに至ったのである。一七八九年のフランス国民議会のあの偉大な〈宣言〉は、人間の諸権利と市民の諸権利の両方を定義しようとしたのであったが、革命の嵐がおさまるや否や、その同じ諸権利が、歴史的あるいは実定的《ポジティヴ》な諸権利として、つまり人間の権利というよりはむしろ市民の権利として、再び見えて来たのである。もしこのことが何事かを証明しているものとすれば、要するに次のことを証明しているのである。即ち、権利を主張することは、国家と個人との間の境界線を明らかに示す一つの方法であり、消極的自由は一個の憲法上の原理、即ち近代国家の基本的な憲法上の原理となった、ということである。

ところが他方において、これらの境界を定めるに当って常に大きな意見の相違があったこと、またこれらの境界が今日ほど問題にされたことがなかったということも、やはり同様に重大なことである。一つの適例として、現在もなおヨーロッパ大陸で激しく論争されている、新しい種類の権利と自由、即ちいわゆる〈社会的権利 social rights〉の存在とその正確な本質に関する議論があげられる。

これらの新しい権利を僅か数語を以て定義することは、容易ではない。要するにそれは、すべての市民に、権利上で万人にとって平等であるべき自由を実際に享受することを得させるべきだ、という要求である。ところが、このような要求は、結局において、伝統的な消極的自由の観念を国家の不干渉を意味するものとして放棄することを要求することになるのである。言うまでもないことだが、社会的権利の促進は、経済的分野においては、国家に行動を差控えるように要求するのではなくて、国家に干渉を行なうように要求するのである。このことは、イタリア憲法第三条第二項の規定にはっきり表われている。それは次の如く宣言している。「市民の自由と平等とを実際上制限することにより、人格の完全な発展とこの国の政治的、経済的および社会的組織に対するすべての労働者の実効的な参加とを妨げるような、経済的・社会的性格を持つすべての障碍を除去することは、本共和国の義務である。」

こうなると、社会的な権利および自由の概念は、再びわれわれをあの問題に、即ち、自由主義的国家観は如何なる程度まで経済的・社会的組織の一定の型と結びついているのかという問題に、連れもどすのである。何故なら、この新しい自由の概念と、ロックからミルに至るまでのブルジョア時代の理論家たちによって与えられ、十八、十九世紀の憲法上の憲章の精神となったところの自由主義的な理想の解釈とを、調和させることが困難であることには、何ら疑問を挿む余地があり得ないからである。そのような解釈は、すでに見たように、私有財産の神聖なことと完全な経済的自由とが至上の価値を有するという信仰を中核としていた。ところが、まさにそのような神聖性と価値とが、今や問題にされているのである。そうしたものも、もしも〈社会的正義〉が実現されねばならぬとすれば、犠牲にされねばならないだろう、と言うのである。この衝突は、適切な名を与えるなら、個人主義と社会主義との衝突である。そして自由主義的な理想が生き残れるか否かという問題は、現代のイタリア社会のように両者の中間に立っている社会においては、特に重大《クリティカル》なものに感じられざるを得ない。イタリア自由主義の最も著名な指導者の中の二人の人が正にこの点について対立して来たのは、甚だ注目すべきことである。すなわち、経済学者のエイナウディ*が、自由主義は自由放任《レッセ・フェール》主義的な社会構造と切離しがたく結びついていると主張したのに対して、哲学者のクローチェは同様に頑強に、自由主義的な理想や制度は、近代世界において行なわれた根本的な社会的変革よりも後まで生き残り得るし、また生き残るべきであると主張したのであった。

　このような重大なディレンマに直面しては、例えば英国の如き特殊の国々の経験を拠り所とするだけでは充分ではない。英国では、経済的自由主義の放棄と勇敢な社会改革の遂行とが、一見したところでは、〈英国人の家庭は城である〉という諺にうまく表現されているような昔ながらの消極的自由の観念を弱めはしなかった。この種の自由の歴史における重大な時点、即ち、それが三つの基本的要求——障碍の除去、個人的独立の分野の確保、および国家行動を周知の判然たる限界の内に局限すること——という形で近代国家の形成に決定的に貢献した時期にまで、立ち帰って考えて見ることが必要である。これらの三つの要求の中の一つでも拒絶されたとすれば、近代的憲法の精神的動力となった自由は脅かされたであろう、と言ってもよかろうと思う。もはや国家に対して絶対的な、無制限な権力を賦与することは二度とないとすれば、つまり、市民の生活と独立とが独断的な決定にゆだねられない限り、一言にして言えば、近代的自由の防波堤たる憲法上の保障に何の攻撃も加えられない限り、国家の或る種の行動が非自由主義的《イリベラル》と呼ばれ得るものとは、われわれは考えない。いわんや、人間の人格の完全な発展、あるいはすべての市民の政治的生活への実効的参与を妨げる障碍を取除こうとする国家行動に対しては——それらの障碍が経済的ないし社会的状態に由るか、あるいは国家内部の或る集団の特権的地位に由るものであるときは——そのような非難を加えることは許されない。むしろそのような国家行動は、私がこれまで明らかにしようと努めて来たように、しばしば看過されてはいるが近代国家の最高の功績の一つであるところの、自由化過程の継続であり、強化である、と私には考えられるのである。

　結局のところ、あの偉大な強国の元首が先般の戦争中に訴えたのは、消極的自由を構成するところの、このような自由化の任務、このような障害排除であった。F・D・ローズヴェルトが〈四つの自由〉――後にそう呼ばれるようになった――を宣言したとき、恐らく彼は、有史以来の最も恐るべき専制のもとで押しひしがれていた諸国民に対して、将来への見込みと希望を与えようと考えていたに過ぎなかったであろう。彼は一つの政治制度の輪郭を描こうとしていたのではなかったろう、まして、社会改革の綱領を書き上げようとしていたのではあるまい。だが、これら四つの自由の構成要素を、私がここで概説したような歴史的展望において、考察するがよい。構成要素の第一と第二――言論および表現の自由と、自らの好む仕方で神を崇拝する自由――は、自由主義の純粋の伝統に属するものであって、まるでジョン・スチュアート・ミルが言った言葉のようである。他方、第四の自由――恐怖からの自由――は、もっともっと基本的な要求を表現している。それはホッブズの霊を呼び起こすかのようである。第三の自由――欠乏からの自由について見ると、少くともこれまでの私の議論が間違っていなかったとすれば、これもまた消極的自由の一種である。だが、このような自由を何人も敢えてブルジョア的自由の一種だときめつけようとはしないにちがいない、何故なら、これまで遺産を受けつがなかった階級や人民、また、僅か数世紀前に、今日では（幸いにその数はごく僅かだが）〈自然的不平等〉や〈人種〉やエリートの有りもしない特権を讃美しつつ不毛なエゴイズムの中に自ら閉じこもることをよしとしている階級や人民の祖先たちが、かつてなした如くに、共通の人類の遺産の分前にあずかる権利を主張している階級や人民を、それはこれまでも精神的に勇気づけて来たし、今も勇気づけているのであるから。

（1）一九四一年一月六日の議会への教書。

参考書

マキアヴェリ『君主論』Machiavelli, *The Prince*, ch. xvii. ホッブズ『リヴァイアサン』Hobbes, *Leviathan*, chs. 13, 21, 30. ロック『第二政府論』Locke, *Second Treatise of Government*, §§ 57, 123, and passim. ミル『自由論』J. S. Mill.

On Liberty （1859）, Introd. and chs. iv and v.

〈消極的自由〉の概念に関して最近行なわれた最も刺激的な評論は、疑いもなくバーリンが彼の就任講演『二つの自由概念』Sir Isaiah Berlin, *Two Concepts of Liberty* （Oxford, 1958） で行なったものである。しかし、次の二著も参照せよ。クランストン『自由』M. Cranston, *Freedom : A New Analysis*, London, 1953. ボッビオ『政治と文化』N. Bobbio. *Politica e Cultura*, （Turin, 1955） 所収の優れた論文「近代人の自由と後世の人々の自由との比較」'Della libertà dei moderni comparata a quella dei posteri.'

消極的自由をブルジョア・イデオロギーと定義するのは、勿論、自由主義国家論に対するマルクス主義的著述家からなされる通例の批判である。しかし〈所有的個人主義 possessive individualism〉という表現は、マクファースンの近著に由来する。C. B. Macpherson, *The Political Theory of Possessive Individualism : Hobbes to Locke*, Oxford, 1962.

クローチェとエイナウディの政治的自由主義と経済的自由主義との関係に関する諸論文は、次の単行本に集められた。クローチェ＝エイナウディ共著『自由放任主義と自由主義』（ソラーリ編） B. Croce-L. Einaudi, *Liberismo e Liberalismo*, a cura di P. Solari, Naples, 1957.

七　積極的自由

消極的自由の概念、およびそれを基礎とする自由主義的国家論は、前章において論議された理由とはちがった、それより優れた理由にもとづいて批判され得る。その重要な論点は、この自由概念が、権力の限界に重点を置きすぎるため、結局は、如何に権力が行使されるべきか、また正確には誰によって行使さるべきかという問題を、第二次的な地位におとすのではないか、そうまでならないにせよ、少くともこの問題を軽視することになりはしないか、という疑問である。自由主義的国家のモデルは、モンテスキューによってはっきり提示された。即ち彼は、〈政治的自由〉が見出され得る政治とは〈節度ある政治 moderate governments〉だけであるとし、〈被治者の政治的自由〉とは、〈各人が自己の安全について抱く判断から生ずる、安心感〉であるとしたのであった。このようなモデルを採用すると、どのような政治的組織の形態が良いか、ということは問題にならなくなる。政府が〈共和制〉であるか〈君主制〉であるか、は問題ではない。大切なのは、権力が〈濫用〉されてはならぬということであって、すでにわれわれが知っている通り、モンテスキューによると、そのような政治は、権力が憲法的に制限されている場合にのみ生じ得るのである。或る政府が自由主義的政府であるか否かを判定する基準が、法の支配が確保され、個人の独立の分野が尊重されているということであるとするならば、厳密に言うと啓蒙的君主でさえ、この基準を満足させることができるわけである。プロイセンのフリードリッヒは、正にこの点についてカントから非常な称讃を受けた。この国王は、彼の臣民たちにその理性をはたらかせ、その心中を語ることを可能にし、かくて啓蒙の伸展をさまたげるあらゆる障碍を除去したからである。

自由の名において現代人が提出した要求は、これに比べると遙かに広汎かつ複雑である。ここにおいてわれわれは、こんにち普通に〈積極的自由 positive liberty〉と呼ばれているものに直面するのであるが、これは、消極的自由と直接に対立しているとは言えないまでも、それとの関連において立っているのである。これら二種の自由の間の概念的差異は、サー・アイザイア・バーリンの最近の就任講演からの次の引用文の中に、これ以上はとても望めないほどの明晰さを以て説明されている。

〈誰が私を統治するか？〉という問いに対する答は、〈如何なる点まで政府が私に干渉しているか？〉という問いとは、論理的には判然と区別される。結局のところ、この差別にこそ、消極的自由と積極的自由という二つの概念の間の大きな対立《コントラスト》の根本がある。なぜなら、〈私は自由に何をしてよいか、または私は自由に何になれるか？〉という問いではなくて、〈私は誰によって支配されるか？〉あるいは〈私は何になれるか、あるいは何をしてよいか、また私は何になってはならないのか、あるいは何をしてはならないかを決めるのは誰か？〉という問いに、われわれが答えようとする時に、自由の〈積極的〉意味が現われてくるからである。……私が私自身によって統治されたいという願望、そうまでは行かなくとも、少くとも、私の生活を統制するに用いられる過程に参与したいという願望は、行動のための自由の領域を求める願望に劣らず深刻なものであり、恐らく歴史的にもより古いものであろう。しかしそれは、同一のものを求める願望ではない。……〈自由〉という語の〈積極的〉な意味は、個人が自分自身の主人となりたいという願望から出て来るものである。

サー・アイザイアによってこのように截然と引かれた区別の一線は、なにも目新しいものではない。十九世紀の初めにバンジャマン・コンスタンは彼の有名な論文『古代人の自由と近代人の自由との比較』の中で、このような区別を同じように厳しく行なった。この区別は、大して苦労しなくても、ずっと昔のアリストテレスにさえ見出すことができよう。このような区別が政治理論にとって途方もなく大きな意義を持っていることは、それがわれわれを、自由主義者がしばしば回避するところの問題、即ち自由と統治形態との間の関係に関する問題に直面させる、という理由によるのである。たしかに、積極的自由の定義そのものが、この観念が民主主義の観念と如何に密接に結びついているかを示している。自由とは、われわれに影響を及ぼすすべての決定において発言権を持つことであるとするならば、アリストテレスが指摘したように、それは、平等を基礎とする統治組織《システム》においてのみ、即ち、すべての市民が「正義の執行と職務の保持に」参加するような統治組織においてのみ、実現され得るということになる。このような組織においては、「大衆が当然に主権者とならねばならない。」積極的自由と国民主権とは相伴なうものである。一方は他方のイデオロギー的正当化となるのだ、とさえ言ってもよかろう――ずっと昔、キケロは同じことを違った言葉で言ったのだが。民主主義者たちは、今までいつも次のように主張して来たのだ、「国民が最高の権力を持っている国家を除いては、如何なる国においても自由――それ以上に甘美なるものなき自由は、住家《すみか》をもたない。(1)」

(1) 本書第二部第二章九四頁。

われわれは前にこの国民主権の教説には別の文脈《コンテキスト》においてお目にかかったことがある。これについては多くの著書が書かれ、またその歴史については多くの理論が提出された。それらの理論の中には、大いに極端に走って、この教説は古典古代に初めて出現して以来、ずっと今日まで連続している、と主張したものもあった。われわれの目下の研究にとって興味があるのは、次の二点である。即ち、国民主権こそは権力を正当化する唯一の根拠であると見なす考え方と、それが自由の概念と民主主義の概念との間の必要にして切離しがたい紐帯であるとする主張とである。これら二点を解明すれば、われわれが近代民主国家の生誕の時期、もっと正確に言うと、それを支持する論拠が発生した時期を、かなり正確に知るのに、役立つであろう。

第一の点について見れば、国民主権の弁護のために提出された主張は、自由主義的な国家観念の起原ともなったところの、自然的、本源的かつ消滅することのない個人の権利なるものの発生と論理的にも時間的にも緊密に結びついていたことは、殆ど疑い得ない事実である。ロックの政治理論は、このような緊密な結びつきのあったことを最もよく証拠だてている。平等の観念についてもそうだったが、この場合にもまた、全く新しいものに見えた観念が実は過去のものと結びついていたのであって、ずっと昔の諸理論という幹から芽生えたものと考えられるのである。同意《コンセント》に関する中世的な考え方と、権力《パワー》は国民に由来するとするローマ的理論との両方が、近代の国民主権論の形成に寄与した。だが、器は古くても、葡萄酒は全く新しいものだった。新しいところは、国民主権を、個人の〈自然権〉に照応する、国民の〈本源的権利 original right〉であるとしたところである。前例を見ないところは、国家を、すべての個人が権利と権力のそれぞれの分前を献呈するような社会契約の結果として、抽象的に〔概念的に〕構成したことであった。たしかに、そこには政治哲学上の革命が行なわれたのである。それは、カントの有名なイメージを借りて言うなら、〈コペルニクス的革命〉であった。しかしそれは、実践上の革命と並行して行なわれた思想上の革命であって、これら二つの面の革命のどちらが時間的に先であったか、また、西半球におけるその名にふさわしき最初の民主主義的体制《レジーム》〔アメリカ合衆国〕を形成するのに、どちらが決定的な役割を果したか、などと論ずるのは無益なわざである。大切なことは、それらの革命の指導者たちが、民主主義の原理を信じ、人間の平等を信じ、国民の意志が権力の唯一の正当な源泉であると信じたばかりか、これらの原理に基づく社会を建設しようと企て、いざとなればこれらの原理のために戦う覚悟を決めていた人々だった、ということである。「私は、イングランドに住む最も貧しき人間も、最も偉い人間と同様に生活すべきである、と本当に考えております。したがって、議長殿《サア》、或る政府のもとで生活すべきすべての人間は、まず自らの同意によってその政府の下に入るべきであることは、明白であると思います。」このようなレインバラ大佐の言葉*は、それから二世紀の後にゲッティスバーグの戦場でリンカーンが述べた言葉と同様に、今なお記憶されている。リンカーンの言葉もまた、「人民の・人民による・人民のための政府は地上から消え去ることはない」という主張、激励、約束を謳い上げている。このような意味での民主主義は、一つの立場の決定であり、一つの選択である。それを定義することは、それに価値判断《プリスクライブ》を加えることに等しい。それは、理性的な根拠に立って正当化されるに先立って、受け入れるか拒絶するか、いずれかの決定を下さるべき一個の理想である。

さて、民主主義の擁護のために提出され得る、また実際に提出されてきた、あらゆる議論の中で、積極的自由の観念は、最も魅力的であり、最も説得力があり、同時にまた、最も曖昧で、最も誤って解釈されたり、誤って理解されたりし易いものである。ところでルソーは、すべての政治思想家の中で、この議論を最も強い説得力を以て提唱し、非の打ち所のない論理を以てそれをその最も極端な結論にまで押しすすめた思想家である。ルソーにとっては、政治の中心問題は、「共同の力の全体を以て各成員の人格と財産を保護防衛し、そしてそこにおいて各成員は、全体と自己とを合体させながらも、なお自己にのみ服従し、以前と同様に自由であるような、そのような形態の社会」を見出すことであった。ルソーはこれに附け加えて、「これこそは、社会契約が解決を与えるところの根本問題である」と言っている。人間は社会契約を結ぶことによって、〈市民的状態〉に入り、それによって自分の〈自然的自由〉を棄てるが、それは自分の真の自由を見出すがためであって、人間の真の自由とは〈市民的〉であると同時に〈道徳的〉なものであり、本質的には法の支配に服従することである。何となれば人間は「自分自身の真の主人」である場合にのみ自由であり、「われわれが自分自身に課する法に服従することは、自由である」からである。

かくて社会契約の観念は、ルソーによってそのすべての歴史的関連を剝ぎ取られた。後にカントが言ったように、それは〈行為〉でなくて〈理念〉であった——即ち、われわれに政治的組織体を自由の犠牲を意味するものではなく自由の達成を意味するものと思わせるような、規範的原理であった。積極的な意味における自由は、たしかに、自治、自律《オートノミー》に外ならない。それは、命令を下す権力が即ち服従する人の権力であるような場合を除いては、実現され得ない。したがって、国家における自由の達成は、〈一般意志〉の主権的性格にかかっている。〈臣民〉は、そのような主権の分前にあずかり、一般意志に参与する限りにおいてのみ、〈市民〉となる。彼らが国家に、〈祖国（la patrie）〉に、完全に己が身を委ねることは、彼らが「すべての個人的依存関係に陥らないように」保障する。「これこそは、政治的機構の装置と作用を造りだす条件であり、これのみが市民のいろいろの約束を正当化するのであって、もしこれがなければ、市民の約束は不合理なもの、専制的なもの、また最も恐るべき弊害を生み易いものになるだろう。」

恐らくルソーほどに、民主政治を唯一の正当な政治形態だとはっきり言った人は、一人もなかったろう。たしかに、彼以前には、積極的自由に対して、『社会契約論』において与えられているような優越した地位を与えた人は殆どなかったのである。われわれが自由の観念と近代民主主義思想との関連を理解しようとするとき、つねにルソーに立ち戻らなければならないのは、まさにこのような理由によるのである。だが、このルソーの議論が最初から、また勿論その後の適用においても、絶えず激しい攻撃にさらされたのも、こうした理由からである。たしかに、積極的自由の最大の理論家であったルソーは、多くの人々の目には、民主主義のために自由主義を犠牲にしたかのように映じた。十九世紀の初めに自由主義的著述家コンスタンは、『社会契約論』を「あらゆる形態の専制政治の最も恐るべき援軍」だと言って非難した。ついこの間のことだがサー・アイザイア・バーリンは、あの忘れがたい放送の中で、ルソーを「近代思想の歴史を通じて自由の最も陰険で最も恐るべき敵」であると定義した。

ルソー型の民主主義によって脅かされると感じられた自由は、何よりもまず消極的自由であった――旧派のすべての自由主義者にとって極めて大事なものに思われた、あの自由であった。この危険は、いわゆる〈平等主義的〉民主主義から発生するものと考えられた。少くともこれは、十九世紀の人々が特に心中に感じていた脅威であった。彼らは、現代に近づくに及んで現われて来た、これとは全く異なる危険については、まだ何も知らなかった。彼らは、何よりもまず、自由に対する脅威を、彼らのいわゆる〈多数者の専制 tyranny of numbers〉の中に見出した。それは平等の原理の不可避的な帰結だ、と彼らは思った。論理的には、この原理はたしかに民主主義の観念と切離すことはできない。民主主義は、すべての人が権力の行使に参与すべきだと要求するのであるから、当然、選挙権の漸進的な拡張、すべての人の投票が等しい価値を持つという想定、単純な頭数《あたま》の勘定――普通の場合、制限の加えられない多数決――によって偶発的な意見の相違を解決すべきであるとの要求に、到達することにならざるを得ない。〈多数者の専制、つまりは最強者の権利〉に対する恐怖は、マレー・デュ・パンからコンスタンやミルに至るまでの初期自由主義者の多くの者の著述に、繰り返されているモチーフである。それは、如何なる反民主的な反動の精神から出たのでもなく、自由主義的制度の正しい運用と、古い専制よりもひどい新しい専制を防止しようとする心からの熱望から発したものである。

批判者たちが平等主義的民主主義の中に見出した第二の脅威（ここで取上げるのは建設的批判だけであって、純粋に消極的な批判、つまり反動的な著述家たちが勝手気儘にやっているような批判は取上げない）は、新しい呼び方を用いて言うなら、〈価値の平等化 levelling of values〉の脅威であった。このような平等化は、人間の事実上の不平等、人間の能力の差異、社会生活の動態《ダイナミック》において自己分化（self-differentiation）の果す役割を認めようとしないことの、不可避的な結果であると考えられた。貴族主義的原理を拒否するなら、当然、何ら拠るべき規準《スタンダーズ》もない大衆社会《マス・ソサエティ》に到達せざるを得ないだろう、と予言した著述家たちもあった。トックヴィルについては、私はこれまで数回にわたって述べたが、彼はこの特殊の危険を最も明らかに認識していた十九世紀の思想家であった。彼自ら告白しているように、彼は自分の〈貴族主義的本能〉と民主主義に対する自分の〈理性的な信念〉との分裂のために悩んでいた。この問題に対する彼の関心はまず彼をして、アメリカの民主主義に関する知識を利用して、民主主義的経験一般に関する透徹した診断書を書かしめるに至った。後になってそれは、彼に大革命直前に至るまでのフランスにおける平等化過程を跡づけ、その過程の根源を旧制度《アンシャン・レジーム》の構造と近代の官僚制的・中央集権的国家の台頭の中に見出すに至らしめた。平等主義の不可避的な進行に直面して、〈一種の宗教的恐怖〉のために悩まされた、と彼は公言した。しかし彼の頭脳は冷静であり、彼の信念は不動であった。「問題は、如何にして貴族的社会を再建すべきかではなくて、神がわれわれを住まわせた民主主義的な社会状態から、如何にして自由を生ぜしめるかである。」

民主主義的原理の無条件的な適用から発生すると考えられた最後の最悪の危険は、それがまぎれもなく自由の決定的、全面的な放棄のための土台を提供する恐れがある、ということである。ルソー自身も、或る種の社会契約論、とくにグロティウスによって支持された理論を批判した際に、このような危険について警告を発した。たしかにグロティウスは、社会契約は取消すことのできないものだとすることによって、絶対主義を正当化するために、あるいはルソーの言葉によれば、「国民からすべての権利を剝奪し、あらゆる手管《てくだ》を弄してそれらの権利を国王に与えるために」、その観念を利用した。今世紀の歴史は勿論、十九世紀の歴史にも、国民主権が独裁制の確立のための道具に使われたような事例に乏しくないことは確かである。国民投票《プレビシット》とか一般投票《レファレンダム》とか言うような、直接に選挙民の意向を聞く方法は、われわれがよく知っているように、従前のどんな絶対的政府よりも遙かに絶対的な政治体制に対して、法的のみならずイデオロギー的な正当化を提供するのに役立った。

以上のような議論は、熟考に価いする重大な議論であって、それらの議論が多くの場合に事実と正確に合致しているだけに、いよいよそのように思われる。実際の経験はやはり、ラテン的な平等主義的・平等化的民主制といわゆる英語国家の〈遠慮がちな民主制 deferential democracies〉との間の差異について述べたトックヴィルの言葉を、裏付けているようである。英語国家、特に英国においては――英国では、ヨーロッパ大陸の諸国とはちがい、フランス大革命のような社会的大激動は起こらずに済んで来たのだが――、社会構造の中における多くの貴族制的要素の残存とでもいう外に言いようのない事実を見て、外国の観察者は驚くのである。そのような諸要素は、それらによって育成される一種の心情と共に、民主的平等主義の峻厳な論理をやわらげる緩和剤の役を果している――もっとも、最も有効な緩和剤は、この国においてずっと昔から支配的であった独立自尊の気風であると言うべきだろうが。それはともかく、このような英国の事例は、積極的自由と消極的自由、民主主義と自由主義とを調和させる可能性のあることを立証しているように思われる。個人的諸権利と自由な個人的発展の領域の保証は、〈多数者の専制〉に制限を加えるばかりではない。そのような保証そのものが、民主政治の正しい運用の一つの条件である。消極的自由がなければ、積極的自由、つまり幻想的でない真の自治の達成は、妨害されるとは言えないまでも、完全に遅らされるであろう。

何故なら、もし民主政治を正しく運営しようとするならば、人々が自由に考えたり判断したりするのを妨げるような障碍を除去しなければならないのは当然である。人々は、自分たちの同意によって、いわゆるエリートの権力を確認するに先立って、自分たちの指導者について議論しその人物を吟味する機会を与えられねばならない。しかし、こうしたことが行なわれるためには、政治的勢力の自由な活動が、国家の中で保証されていなければならない。少数派が多数派になり得る可能性が保証され、平等の原理が本当に尊重されていなければならない。なかんづく、われわれは、諺の言う如く、頭数を勘定する唯一の理由は、頭を切り取るよりも勘定する方が容易だから、ということを忘れないで、多数派の決定に対して、純粋に実用的《プラグマチック》な価値以上のものを決して与えてはならない。多数派の決定も人間的なものであり誤り易いものだ。そのような決定は、議論の余地のない究極的な真理に対するかのように、人々に服従する義務を当然のことのように要求することはできない。すべてこれらの用心を加えるならば――近代の憲法においてはそうなっているが——、平等主義的民主主義は、もう一つの非常に違う種類の民主主義と混同されるはずはない。もう一つの民主主義とは、ごく最近になって政治的視圏に現われて来たもの、〈全体主義的民主主義 totalitarian democracy〉のことであって、それは、多くの人々の意見によれば、近代的国家観念の基礎をなしている自由の理想にとって最も恐るべき脅威である。

このような種類の民主主義を理解する鍵は、疑いもなく、やはりまたルソーに、また既に見たように、彼の国家の概念構成において主要な役割を果した、積極的自由の概念の両面性《アンビヴァレンス》に、見出すことができる。何故このような両面性があるのか、またルソーの政治思想について種々異なる解釈が与えられるのかと言うなら、その理由は、彼の用語の曖昧なこと、私としては彼の巧妙な言葉の操り方とでも呼びたくなるような点に、帰せられる。このような言葉の操り方が故意に行なわれたかどうかは、はっきり言えない。ただ、ルソーの二つの中心的概念、社会契約と一般意志との説明の仕方には、故意にぼかしたようなところがあることは事実である。社会契約はまるで神秘的な経験であるかのように述べられている。それは個人の〈全体的な譲渡〉を要求する、その代りに一種の再生を与えようと言う。そしてこの再生は個人を〈愚かで想像力のない動物〉から〈英知的な存在にして一個の人間たるもの〉に変える、と言う。これより更に不可解なのは、ルソーの一般意志の概念であって、これについては数限りない文献が生み出された。言うまでもなく、ルソーにとって、一般意志は単に主権の正当な保持者《ライトフル》であるだけではない。それは最高の倫理的価値を体現するものである。何故なら、それのみが〈常に正しい〉のであって、それに服従することにおいてのみ、人間は自己の道徳的生活の完成を見出すからである。この故にこそ、ルソーの見る所では、一般意志は〈全体意志〉とは——少くとも、更に詳しく限定しない限りでは——一致しないし、一致し得ないのである。たしかに全体意志は特殊な、変化する利益を表現することはできよう、ところが一般意志の方は〈常に恒常不変、かつ純粋〉である。それは〈長い討論、議論また喧騒〉の中に現われて来るものではなく、むしろそれは、満場一致、即ち最も完全な意見の一致の中に、最もよく現われるのである。したがって、〈党派〉や〈分派〉のために起る〈有害な分裂〉をやめさせる必要がある（明らかにルソーはこれらの語をマキアヴェリから借用したのである）。「人民が決して思い違いをしないようにするため、また各市民の心中における真理の神秘的啓示を何物によっても乱されることなく、ただ自分自身の意見に従って発言するようにする」ためには、「国家の中に如何なる部分的社会をも存在させてはならない。」それればかりではない。「盲目的な大衆」は「指導される」必要がある、とルソーは言う。

人民は自ら常に善を欲するが、自ら常にそれを見分けるということは決してない。一般意志は常に正しい、しかしそれを指導する判断力が常に開明されたものであるわけではない。それが物事をあるがままに見るように、また時にはそう見えるべきであるように見るように、してやらねばならない。一般意志に対して、それが求めている正しい道を教えてやらねばならない。……個人は、善を目の前に見ながら、これを拒否し、公衆は、善を欲しながら、これを認識しないものだ。両者は共に指導を必要としている。

ルソーは、彼が指導と呼ぶものがどんなものであるかをはっきりさせている。彼は『エミール』の中で、最良の制度とは人間を〈変性させる〉ことを最もうまくやってのける制度である、と述べている。彼は『社会契約論』の中では、一個の民族の形成には人間性そのものの変化が必要だろうと、繰り返し述べている。そのような容易ならぬ仕事は、訓練によって、また強制によって、はじめて成しとげることができる。人々の魂に、飛躍するように強制するのみならず、教えこまねばならない。「一般意志に服従することを拒む者には、団体全体によってそうするように強制しなければならない。ということはつまり、そのような者は自由になるよう強制されることになる、という意味である。」たしかに、一般意志は私の信念や私の投票に反対するように見えるかも知れない。しかし、「このことは、ほかでもない、私が間違っていたこと、また私が一般意志だと思ったものが、実はそうではなかったことを証明するのである。もし私個人の意見が通ったとすれば、私は私の意志とは正反対のものを達成したということになろう。そういう場合には、私は自由にはならないだろう。」

指導が必要だとか、異議を唱えるのはいけないとか、教化、自己批判、再教育をやれとか、今世紀の全体主義が持っているような身の廻り品一式が、悲しいかな、これらのルソーの言明の中にすでに含まれているようだ。犯人を探し求めていた多くの現代の立派な学者たちが、嬉しそうにルソーに襲いかかり、すでに一世紀半以上前にそうだったように、今度もまた彼をわれわれの災難のすべての責任者《スケープゴート》に仕立てようとした理由は、理解できないわけではない。だが、そのような見方には若干の誇張や歪曲が含まれている、と私は思う。しかし私はここで、いわばルソーに対する告発の理由にも、彼に対する弁護の理由にも、立ち入って論ずることはできない。だが、ただ一つの点を強調しておかねばならない。それは即ち、私が前に述べたような言葉の操作がルソーと共に始まったのであって、それが、現代の世界を支配しているような、自由と民主主義との対極的な二つの概念を生み出した、ということである。そのとき何が起こったかと言えば、それは、政治の伝統的な語彙に属する幾つかの語がその内容を抜き取られ、その代りに新しい意味が詰めこまれたが、この新しい意味は古い意味とは正反対のものだったことが結局において明らかになったのだ、と思われるだろう。勿論、現に行なわれている政治的宣伝をちょっと一瞥しさえすれば、現代においてもこの種の言葉の操作の無数の例を取り出すことは、簡単にできるだろう。しかし、現に発生したことの責任の最初の、最大の部分が、政治哲学者たちにあり、特に、ルソーと共に出発し、ヘーゲルと共に進み、最も大きな操作に加わった政治思想家たちにある、と認めることは、たしかに正しい。そのような操作が、国家を自由のための〈道具〉と見る自由主義的な見方を、国家を自由の〈体現者〉だという全体主義的スローガンに変えてしまったからである。例えば、デ・ルッジェーロの『ヨーロッパ自由主義の歴史』——この著書は今日非常に人気があり、イタリア以外においてさえもそうであり、その著者は疑いもなく自由主義の誠実な信奉者であるが——の中で次のように言明されているのを読むと、困惑を感じないわけにはゆかない。「今日われわれは自由主義的国家の観念にすっかり慣れてしまっているため、それの最初の経験の足りない観察者たちにも充分はっきりわかっていた、その逆説的な性格に気づかないのである。何よりもまず強制の機関たる国家が、自由の最高の表現となった。」

私としては、ヘーゲル主義がデ・ルッジェーロの如き明敏なラテン人の精神にさえも起こさせうるような混乱に注意を払うことはもとよりだが、この種の議論に対してなし得る唯一の解答は、次の如くだと思う。即ち、最初の観察者たちはそれほど真実から離れていたわけではない、少くとも彼らは、普通の言葉を用い、常識にしたがって推理していたのだ、と。実力《フォース》と同意《コンセント》との対立についてもそうだったが、どんな弁証法的詐術も、強制と自由との対立をうまく克服することはできなかった。「人々を自由ならしめるように強制する」という言葉は、或る人々には、かつて政治哲学によって発せられた言葉の中で最も偉大な神託的な言葉であるように思われるかも知れない。ところが私と同世代の人々には、この言葉は、強制収容所の入口で読まれるような、これと同じような文句を苦々《にがにが》しく思い起こさせる言葉にしか過ぎないだろう。物事には本当の名前を与え、事実をありのままに認識する方がよい。「何よりもまず強制の機関たりしもの」は、過去においても断じて「自由の表現」ではなかったし、今日においてもそうであることを要しない。個人の自由を否認する民主国家は存在し得るし、また現に存在している、それは丁度、ごく僅かの市民だけが権力の実際的な分前にあずかっているような〈自由主義的〉国家が存在し得るのと同様である。国家は、〈ゲームの規則《ルール》〉が尊重されるということを条件としてのみ、自由の表現であり、またあり得る。消極的自由と積極的自由とは、このような規則を構成するのであって、権力の目的は人間の自由を保証することだ、と言うとき、こうしたことだけを意味するのであって、これ以外の意味を持ってはいない。

しかし、現実の事態がこのようであるとすれば、われわれがわれわれの努力の終点にまではまだ達していないことは、明瞭である。規則《ルール》を尊重することが必要であることはもとよりだが、そのゲームで賭けられているのが何か、を問題にする必要があろう。比喩を離れて言うなら、問題は、国家行動の形式ばかりか、その内容をもはっきりさせることができるかどうか、ということである。即ち、権力の最後的な正当化のための一つの確固とした客観的標準——〈共同善〉という標準——を確立すること——それは可能だと昔から信じられてきた——が可能であるかどうかを、明らかにすることである。いろいろな経歴を持つ著述家たちが、みなそうすることができるという信念を持っていた。われわれのこれまでの長い旅路の終末としては、ここで一服して、この畏敬すべき観念について省察することが最もふさわしかろう。

参考書

アリストテレス『政治学』Aristotle, *Politics*, III, i, 1275^{a}, ^{b}; xiii, 1283^{b}, 1284^{a}; VI, ii, 1317^{a}, ^{b}. キケロ『国家論』Cicero, *De Re Publica*, I, §§ 31, 47.『クラーク文書』*The Clarke Papers*, Camden Society, New Series, XLIX, 1891, vol. I, p. 301. ロック『第二政府論』Locke, *Second Treatise of Government*, ch. xi, § 134. モンテスキュー『法の精神』Montesquieu, *Esprit des Lois*, XI, chs. 4 and 6. ルソー『社会契約論』Rousseau, *Contrat Social*, I, 6–8; II, 1–3, 6–7; IV, 1–2.（引用はコールの英訳による。）カント『啓蒙とは何か、という問題に対する解答』Kant, *Beantwortung der Frage: Was ist Aufklärung?* (1784) 同『法学の形而上学的基礎』*Metaphysische Anfangsgründe der Rechtslehre*, II, §§ 46, 47. コンスタン『政治の原理』B. Constant, *Principes de Politique* (1815), ch. i; 同『古代人の自由と近代人の自由との比較』*De la liberté des Anciens comparée à celle des Modernes* (1819). トックヴィル『アメリカの民主政治』A. de Tocqueville, *De la Démocratie en Amérique*, First Vol. (1835), Introd.; Second Vol., iv, ch. 7 (Eng. trans. by H. Reeve, London, 1946, p. 584). 同『旧体制と革命』*L'Ancien Régime et la Révolution* (1856). デ・ルッジェーロ『ヨーロッパ自由主義の歴史』G. De Ruggiero, *Storia del liberalismo europeo*, Bari, 1925, p. 384 (Eng. trans. by R. G. Collingwood, *The History of European Liberalism*, London, 1927, p. 353.)

マレー・デュ・パンについては著者の論文「マレー・デュ・パン」'Mallet du Pan, a Swiss Critic of Democracy' in *The Cambridge Journal*, I (1947) を見よ。

いわゆるルソーの〈全体主義〉についての議論の均衡のとれた記述として、チャップマン『ルソー——全体主義者か自由主義者か？』J. W. Chapman, *Rousseau——Totalitarian or Liberal ?*, (New York, 1956) を見よ。

民主主義のさまざまな意味については、次の二書参照。メイヨー『民主主義論序説』H. B. Mayo, *An Introduction to Democratic Theory*, New York, 1960. サルトーリ『民主主義理論』G. Sartori, *Democratic Theory*, Detroit, 1962.

本書二五九頁のサー・アイザイア・バーリンからの引用は、彼の就任講演『二つの自由概念』Sir Isaiah Berlin, *Two Concepts of Liberty*, Oxford, 1958, pp. 14-16 からである。本書二六三頁に引用した彼のルソーに対する判断は、ＢＢＣ放送の『自由とその裏切り』（*Freedom and its Betrayal*）と題する連続講演の中の、一九五二年十一月五日の放送（未公刊）からである。

八　共同善

〈善 good〉またはその複合体（goods）、即ち、〈共同善 common good〉と呼ばれているものの正確な定義の探求は、われわれがしばしば出合いながら、これまでのところまだ解答が与えられていないもの、即ち〈正義の原理 principles of justice〉の定義の探求と、似ていなくはない。いずれの場合にも、法と政治の問題に対する純粋に形式的な接近方法を越えて進もうとする要求が感じられる。この議論の趣旨は次の如くである――もし権力が正当《レジティメイト》と呼ばれようとするなら、共同善がその権力の究極の目的でなければならない。法が正しい《ジャスト》ものであるためには、その法的制度は正義の幾つかの基本的原理に合致しなければならない。われわれは前に秩序の価値を論じた際に、秩序と正義とを単純に同一視することが適当でないことを指摘した。秩序がそれ自体として善きものであるとしても、そうだからと言って、如何なる種類の秩序をわれわれが念頭においているかをはっきりさせなくてもよい、ということにはならない。また、もしわれわれが正義とは各人に対してそれぞれが取るべき分前を与えることである（*Suum cuique tribuere*）と言うとしても、その各人の分前（*suum*）、即ち、法と秩序との存在によって保証されると想像されるその分前が、正確にはどんなものであるかを判然とさせないかぎり、そう言っただけでは充分ではない。こうしたことからして、正義の本質的な基準を断然はっきりと確立したい――〈真実の〉、真に〈正しい《ジャスト》〉法を見出したい、という願いが止む時なく繰り返し起こって来る。この法こそは昔から〈自然法 natural law〉と呼ばれていたものであり、現代でもなお多くの人々からそう呼ばれているものであって、この〈自然法〉から実定法がその内容とその価値とを与えられるものであると、考えられている。これと同様に、国家行動の実際の範囲――ゲームの規則ばかりでなく、そこに賭けられているもの——を限定したいという要求から、共同善の観念を断然はっきりと確立したいという願望が生じた。この共同善の観念は、如何なる場合においてもわれわれが、〈これこそ、またこれだけが、権力の行使を指導すべきもの、またそれを正当化するものである〉と言うことができるような、一個の実体的な基礎たるべきものである。これら二つの観念は、たしかに、非常によく似ている。法理論において自然法の観念が果す役割は、政治思想において共同善の観念が果す役割に、正確に照応する、と言いたくなるくらいである。

共同善の観念がいかに大きな魅力を持っているかということは、前章の末尾で指摘したように、それが全く違った学派に属し、さまざまな背景を持っている著述家たちにおいても見出されるということによって、充分に証明される。そうした著述家たちの名簿——もしわれわれがそのような名簿を作ろうとしたとしての話だが——の先頭には、勿論まずプラトンを置かねばなるまい。想い出していただきたいが、プラトンは『国家』において、彼らだけが都市〔国家〕の善の何たるかを〈知っている〉という理由から、統治の任務を守護者階級にゆだねた。しかし、もしアリストテレスを別とすれば、[1] 法と政治との双方を定義するために共同善の重要なことを他の如何なる人よりも力説したのは、まごう方なく聖トマス・アクイナスであった。彼にとって、法の観念は共同善を前提としている。「法はまず第一に、共同善（*bonum commune*）を目的として制定さるべきものである。」アクイナスは、当時の中世的見解に沿って、このような法を確立すること、即ち「物事を共同善に合致するように秩序づける（*ordinare*）」任務は、社会全体、あるいはそれを〈代表する〉人々に属する、と考えた。共同善は、俗世的福祉（*utilitas communis in temporalibus rebus*）の達成、——より高き、彼岸的目的の追求と両立するような、俗世的幸福（*beatitudo huius vitae*）の達成である。この達成の手段となるもの、またそれを保障するものは、自然的秩序における最も完全な社会形態であるところの国家である。結局、国家と共同善とは一致する、何故なら、一方がなくては他方を考えることができないからである。このような考え方は、周知の通り、現在でもカトリック教会が固執している教説である。トマス説は、共同善が権力の正当化の基礎をなす基本的価値であることを強調している故に、もう一度、キリスト教的政治思想の根幹に古典的な思想の一つを接木することに成功した、という功績を認められるべきである。

（1）私はこの問題に関する彼の見解については、本書第二部第一章八六―八七頁および第三部第二章一九六―一九七頁で、すでに論じた。

しかしながら、共同善の観念はアリストテレス＝トマス的伝統だけの専売品ではない。われわれはそれを、これとは非常に違った思想系統に、意外にも、強い個人主義的な精神的傾向を帯びた著述家たちにおいても、見出だすことができる。例えばホッブズは、共同善（もっと正確に言うと、〈国民の善 'good of the people'〉）を、或る法が〈善〉であるかどうかを国民に判断することを可能ならしめる三つの必要条件の一つとしている――他の二つの条件は、法が〈必須のものであること〉、また〈明快〉であることとである。勿論ホッブズは、何よりも〈主権者〔君主〕の善〉を考慮に入れ、そのために〈国民の善〉を持ち出しているのである。「主権者の善と国民の善とは切り離すことができない。弱い臣民を持った君主は弱い。また、自分たちを意のままに支配する権力を持っていないような主権者の下にある国民は、弱い国民である。」彼が伝統的な考え方をこのように支えとして引合いに出したことは、絶対的権力の極端な提唱者としての彼が抱いていた当時流行の見解を再び限定したことと共に、やはり注視すべきことである。

ロックについて見ると、彼の著書の読者の多くは、『第二政府論』の幾つかの文章に見出される、〈公共善 public good〉についての公然たる言及と、国家をもっぱら個人の〈権利〉と〈利益〉の保護を旨とする組織体と見る彼の国家観――ロックはこの見解を『寛容に関する書簡』の中でも極めて力強く力説しているが――とを調和させることが難しいと感ずるに相違ない。或る解釈者たちが示唆しているように、恐らくこれは、ロックの多くの矛盾の一つの例にすぎないだろう。[1] また次のように主張した人々もある――恐らくここに、しばしば〈自由主義的謬見 liberal fallacy〉と呼ばれているものの一つの典型的な例が見られるのだ、と。この〈自由主義的謬見〉というのは、利害の衝突は、そのまま放任しておけば、自然における相衝突する諸力の間にはたらく〈自然的調和 natural harmony〉に似た、一種の〈自然的調和〉の作用によって、解決され得る、少くとも和げられ得る、という信念のことである。それはともかくとして、ロックが共同善の観念に敬意をよせたことは、慎重な考慮に価いする。それは、ロックの時代においてもなお、この観念が政治理論の中に強く根を張っていたことを明らかに示している。

（1）　ロックの最も顕著な矛盾は、彼の自然法の観念について生じている矛盾だと、一般に考えられている。『第二政府論』の独断的な言明と、ロックが『人間悟性論』の中で採っている哲学的見地とは調和され得ない、と主張されるからである。

しかし、もっと重要なことは、この観念そのものが、たとえ違った名で呼ばれているにせよ、どんな抽象的な〈権利〉擁護論にも、どんな高尚な〈善〉と〈正義〉の形而上学にも完全に反対する理論においても、やはり積極的な役割を果している、という事実である。功利主義説は、独自の方法で、共同善の観念に最大の敬意を払った。ベンタムによると、すべての〈政府の施策〉は、〈功利の原理〉、即ちその、〈共同体の幸福〉に寄与する能力という秤《はかり》で量られ得るのであり、また量られねばならないのである。たしかに、〈共同体の利益〉は〈共同体を構成する個々の成員の利益の総和〉にほかならない。ところがベンタムは、かの自由主義的謬見に溺れるどころか、このような彼の個人主義的な前提から極めて急進的《ラディカル》な推論を引き出した。彼はその最大の政治的著述の刊行から三十年を経て、*「政府の唯一の正しい《ライト》、正当化され得る目的は、最大多数の最大幸福〔である〕」という主張の帰結を自ら裏付けた。ベンタムはこう書いた――この理論は、〈危険なもの〉だと言われて来た。「たしかに危険なものに相違ない」、だが「他の比較的少数の人々を勘定に入れ、または入れずに、ただ或る特定の一人の最大幸福を現実の目的または対象としているような」政府にとってのみ、それは危険なものであるのだ、と。ここにおいて再びわれわれは、共同善が、個人主義と自由主義との全盛期においてもなお、自己を主張しているのを見るのである。

これからわれわれが、今まで追求してきた研究をもとにして、この観念の利点《メリット》を検討しようとするならば、それぞれ有益な結論に達するような、三つの異なる接近路線が頭に浮んで来るように思われる。

第一の接近方法は、すでに見たように近代的国家観の前提をなしている個人的諸価値を放棄することなしに、共同善の観念を復活させる可能性を考慮してゆく方法である。これは、ロックによって粗削りの形で提出された問題であって、この問題はその後、功利主義者たちを小さくない困難に巻きこんだし、また今日でも自由主義的理論をやはり同様な困難に巻き込んでいる。個人的善と共同善との間の関係は、通常は、日常的な政治的実践においては巧妙な妥協的駆け引きで解決されている。だが、結局において、どちらを優先させるかについて決定を下さなければならないのであって、われわれが全体と全体を構成する諸部分との間で前者の絶対的優先を認めて、思い切って倫理的国家、あるいは全体的国家の方に賭けるなら別だが、そうしない限りは、必ず結局は、あのベンタムの常識的な結論に立ち戻ることになろう。彼の結論とは即ち、共同体の利益は個人の利益の総計であり、したがって個人の善が目立って脅かされたり犠牲にされたりするような場合に、共同善について語るのは危険である、というのである。必要とされるのは、各個人の要求がそのもの自身の価値《メリット》にしたがって注意ぶかく秤量され考慮されねばならぬ、ということである。ベン、ピーターズ両氏が巧みに言ったように、国家が共同善を追求しなければならぬと言うのは、「要するに、政治的な諸決定は、公正な精神でその成員の利益に注意を払わねばならない、と言うに等しい。」

この点において、この問題が中世の政治理論においても決して知られていなくはなかったということを、想い起こす必要がある。中世の政治理論においても、この問題は、近代的国家理論にとってさえ重要でなくはないような、困惑と緊張とを惹き起こしたのであった。例えばアクイナスだが、彼は、共同善は個人にとって一つの目的としての価値を有し、市民の〈善なるか否か goodness〉〔或る人が良い市民であるか否か〕は、彼が共同善に〈よく適応している(*proportionatus*)〉か否かにかかっている、とさえ言ったのである。彼は、個人は国家の中に、部分が全体に統合されるように、統合されるのだ、というアリストテレスの思想を全面的に受け入れていたように思われる。しかし、この統合ということに関するアクイナスの考え方をもっと綿密に検討して見るなら、すぐ、彼が個人の人格の価値をアリストテレス的国家観、即ち異教的《ペイガン》国家観の及ぼす危険から守ろうと、決意しているのに気づくのである。人間には、如何にしても共同体の利益に従属しない、またできないような、一つの部分がある。キリスト教の精神の全体は、個人を或る目的に対する単なる手段の地位におとすこと——たとえその目的が共同善であっても——には、反対である。この点においては近代的な自由主義的国家理論は、最も純粋なキリスト教的伝統を受け継ぎ、それを支持し続けた、と言ってよい。

第二の接近方法は次のようなものであろう。共同善の観念は、すでに見た通り、権力の究極の目的を構成する善《グッド》、または善の複合体を、正確に説明しようとする要求を内包する。このような仕事が絶望的なほど困難であることは勿論であるが、それを別にしても、次のような疑問が起こって来る。即ち、いったい、近代国家において、共同善を定義する任務は誰の任務となり得るのか。また、国家の枠内における如何なる権力的地位が、この任務をまかされた一人の人、または人々によって保持されるのか？　という疑問である。この問題は、法理論の分野において自然法の概念を復興しようと企てるすべての人々が直面するところの問題と、全く似ていないものではない。実際、自然法が、無条件的に有効であると同時に拘束力をも有するような、一連の明瞭に認知され、定義され得るような命題であると考えられるならば、このような法を確認し定義する任務を負わされた人々が真の〈立法者 law-givers〉であること、またそうでなければならぬことは、明白である。これと同様に、共同善について決定する任務がゆだねられ、そしてその決定が国家の権力によって保障され実施された人々は、〈専門家〉とか〈経験者〉（'technicians,' 'experts'）とか、あるいはその他どんな名で呼ばれたにせよ、明らかに真の〈主権者〉、権力の究極的な保持者であったろうし、またそうしたものでしかあり得なかったろう。

たしかにここに、〈専門家による政治〉あるいは、いわゆる〈テクノクラシー〉へ向う現代政治の傾向について近頃表明されているような、真剣な懸念の理由がある。もしもこのような〈専門家〉が国家という船の舵を握り、最終的決定の権力を与えられるとすれば、彼らはプラトンの〈守護者階級〉やルソーの〈指導者〉によく似た者になる恐れがありはしないか、そして結局彼らはわれわれの生活と運命との全体を実際に左右する者になるのではないか。勿論われわれはみな、一般的利益とその達成に関する決定が問題となる際には、愚者の声ではなく智者の声に耳を傾けることを願わねばならない。われわれは、自治の理想を〈善政〉の理想のために犠牲にしたり、民主的制度によって保証される、われわれ全体の生活と運命とに影響を与えるような基本的な決定に参加する権利を放棄しないように、用心しよう。そのような放棄や犠牲のために支払われる代価が如何に大きなものであるかをわれわれが知ってから、まだ日は浅いのだ。このことはわれわれの世代には忘れられぬ教訓であり、それが永久に忘れられないことを願うのみである。

最後に、権力の正当化のための基本的基準として役立つように共同善を定義しようとする、不断の要請について、もう一つの批判がある。恐らくこれもまた、共同善の観念そのものに対する最も真剣な異論であり、しかも最も考慮を払われていない異論であろう。いま、或る一定の時と場所とにおいて共同善を構成する諸要素を、いろいろの困難はあっても、かなり正確に判然とさせることができ、それに関する正確な諸命題をずらりと列挙することができる、と仮定しよう。すると次のような疑問が起こる、即ち——権力の保持者たちはこれらの命題を命令に変える〈義務がある〉、そしてこれらの命令を受ける人々はそれに服従する〈義務がある〉、と言うなら、これは正確にはどういうことを意味するのか。われわれはこの研究の最初から、次のことを指摘してきた、即ち、事実的判断から価値判断を導き出すこと、したがってまた事実叙述的命題から命令的命題を導き出すことは、論理上不可能である、と。そこで今仮りに、或る一定の時処において共同善を構成すると想像されるすべてのものを正確詳細に明白にすることができたとしても、これは要するに事実的状況の記述であり、或る特殊の目的を達成する、または失敗させることになりそうな一組の条件が存在するという事実の叙述にすぎないのではないか。換言すれば、問題が解決されたのではなくて、棚上げされたのである。問題は、〈富〉、〈権力〉、〈栄光〉、そのほか国家が追求し得る無数の目的の中でどれを選ぶべきかをまず決定することであり、その決定が行なわれてから後に、これらの〈善〉を〈共同善〉に変えるに必要な、いろいろなタイプの行動様式や制度や計画や規定を列挙することになるはずである。言うまでもなく、どんなにさまざまな状況をも想定することができよう。〈平和愛好的〉な国家では、共同善は貿易の繁栄や物質的繁栄にあるものとされるであろう。〈好戦的〉な国家では、大砲がバターよりも優先されるだろう。しかし、いずれにせよ、共同善の叙述は、すでに行なわれた選択と、かかる選択を基礎とした事実的状況の評価とを含むのである。それはまた、或る事態に対して——事実上、われわれの好みに依存し、またそれによって条件づけられる、或る特定の〈秩序〉に対して、或る特殊な限定——価値的限定を附加することを、意味する。

この点に至ると、共同善と自然法とを並べて考えて見ることが、再び理解に役に立つことになる。前に述べたことだが、自然法を、実定法の諸命題と殆ど同じくらい正確に確認され定義され得る一組の命題と見なすのは、それを事実的なものと見なすに等しい。そうすることは、互いに対立する——とまでは言わずとも、少くとも競争的立場にある、二つの異なる法体系〔自然法と実定法〕が同時に存在すると主張することになる。以上の如く言って間違いないとするなら、自然法の観念が実証主義者からの攻撃に耐えて生き残るチャンスがあることはたしかである——但し、自然法はもはや事実と見なされず価値と見なされることになる、つまり、われわれが取上げるも棄てるも自由に任されるような〈与えられた〉ものとしてではなく、〈与えられた〉ものに対して一定の適性と限定とを〈与える〉ものとして把握される、としての話であるが。そうなると、自然法という観念は、〈現存の〉法に価値を認めるかどうか、また価値があるとして、その命令に服する〈義務〉があるかどうかを決める場合に用いられる、便利な用語となるかも知れない。しかし、このような限定〔自然法に適っているかどうか〕は、法の存在そのものに関してさえ、重要であり、或る意味では決定的である。何故なら、法の〈義務的性格 obligatoriness〉は、法が遵守を強制する明白な能力を持つことに存するのではなく、〈善き市民〉によってそれが受け入れられ服従される可能性——すべての法がこの可能性を持つわけではない——にあるからである。

　共同善についても同様のことが言える。〈専門家〉の証言は決定的なものではない。真の証言、考慮されるべき証言は、〈善き市民〉の証言である。自然法が法の義務《オブリガトリネス》性を決定する標準《ゲージ》である如く、共同善は国家の権威の標準である。追求されるべき目的に関する意見の一致（consensus）が大きければ大きいほど、その権威はそれだけ健全である。この点について、決定的な言葉は、今でもやはりルソーの言った言葉である。唯一の正当な政府は、〈公共的利益が支配している〉ような政府、*res publica*〔公共の福祉〕がすべての人々の共通の関心事となっているような政府である。結局のところ、共同善は、恐らくは、国家を結合させている連帯と忠誠の絆《きずな》以外の何物でもないだろう。

　こうして私は賭けの終局に達した。カードがテーブルに置かれ、たとえ僅かでも賞金を手に入れるべき時が来た。近代国家には、正当性の原理、即ち、権力が権威の聖油《クリズム》を塗られるために満足させられねばならぬ一連の条件が存在しているであろうか。それとも、特に政治的な事柄において無関心と懐疑が通例となっている世界においては、そんな原理などは余計なものであるのだろうか。本書が目的として公然と言明したことは、そのような原理が存在し、民主主義的正当性が、古代人の自由と近代人の自由とを結合することによって、人々を被治者の状態から市民としての尊厳な地位にまで上昇させ得る唯一の方法である、ということを証明することであった。

私は自分のこのような主張が正しいことを証明するために、できるだけ今日の言葉を用いるように努めて来た。しかし、必要なときには、昔の用語——われわれの祖先たちにはお馴染みだったが今では流行遅れで奇妙な感じを与えるような用語——をも使用することをためらわなかった。恐らく読者は、このような政治理論を扱った書物の中で、なお〈善き市民〉だとか〈善き国家〉だとかいうような文句が使われるのを見て、さぞびっくりしたことだろう。私は読者にはっきり言っておきたい、——このような表現を使いながら、私は自分がしていることをよーく心得ていたのであって、〈善き国家〉なるものが人類の歴史においては、何度かのごく短い幸福な瞬間を除いて、これまで存在して来た、というような幻想は殆ど抱いてはいなかったのである。

だが、或る偉大な賢明な先生があって、私に次のように教えて下さった——過去の経験を土台にして構成されたモデルは、われわれが過去および未来の出来事の〈価値の段階《ハイアラーキー》〉を確定するのに助けになってくれる、そして、このような段階を認めない者、あるいは認めたいとも思わぬ者は、〈良き歴史家でもなければ良き哲学者でもない〉と。ルイージ・エイナウディは、気性からも職業からも、気紛れな空想に耽ったり、現実に対する健全な敬意を棄てるような方《かた》ではなかった。私は本書の結びの言葉として、エイナウディの経済理論に関する最も学問的な著述の中の一つの、賞賛すべき結論を利用するのが最も適当だと思う。その書物において彼が、「過去のもろもろの出来事の中の最も下等な部類、即ち財政と課税に関すること」を評価する基準として〈ペリクレス的モデル*〉を用いるにあたって言ったことを、私は政治上の諸問題についても適用したいと思うのである。

もちろん、ペリクレス的都市国家の魅力は昔からずっと過大評価されて来ただろうし、またわれわれの念頭に浮んで来るのは、あのトゥキュディデースの有名な文章の中に見られる、その郷愁的な弁明だけかも知れない。しかし、あの偉大な追悼演説の言葉は、今もなお、われわれが模範《モデル》的民主政治を思う際には、いつもわれわれの念頭から離れることはない。法および秩序の尊重、同意による政治、祖国への愛情、自由の矜持——われわれ現代人にも〈善き国家〉のイメージを浮び上らせるような要素のすべてが、ここにある。このイメージは、現実主義者たちのいわゆる

〈実際的な真実〉とは遠くかけ離れたものかも知れない。しかしそれは、現実主義者たちが説きあかしていない多くの事柄を説明するのに役立つだろう。これまで〈哲学者たちの天国〉*と呼ばれてきたものも、人間の政治的運命の形成においては、単なる実力の掌握よりも遙かに有効だったのである。

参考書

トゥキュディデース『ペロポンネソス戦史』の中の「ペリクレスの追悼演説」Thucydides, 'Funeral Oration of Pericles' in the *History of the Peloponnesian War*, II, 37–41. 聖トマス・アクイナス『神学大全』St. Thomas Aquinas, *Summa Theologica*, 1^{a} 2^{ae}, q. xxi, art. 2; xc, 2–4; xcii, 1; 2^{a} 2^{ae}, cxlvii, 3. ホッブズ『リヴァイアサン』Hobbes, *Leviathan*, ch. 30. ロック『第二政府論』Locke, *Second Treatise of Government*, §§ 3, 131, 134, and passim. 同『寛容に関する書簡』*A Letter Concerning Toleration* (1689). ルソー『社会契約論』Rousseau, *Contrat Social*, II, 6. ベンタム『道徳および立法の原理序論』Bentham, *An Introduction to the Principles of Morals and Legislation* (1789), 2nd edn., 1823, ch. I.

本書二八〇頁のエイナウディからの引用は、次に掲げる彼の著書からである。『税負担の公平に関する神話と逆説』L. Einaudi, *Miti e paradossi della giustizia tributaria*, 2nd edn., Turin, 1940, ch. xii. 本書二七六頁のベン＝ピーターズ両氏からの引用は、次に掲げる両氏の共著からである。『社会的原理と民主国家』Benn and Peters, *Social Principles and the Democratic State*, London, 1959, p. 273.

カトリック思想における共同善の観念については、次の二著を見よ。ロメン『カトリック思想における国家』H. A. Rommen, *The State in Catholic Thought*, St. Louis and London, 1955. マリタン『人間と共同善』J. Maritain, *The Person and the Common Good*, Paris, 1947 (Eng. trans. by J. T. Fitzgerald, London, 1948)

共同善の古い観念と緊密な関連を有する問題に関する最近の議論を知るためには、次の論文集を見よ。カール・フリードリッヒ編『公共的利益』*The Public Interest*, ed. by C. J. Friedrich, (Nomos V), New York, 1962.

訳者註

序文

iii＊ マーガレット・カーライルは、オックスフォードのユニヴァーシティ・カレッジの講師であったA・J・カーライル（Alexander James Carlyle, 1861—1943）の娘であろう。カーライル兄弟の大著『西洋における中世政治理論の歴史』は、本書でしばしば参照されている。

vi＊ 〈ウェルドニズム Weldonism〉というのは、ウェルドン主義、つまりオックスフォードの哲学者ウェルドン（T. D. Weldon）が唱えた説のこと。ウェルドンは一九五三年に『政治の用語』（*The Vocabulary of Politics*）を著して、従来の政治理論に対して激しい挑戦を行なった。この著書は永井陽之助氏によって邦訳されており（『政治の論理』紀伊国屋書店、一九六八年刊）、詳しくは同訳書および永井氏の〈訳者あとがき〉を見られたい。なお本書の著者は本書八—九頁でウェルドンの立場に触れている。

序論

二＊ 一三二＊＊（訳者註二八六頁）を見よ。

四＊ 本訳では description (descriptive) を〈事実的叙述〉〈事実叙述的〉と訳すことにし、これに対し prescription (prescriptive) を〈価値判断（的）〉と訳すことにした。しかし時には後者を〈規範的〉、〈命令的〉などと訳した。

六＊ 著者は 'legal system' という語を本書を通じてしばしば用いている。訳者はこれを〈法的制度〉と訳すことにした。著者はこの語を、〈ローマ法の体系〉とか〈ゲルマン法の体系〉とかいう場合の法体系の意味に用いているのではない。法によって結合されている人間の団体、法に基づく社会構成という意味をあらわそうとしていると思われる。しかし、時にはこれとは些か違った意味をも表現していると思われる場合もある。

＊＊ 市民（citizen）——言うまでもなく、〈横浜市の市民〉という場合の市民ではない。日本語ではむしろ〈国民〉というべきだが、この訳書では〈国民〉を people（populus）の訳語とした。（例えば Roman people はローマ国民と訳した。）日本語の〈国民〉は集合名詞的な意味を持つと同時に、国民の個人々々をも指す場合もあり、ここでは citizen を国民と訳すのは都合がわるいので、市民としたのである。

第一部 実力

一七＊ 'polis' は本訳書では〈都市〉としたり、〈都市国家〉と訳したりした。また時には〈国家〉と訳した場合もある。

二一＊ メネニウス・アグリッパは紀元前六—五世紀のローマの政治家で、五〇三年には執政官に就任した。四九四年に貴族階級に対立した平民階級がローマ市を出て〈聖山〉に立てこもったとき、彼は平民をなだめるために〈身体の諸器官と胃との関係〉の寓話を用いて説得し、成功した。その要旨は次の通り。——もし身体の諸器官が胃のために働くことを拒むならば、身体全体の死を招くことになる。これと同様に、平民階級が貴族階級に対する怨みのためローマ市から分離するなら、ローマ全体の滅亡を招くことになろう。ティトゥス・リウィウス『ローマ史』第二巻第二二章。Livy, *The Early History of Rome*, trans. by Aubrey de Sélincourt (Penguin Classics), pp. 125—126.

二五＊ マンゾーニ（Alessandro Manzoni, 1785—1873）はイタリアの自由主義的、愛国主義的な作家。『アデルキ』（*Adelchi*）（一八二二）は人類同胞主義と外国人支配への抵抗を鼓吹した悲劇。主人公アデルキは、ロンバルド族の最後の王で、フランク族の侵略に抵抗したが失敗した。

四一＊ Service of the Crown 以下の英語はいずれも〈国政〉、〈公務〉、〈官吏〉などを意味する。

四二＊ マキアヴェリは『君主論』第十五章で次のように書いている。

「さてそこで、臣民や味方の者たちに対する君主の態度方法が如何にあるべきかを考究しなければならない。ところで、私は多くの人々がこのことについてこれまで書いたことを知っているから、私もまた書くとなると、僭越だと思われはしないかと心配である——特にこの問題の論じ方においては、私は他の人々の扱い方とは離れることになるから。しかし、私の意図するのは理解する人に役立つことを書くことであるから、物事の想像よりはむしろ物事の実際的な真実を追求する方がよいと思った。ところが多くの人々は、これまで見たこともないような、また実際に存在したことが知られていないような共和国や君主国を想像で描き出した。人間の現実の生き方と人間のなさねばならぬ生き方との間には大変な距りがあるから、何をなすべきかを知って、何がなされているかを顧みない人は、自己を保存する方法を知るよりは、むしろ自己の滅亡の方法を学ぶことになる。何故なら、何事につけても善人の道を奉じようと欲する人は、善人でない多くの人々の間にあっては滅亡を招くからである。したがって自己を維持しようとする君主にとっては、善人でない者になり得る道を学び、必要に応じてこの道を採ったり採らなかったりすべきである。」

　右の文中の「物事の想像よりはむしろ物事の実際的な真実を追求する方がよい」（più conveniente andare drieto alla verità effettuale della cosa, che alla immaginazione di essa）という一節に含まれている思想が、ここでダントレーヴ氏が言うところの〈実際的真実の方法〉である。マキアヴェリは古代のプラトン、アリストテレス、キケロ、中世のアウグスティヌス、トマス・アクイナス、ダンテ等を念頭におき、彼らが倫理的（あるいは宗教的）な或る一定の価値基準に基づいて理想的な国家を想像によって構成し、それによって現実の国家や政治行動を批判するというような態度を採ったのに対して、彼は独自の立場を提唱した。一言にしていうならそれは、〈あるべきこと〉より〈あること〉を重んずる方法であった。なお本書四九頁を見よ。

四五＊　マキアヴェリは『君主論』第十二章で、イタリアの諸国が傭兵隊に依存したことを非難し、次のように書いた。「傭兵は或る人々のためにはなかなか役に立ったし、傭兵同士〔の戦〕では勇敢でもあった。だが、外国兵が侵入して来ると、彼らはその正体を暴露した。だからフランス国王シャルル〔八世〕は白墨でイタリアを征服することができたのだ。ところで、その原因となったのはわれわれの罪だと言った人〔サヴォナローラ〕は、真実を語ったのだ。しかし、その罪は、彼が考えていたような罪ではなく、われわれがこれまで述べたような罪〔傭兵隊に依存したこと〕なのだ。君主たちの犯した罪であったから、やはり彼らが罰を受けることになったわけだ。」
〈白墨で云々〉というのは、イタリアに侵入して来たフランス軍の宿営係の兵士が、兵隊の宿舎に割当てるため家々の扉に白墨で印をつけることで、それだけでいとも容易に征服した、という意味である。

＊＊　マキアヴェリはその著『軍事論』（*Arte della guerra*）の中で自分の軍事全般に関する意見を展開した。（この著書は我が国ではしばしば戦術論と訳されているが、狭い意味での戦術を論じたものではない、したがって、ここに軍事論と訳す所以である。）この著書は対話の形式で書かれており、マキアヴェリの代弁者である将軍ファブリチオ・コロンナは、傭兵制を排斥し、自国民による国防軍、即ち民兵制の建設の必要を力説する。結論の節で将軍はこの自説を要約して述べ、最後に次のような言葉で結んでいる。「以上のような考え方を軽蔑する者は、もしその人が君主であるなら、自分の君主国を軽蔑することになり、またその人が市民であるなら、自分の都市を軽蔑することになろう。ところで私は自然をうらみに思う。自然は私にこうしたことを認識する力を与えてくれねばよかった、それとも、こうしたことを実行する資格を与えてくれればよかったのだ。私は今ではすでに老人であるから、これを実行するような機会があろうとは思わない。だから私は諸君にこのことについて惜しみなく教えて上げたのだ。諸君は年が若く有能であるから、もし私の述べたことが諸君のお気に召したなら、適切な時に諸君の君主のために助力したり助言したりすることができよう。このことについては、諸君は恐れたり希望を失ったりしないようにされたい、何故ならこの国土《プロヴィンチア》は、詩や絵画や彫刻について見られた如くに、死んだ物を復活するために生れたように思われるから。だが私自身は、すでに老齢であるから希望をもってはいない。しかし実を言えば、もしも運命がこれまでに私に対して、そのような企てをなすに充分なほどの国《スタート》を与えてくれたならば、たちまちのうちに、古代の制度がどれ程の価値があるかを世人に明らかに示してやれたと思う。必ずや私はそ

の国家を栄光をもって大きなものにしただろう、もしその国家を失うにしても恥ずかしからぬ失い方をしたであろう。」N. Machiavelli, *Arte della guerra*, a cura di Sergio Bertelli (Feltrinelli, 1961), pp. 519—520.

四六＊　この政治的覚書というのは、本章末の参考書の最初にあげられている『資金調達に関する演説』のことで、これはマキアヴェリがフィレンツェ共和国政府主席ピエーロ・ソデリーニのために（一五〇三年春頃に）書いた演説の草稿であろうと推測されている。

四九＊　**四二＊**（訳者註二八三頁）を見よ。

五七＊　ルソーのマキアヴェリ解釈については『社会契約論』第三編第六章を見よ。

アルフィエーリ（Vittorio Alfieri, 1749—1803）はイタリアの自由主義的、民族主義的な文人。

フォスコロ（Ugo Foscolo, 1778—1827）はヴェネツィア生れで、父はヴェネツィア人、母はギリシア人。ロマン主義的文人。

第二部　権　力

一一＊　イングランド国王エドワード一世（在位一二七四―一三〇七）がフランス国王フィリップ四世と争い、戦備のために国民に重税を課する必要を生じ、そのために開いた議会のこと。模範議会（Model Parliament）と呼ばれる。Cf. *Cambridge Medieval History*, VII., p. 405.

一二三＊　ボダン『国家論』第一巻第八章に次の如く書いてある。「次にわれわれの定義の別の項目に移り、絶対的という語の意味を考察することにしよう。国家の国民や有力者は、あたかも物の所有者が、他の誰かに自分の所有物を代価を取らず無条件で贈物とすることができるのと同様に、自らが好むところの何者かに対して、その財産および人々を処理し・思うままに国家を統治し・また継承順位を定める最高にして永久的な権力を絶対無条件に与えることができる。義務や条件の付いた贈与は、本当の贈与ではない。これと同様に、条件つきで或る君主に与えられた主権的権力は、約束の条件が神と自然との法に内在しているものだけである場合を別として、本当の意味では主権《サヴリン》的でもなく絶対的でもない。」Bodin, *Six Books of the Commonwealth*, translated and selected by M. J. Tooley (Basil Blackwell, Oxford, 1967), pp. 27—28.

一二九＊　ここに〈単純で公平な動物〉というのは、鵞鳥のことであって、これはティトゥス＝リウィウス『ローマ史』第五巻第四十七章に語られている故事に由る。紀元前三九〇年にガリア軍はローマ市に侵入し、掠奪虐殺をほしいままにしたが、その中の一隊の兵が、或る夜、ローマ政府の要人および残存守備隊の立てこもっていたカピトル丘にひそかに襲撃を行なった。このとき〈ユーノーの聖なる鵞鳥〉が鳴き立てたので、将校マルクス・マンリウスが目をさまして警戒の声を発し、ローマ政府要人は危くも難を免れた。Livy, *The Early History of Ro-*

me (Penguin Classics), p. 377.

一三二＊ ダンテ『饗宴』第四編第九章は、皇帝に対する服従を論じている。その第十節の後半には、次の如く書かれている。「したがって皇帝について、もし彼の職務を一つの象徴を以て言い表わそうとするなら、彼は人間の意志の騎手であると言うことができよう。ところで、その馬が騎手なしで平野をどんな風に駆けることができるかは、特に、それの統御のための何らの手段もない憐れむべきイタリアを見れば、きわめて明白である！」これによると、ダンテは人間の意志を馬にたとえ、皇帝をそれを御する騎手にたとえているのである。Dante, *Tutte le opere*, a cura di Fredi Chiappelli (U. Mursia & C., 1965), p. 603.

＊＊ 原文では terms of reference. この語をいかに訳すのが適当か、訳者には自信がない。*Shorter Oxford English Dictionary* には "the terms which define the scope of an inquiry" とあるが、ここにはあてはまらないように思われる。実念論 (realism) に対立する意味での名目論 (nominalism) の特色と言えば、言葉は事物あるいは事物についての思想を示す記号にすぎないと見なし、普遍的な名 (universal name) にはそれに対応する普遍的実体は存在しないと見ることであろう。して見れば、この場合に、terms of reference は、〈指示される実体的対象がなく、ただ指示する作用のみをもつ語〉というほどの意味であろう。

一六三＊ ダンテ（一二六五―一三二一）は法王の世俗的支配権を否認し、世界の正義と平和のためには唯一の支配者、即ち皇帝 (monarch) があるべきであると主張した。『モナルキア』はこのような主張を展開したものであって、その第三巻において彼は、皇帝の世俗的支配権は教会の精神的支配権から由来するものでなく、したがってこれに依存するものでなく、独立に神から与えられたものであることを論じた。法王至上権論者は創世記第一章一四および一六の言葉に基づき、教会は太陽であり帝国は月であり、後者の光は前者に依存すると説き、またルカ伝第二十二章三八の言葉に基づいてペトロの後継者（法王）の手に〈二振の剣〉――精神的支配権と世俗的支配権の両方――があると主張していたのに対し、ダンテはアリストテレス等を援用しながら詳細に反駁を加えた。Dante, *Œuvres complètes*, traduction et commentaires par André Pézard (Bibliothèque de la Pléiade. 1965) の『モナルキア』の仏訳および注釈は優れている。

一六五＊ ヘンリ八世は英国の教会をローマから分離したが、以来二代の国王（エドワード六世、メアリ一世）の治世を通じてカトリックとプロテスタントの間の激しい対立が続いた。一五五八年に熱心なカトリック教徒であったメアリ女王が死にエリザベス一世が即位すると、彼女は両派の間に決着をつけるべく選択を行ない、プロテスタンティズムの信奉を宣言し、彼女が召集した最初の議会にはプロテスタント議員が多数を占めていたので、一五六三年までの間にイングランド教会の教義上の基本となる宗教上の立法が行なわれた。なおウィットギフトは一五八三年から一六〇四年までキャンタベリの大監督であった。彼はピューリタン派の攻撃に対抗してアングリカニズム（国教）を擁護した。

一七二＊ バルトロ Bartolo（またはバルトルス Bartolus, 1314―1357）はイタリアのサッソフェラート Sassoferrato 生れの法学者。ピーサおよびペルージャの大学のローマ法の教授として声名を馳せた。当時の多くのローマ法学者が、ローマ法の原理をそのまま通用させようとしたのに反し、彼はそれを当時の封建的慣習や都市的慣習と調和させようと努力した。コルッチョ・サルターティ (Coluccio Salutati, 1331―

1406）はペトラルカの弟子であった人文学者。一三七五年からフィレンツェ共和国政府の書記官長を勤めた。

一八〇* ホームズ（Oliver Wendel Holmes, 1841—1935）はアメリカ最高裁判所判事（一九〇二—三二）であった。彼は法的義務と道徳的義務とを区別した。彼によると、「法」とは「彼（the Bad Man）が或ることをするなら、不愉快な結果を忍ばねばならなくなるだろうという予知（prophecy）である」と書いた。'The Path of the Law' in *Collected Legal Papers* (1920), p. 173.

第三部　権　威

一八五* これは、ワルシャワ公パスキエヴィッチ（Ivan Fiodorovitch Paskievitch）のことである。彼はロシア皇帝からポーランドの叛乱の鎮定を命ぜられ、一八二九年九月八日ワルシャワを占領、以後死に至るまでポーランド総督の地位にあって、峻厳な統治を行なった。

一九一 アルフィエーリについては、**五七***（訳者註二八五頁）を見よ。

一九八* ギリシアの哲学者、特にアリストテレスによって説かれている 'physis' と 'nomos' を、英語ではそれぞれ 'nature', 'convention' と訳すのが慣例となっている。英語の 'convention' にはそれ自体に浸みこんでいるニュアンスがあり、我が国では〈慣習〉、〈申合わせ〉等と訳されるが、この場合はもっと広い意味を持つと思うので、〈人為〉と訳した。

二〇九* ノジャン・スー・クーシ（Nogent-sous-Coucy）のノートルダム修道院の院長であったギベール・ド・ノジャン（Guibert de Nogent, 1124 死）が著した十字軍史の表題である。

二一二* オーストリアのハプスブルク家出身の皇帝マクシミリアン一世（在位一四九三—一五一九）の代に、国家は巧みな政略結婚で勢力を拡大した。このとき、次のような二行詩が作られた。

Bella gerant alii, tu, felix Austria, nube,
Nam quae Mars aliis, dat tibi regna Venus.

（他の国々は戦争をするがよいが、汝、幸福なオーストリアよ、婚姻を結べ。なぜなら、軍神マルスが他の国々に与える王国を、汝には愛の神ウェヌスが与えるから。）

二一五* ここに "*Grande Encyclopédie*" とあるのは、ディドロとダランベールが編纂した『百科全書』（一七五一—一七八〇）のことである。正確な表題は "*Encyclopédie, ou Dictionnaire raisonné des Sciences, et des Arts des Métiers*" である。

二二九* ダンテ『神曲』第二十歌四〇—六〇。平川祐弘訳『神曲』（河出書房、昭和四一年刊）二七〇頁。

＊＊ 神政論者で法王権の拡大を目ざした法王インノケンティウス三世（在位一一九八—一二一六）は、皇帝ハインリッヒ六世が一一九七年

に死ぬと、自らの権力で皇帝の権力を押さえようとして種々の画策を行なった。著者はこの事件を指しているのであろう。

二五四＊ エイナウディ（Luigi Einaudi, 1874—1961）はイタリアの経済学者、自由主義的政治家。一九四八年から五五年までイタリア共和国大統領。

二六一＊ イギリス革命のとき、一六四七年にパトニーで開かれた軍隊会議で、水平派の提案した人民協約が討議された。このとき水平派のレインバラ大佐が、男子普通選挙権について論じ、ここに書かれているような言葉を述べた。参照、クリストファ・ヒル編（田村秀夫訳）『イギリス革命』（創文社、昭和三一年刊）七二—七三頁。Sir Charles Firth, *Oliver Cromwell and the Rule of the Puritans in England* (World's Classics edition 1953), pp. 174—175.

二七五＊ ここに〈最大の政治的著述〉というのは、ベンタムの『道徳および立法の原理序論』のことで、その初版は一七八九年である。彼は同じ著書の一八二三年版において、第一章の脚註に、ダントレーヴ氏がここに書いているようなことを書き加えた。Jeremy Bentham, *A Fragment on Government with an Introduction to the Principles of Morals and Legislation*, edited by Wilfred Harrison (Basil Blackwell, Oxford, 1948), pp. 128—129. 中央公論社刊『世界の名著』38（ベンサム、J・S・ミル）八五—八六頁。

二八〇＊ 〈ペリクレス的モデル〉とは、アテナイの政治家ペリクレス（四九五?—四二九B・C）が四三一年に行なったペロポンネソス戦争戦死者追悼演説の中に表明されている国家の理想のことである。トゥキュディデース『戦史』（久保正彰訳、岩波文庫、昭和四一年刊）上、二二四頁以下。参考、セイバイン『西洋政治思想史』（I）（丸山真男訳、岩波書店、昭和二八年刊）一四—二五頁。

二八一＊ 原文では 'heavenly city of the philosophers.' 哲学者たちが想像で描き出した理想国家の意味であろう。アメリカの歴史家カール・ベッカー（一八七三—一九四五）に『十八世紀哲学者たちの天国』という著書がある。Carl Becker, *The Haevenly City of the Eighteenth-Century Philosophers* (Yale University Press, 1932) その中で著者は、「哲学者たち（*Philosophes*）は聖アウグスティヌスの天国を打ち壊したが、それをもっと現代的な材料で再建するという結果になったにすぎない、ということを私は明らかにしよう」(idid., p. 31) と書いている。

訳者解説

本書は Alexander Passerin d'Entrèves, *The Notion of the State — An Introduction to Political Theory*（Oxford, at the Clarendon Press, 1967）の全訳である。

著者は本書の序文で自己紹介的なことを語っておられるので、ここでは特に附け加えるべきことはないが、著者が一九〇二年生れのイタリア人であることを、読者は本書を読むに際して常に念頭におかれるがよいと思う。なおダントレーヴ氏の著書には次に掲げるものがあり、これによって氏の学問的関心について知ることができよう。

The Medieval Contribution to Political Thought（Oxford University Press, 1939）
Reflections on the History of Italy（Oxford, at the Clarendon Press, 1947）
Aquinas: Selected Political Writings（Basil Blackwell, Oxford, 1948）
Alessandro Manzoni（Annual Italian Lecture of the British Academy, 1949）
Dante as a Political Thinker（Oxford, at the Clarendon Press, 1952）
Natural Law. An Introduction to Legal Philosophy（First edition, Hutchinson House, London, 1951),（Second revised edition, Hutchinson University Library, London, 1970.）

右の最後の著書（初版）の邦訳は、久保正幡訳『自然法』（岩波書店、一九五二年）として現われ、今までに数刷を重ね、広く読まれている。したがって我が国ではダントレーヴ氏——以下、ダ氏と略称する——は現代的な自然法論者として知られているようである。例えば三島淑臣氏はダ氏を現代自然法理論の一派の代表者の一人として扱っておられる。（阿南成一編『法思想史講義』青林書院、昭和四五年刊、一九三頁。）ところが、私がダ氏の『国家とは何か』に惹かれて、ついに邦訳を試みるに至ったのは、氏のマキアヴェリの思想に関する見解に興味を抱いたからである。

本書において著者は、先年亡くなった有名なマキアヴェリ研究家のフェデリーコ・シャボー（一九〇一―六〇）に言及しているが、シャボーのマキアヴェリ研究の英訳版 Federico Chabod, *Machiavelli and the Renaissance* (Bowes & Bowes, London, 1958）に寄せたダ氏の解説（Introduction）によると、彼ら両氏は同郷人であり、年来の親友であった。二人とも、イタリアの西北角のアルプス山中、つまりフランス、スイス両国の国境に接するアオスタ渓谷の生れであった。こういうわけで二人ともフランス風の名字を持っているのだろう。ダ氏は前記の〈解説〉の中で次のように書いておられる。「他のいかなる民族よりもイタリア人がこのようなマキアヴェリについての特別の追憶につきまとわれていたということは、まことに当然のように思われる。もし私に個人的な想い出を語ることを許していただけるなら、実のところ、われわれイタリア人の多くが今から三十余年前〔一九二〇年代―訳者〕に、自分たちの周囲に起っていたことについての説明を求めて、必死の思いでマキアヴェリを研究し始めたのには、もっともな理由があったのである。シャボーの『君主論』研究が、ファッシスト独裁がわが国の上にその支配力を強めつつあったころに書かれたのは、単なる偶然ではなかった。」このようにシャボーと共にダ氏もまたマキアヴェリ研究家であり、本書において著者がしばしばマキアヴェリに立ち返っているのは、故なきことではない。またダ氏が単に法理論家でなく、彼の肩書――トリーノ大学の政治理論教授――が示す通り、政治理論家であることを忘れてはならない。

そもそも翻訳者はその原著書の内容についてあまり立入った解説や批評を加えるべきではないと思う。なぜなら、そうすることは僭越の譏りを免れないだけでなく、読者に偏見をいだかせる恐れがあるからである。だが本書は、この種の著述を読みなれていない読者にとっては、おそらく理解し易いものではなかろう。いや、かくいう訳者にとっては難解なところが少くなかった。（私は多くの誤訳を犯したのではないかと恐れている。）著者は本書において余りにも要約的に語っているため、説明不足の点が少からずあるように思う。（このことは、著者自身も認めている。）訳者はそのような点については、いささか訳者註を加えて読者の便をはかったつもりであるが、なお著者の基本的な考え方についてここで若干のことを述べておくのは、読者にとって害になることもあるまいし、あるいは多少なりとも理解を助けることになるかと思う。

先に述べた通りダ氏は法理論家であると同時に政治理論家である。本書においても、法理論の政治理論への寄与が、しばしば力説されている。彼の法理論的立場、いわゆる自然法理論については前記『自然法』の邦訳を読めば明らかになるわけであるが、彼の法理論上の立場と政治理論上の立場との関係について予め知っておけば、本書の議論を理解するのに大いに役立つことだろう。ところで、この点については、「法理論と政治理論との間の関係」を論じた氏の論文がある。前記『自然法』改訂増補版（一九七〇年）に附録として収められた「法に関する二つの問題」（Two Questions about Law）がそれで、この論文は『実存と秩序』*Existenz und Ordnung : Festschrift für Erik Wolf* (1962) への寄稿であった。ここで、この論文の趣旨をごく簡単に要約して見よう。

ダ氏はまずカントの『法学の形而上学的基礎』(Kant, *Metaphysiche Anfangsgründe der Rechtslehre*, Einleitung, § B.) の一節を引用している。（引用文は英訳であり、この英訳に従って訳す。）

> 法とは何か (*Was ist Recht*) という問題は、法理論家に対して、真理とは何かという問題が論理学者に対して惹き起すのと同じような当惑を、惹き起すような問題である。……たしかに、法理論家は、何が法に属するか (*quid sit iuris*)、即ち、或る一定の時に或る一定の国において法が何と言っているか、または言ったか、を明らかにすることはできるだろう。だが、法が命じていることが正しいかどうかということ、また、何が正しいか正しくないか (*iustum et iniustum*) を知ることができるような、基準となる一般原理は何か、と言うことになれば、彼が或る一つの可能なる実定的立法の基礎を明らかに定めるために、しばらく彼の経験的な前提を棄てて、それらの判断の根拠を純粋理性に求めようとしないかぎりは、このことは彼にとって明らかにされないことは確かである。この研究において、現に存在する法は彼に優れた手引となるかも知れないが、純粋に経験的な法理論は、パイドロスの寓話にある木でできた頭のようなもので、美しくはあっても、悲しいかな、それには脳がない。

このカントの文章において語られていることは何か。ダ氏は次のように解釈する。即ち、ここでカントは法について提起され得る二つの問題、事実的な定義（definition）の問題と評価あるいは価値判断（valuation）の問題とを区別しているのだ、と。事実的定義とは、或る時に或る国において法とは何か、ということに答えることである、換言すれば、或る規則が、他の名称で呼ばれるべきではなく、〈法〉という名称で呼ばれるべきであると判定する場合に、規準となるものは何か、――この問題に答えることである。一般に法律家が関心を持つのは、このような問題であって、一言にして言うなら、それは、いかなる法が〈有効 valid〉であるか、即ち形式上の妥当性を有するかという問題である。ところが第二の問題、即ち評価あるいは価値判断の問題はこれとは次元がちがう。それは、或る法が命じていることが正しいか否かを判断することである。換言すれば、何故に法が義務的であるか、拘束力を有するか（obligatory, binding）に答えることである。これら二つのこと、事実的定義と価値判断がカントのいわゆる法の〈先験的演繹〉に含まれるのであって、カントはこれによって〈如何にして法は成り立つか how laws comes about〉——カント自身の言葉では〈法一般は如何にして可能であるか wie ist Recht überhaupt möglich〉——の問題に答えようとしたのである。カントによると、法とは、「或る人の自由な選択が、一個の普遍的な自由の法にしたがって、他の人の自由な選択と調和され得るような、そのような諸条件の総括的な概念」である。

さてダ氏は前述のようなカントの思想を手引きとして、現代の法理論の検討を始め、それを次の二流派に大まかに分類する。第一は「職業的法律家に最も人気があり、最も受け入れられ易い」理論である法実証主義（Legal Positivism）であり、第二はこれと対立する立場にある自然法理論（Natural Law theories）である。「法実証主義は、〈実定法〉の外には法はないと見る理論である。だが、この定義が同義反復と受取られないようにするため、直ちに次のように附言しなければならない、即ち、これは、法という語の唯一の正しい用い方は法律家の用い方であると主張する理論であり、論争上では、〈自然法〉、つまり事実としては存在せず経験的に検証され得ないような法を目の敵にする理論でもある、と。このように見てよいとするならば、これと対立するすべての法理論、法を実定法に還元しようとしないすべての法理論を自然法理論という一般的名称で分類してよいと思われる。」(ibid., pp. 174–175.)

法実証主義にも種々の変種があり、ダ氏はこれらを次の三つの基本類型に分類する。

（1）命令説（Imperatism）。これは、〈有効な〉法は、習慣的服従によって支持されるところの、〈主権者〉の命令である、と見なす学説である。近代ではホッブズ、オースティン、中世ではウィリアム・オヴ・オッカムがこの類型に属する。

（2）現実主義（Realism）。これはホームズの有名な言葉、「法は、裁判所が実際になすであろうことについての予知《プロフェシー》である」によって表現される立場である。アメリカの学者にはこの立場を採るものが多いようであって、この立場に立つ人々は、法とは一種の社会現象であり、一種の決定、あるいは権威的決定の過程である、と見ている。

（3）規範説（Normatism）。これは、ケルゼンの強い影響を受け、ヨーロッパで現在もなお支配的である「最も洗練された、最も複雑な」タイプの法実証主義の学説に、ダ氏が与えた名称である。この説によると、法は、「一組の規範的な諸命題」と解しなくてはならない。「それぞれの規範の〈有効性〉は他の諸規範の有効性に依存し、こうして順次さかのぼって、ついにはわれわれを一個の〈基礎的規範〉に——即ち、〈終局的な認定原則〉に到達させる。この究極的原則は、それぞれの規範を関連づけ、それを一個の体系に結合することによって、それらの個々の規範を格付けするものである。」(ibid., p. 175.) この種の法実証主義の「最もすぐれた、最も新しい弁護」はハート教授の著書『法の概念』*The Concept of Law* (1961) である、とダ氏は附言している。(因みにこの著書は紀伊国屋書店から日本版が出ている。) ダ氏はハート教授の学説に対しては、反撥するところを持ちながら、共鳴すべき点が少くないと感じているようである。

このように法実証主義の分類を行なうと、あらためてその共通点を把握するため、これらの三分派の学説のもつ長所、短所——ダ氏の言葉では〈建設的な面〉と〈破壊的な面〉とを検討する。まず建設的な面から見ると、この三分派のすべてが、或る一つの国で或る一定の時点において法とは何か、という問題に解答を与える適切な手段を与えていることである。最初に引用されたカントの一節の言葉で言えば、*quid iuris* に答えている。換言すれば、これらの派の人々は、法が〈有効〉であるために充足さるべき諸条件を明らかに示している。ところで第三派の規範説の主張者たちは、〈有効性 validity〉と〈実際的効果性 effectiveness〉とを微妙に区別している。彼らの言うところによると、——或る一つの法は、或る情況の下では実際的効力を持たないとしても、有効であり得よう。しかし、結局のところ、或る一つの法が有効であるか否かは、それが一個の体系《システム》(法的制度)の一部分となっているかどうかに依存するのであって、しかもその体系が現実的なものとなるためには、やはり何らかの程度の実際的な力 (effectiveness) を持たねばならない。この場合、問題は事実問題であって、この問題の決定は、経験的検証にたよらねばならない、と。

法実証主義の破壊的な面として挙げられることは、この派の人々にとって、法が一種の〈クローズド・ショップ〉であることだ、つまり閉鎖的な領域とされ、法の有効性の検証基準は法の内部にのみ求められる。法の外部には検証基準は求められず、倫理的基準の如き最も重要なものも排除される。彼らにとっては、〈ある is〉と〈あるべき ought〉との間、事実と価値との間には、架橋不可能な深淵がある。要するに彼らの掲げる旗幟は〈倫理的中立性〉である。かつて十九世紀の功利主義者ジョン・オースティンは次のように述べた。「法の存在と、その法の理否とは別個のことである。法が存在するか否かということと、法が或る一個の想定された基準に合致するか否かということは、別個に探究さるべきである。」これはやはり法実証主義の宣言と見てよかろう。もちろん、この派の人々にも細かな点で意見の相違はあるが、〈悪法もまた法なり〉と見る立場においては、共通点を持っている。

まさに右の点において、自然法理論は法実証主義に対立する、とダ氏は言う。自然法理論にも種々の分派があるが、その公分母と言うべきものは、「あるとあるべきとの間に架橋し、法的経験における価値判断の役割を復権させようと試みること」である、と氏は言う。(ibid., p. 177.) 次いで氏は、自然法理論を次のような三分派に分けて説明する。

(1)存在論的 (ontological)。この派はある(存在)とあるべき(当為)との間には基本的関連があると見て、両者を区別しない。彼らは一個の〈実在の秩序 an order of reality〉があると前提してかかり、人間のつくった実定法はこの秩序の一部をなしており、そこからのみ法の有効性が由来すると考える。この派は、聖トマス・アクィナスの説につながるトミスト (Thomist) によって代表される。

(2)技術的 (technological. これはダ氏の命名による。) 法の目的や〈事物の自然 nature of things〉や社会における人間の〈典型的情況 typological situations〉を参考にすることによって、法に関する事実的定義を行なったり、その正否を判断したりすることができるような基準を作製することができる——このようにこの派は主張する。この派の言う自然法の好例は、ローマ人の自然法 (ius naturale) である。現代では、ハーヴァードのフラー教授がこの説の強力な弁護者である。

(3)道義論的 (deontological)。ダ氏自身がこの一派に属するらしいから、その定義については同氏の言葉をそのまま引用するのが適当だろう。「第三に、自然法と呼ぶにはどうも適わしくないような、一種の自然法の観念を挙げよう。私はこれを道義論的と呼ぶことにする。この考え方は、法に関連する或る種の原理ないし価値があり、これらの原理は法の存在と関連がある、と主張することで満足している。」(ibid., p. 178.)

以上にあげた自然法理論の三分派の共通点は、ただ次の一点である。即ち、或る一定の場所で或る一定の時点で法が何を表明したか、また表明しているかを知るという問題よりも、それらの法が正しいか否か (*iustum vel iniustum*) を知るという問題の方が重要であると見ることである。したがってこの派の人々は、法の有効性の問題を法の義務性 (obligatoriness) ——なぜわれわれは法に従わねばならぬ義務があるか——の問題に解消する。彼らは法についての価値判断を与え、これによって法の完全な定義を与えようとするのである。(ちなみに、ここに述べられている法理論の諸傾向の理解には、矢崎光圀編『現代法思想の潮流』（法律文化社、一九六七年刊）が良い参考になろう。）

かくてダ氏はこれら二大学派、法実証主義と自然法理論とが、最初に述べたカントの要求、法の〈事実的定義〉と〈価値判断〉との綜合としての、〈法はいかにして成り立つか〉の問題に対して解答を与えることができるか、できるとしたら如何なる意味においてか、を検討する。まず法実証主義から見ると、この説は第一の問題（*quid iuris*）にはたしかに解答を与えている。しかし、法を事実と見なすので、論理上の難点を生み出す。ただ、その派の中の規範説だけは、法を規範と見ることによって、第二の問題（*iustum et iniustum*）への探求の道を残していると言ってよい。

他方、自然法論者の方はどうか。彼らはいずれも〈価値判断〉の方を〈事実的定義〉より重視する。第一派の存在論派は、悪法は法でないから、悪法には服従する義務はない、とあっさり片付けてしまい、一見して都合がよいようだがこれでは不充分である。また或る存在論者は、〈自然の法〉、〈国家の法〉、〈道徳法〉というような場合に用いられる〈法〉という語の意味の相違を無視する。こうした種々の意味の法をすべて規範的命題と見るためには、被造物のそれぞれ（人間、動物、物体）にそれぞれの役割を割当てるところの一個の創造者（神）が存在すると前提しなければならない。（ここでダ氏は判然とは述べていないが、神の存在を前提することに反対であることは明らかである。）次に技術派は、〈事物の自然〉から規範的命題を導き出すことができると考えているが、そういうことはあり得ない。彼らは〈事物の自然〉というとき、その自然が規範的な意味を持つと言うならば、事物の方がすでに或る一定の目的によって限定されているはずであるが、彼らはこのことを見落している。目的を論じなければならないとすれば、選択が問題となり、選択ということは、彼らの言うところの技術的次元では行なわれ得ず、道義論的次元でしか行なわれ得ない、とダ氏は考える。ここで氏は道義論的立場を積極的には展開していないで、これまでのところでは、最初に提出された問題は、法実証主義派によっても自然法派によってもまだ答えられてはいない、と言う。「その問題は、いかにして法があるとあるべきの両方を表現し得るか、いかにして法は事実的命題であると同時に規範的命題でもあり得るかを、明らかにすることである。私は両方の立場とも一理あると思う、しかし、最後の決断を下すのは法理論ではなく、むしろ政治理論であると思う。」（ibid., p. 179.）

ダ氏は法理論上の自然法論者と見られているが、しかし右の言明からして、氏は法理論の基本問題は法理論の範囲内では解決されず、政治理論の助けを借りねばならぬと信じていることが明らかである。こうして氏は法理論家であるばかりでなく、政治理論家たらざるを得ず、したがって、ここに訳出したような政治理論的著書を書かねばならなかった。ここですでにわれわれは本書の書かれるに至った動機と、本書の前提となっている著者の基本的立場について知ることができたから、この論文の後の部分の要約は割愛してもよいが、しかしもう少しダ氏の議論を追って見たい。氏が政治理論に踏みこむにあたって、なぜまず〈国家とは何か〉という問題を取上げねばならなかったかを知りたいからである。

一般の政治学者が〈法とは何か〉と問うことなく、法が一つの事実であるとして議論を進めるのは当然のこととされている。これは法実証主義者の態度に似ている。両者とも自己の領域の中に閉じこもり、〈倫理的中立性〉を守るかぎり、さきに提出した問題についての解答は得られない。哲学的な問題として見るなら、規範的命題は純粋に事実的な命題からは導き出せないからである。ところで、われわれの問題を、日常言語を用いて表現するなら、〈われわれが法を単に強制的（compulsory）なものとしてのみならず、また義務的な拘束力を有するもの（binding）として経験するのは何故であるか？〉である。ここに注意すべきは、多くの法律の条文が命令形で表現されているが、そうした命令形は直接法（または叙実法）でも表現できる、少くとも仮言命法（hypothetical imperatives）で言い表わされることである。法律には〈故意に殺人を行なうな〉と書いてある条文はない。むしろ〈故意に殺人を犯すならば、絞首刑に処されるであろう〉という具合に書かれている。日常われわれが道路を横切ろうとする場合に、〈歩行するな〉と書いてある命令を見るが、これは、〈信号灯が赤の場合に横断するならば、バスにひかれるか、警官に罰金を取られるであろう〉という仮言命法と同じことに思われる。もし私が罰金を払っても構わないと思うか、または自殺をする気でいるならば、赤信号を無視して横断してもよいわけである。さてそこで、「いったい命令というものはどこから来るのか、義務（obligation）というものはどこから来るのか。これらの疑問は、ソクラテスと同様に政治理論家が率直に提起しており、また提起しなければならぬ疑問である。政治理論家は、法とは何であるかという問題と、法を義務的な拘束力あるものにするものは何かという問題の両方に答えたいと欲するのである。」（ibid., p. 181）

こうしてダ氏は、法理論家兼政治理論家が論ずべき問題を単純明快にした上で、次のように言っている。

「この問題が政治理論と同じだけ古いものであることを、私はよく承知している。だが、私はここでこの問題を厳密に法的・政治的角度から提起しているのであることを、強調しておこう。私は仮言命法を定言命法に転換するというような問題を解決しようとしているのではない。そのような課題は道徳哲学者にまかせよう。上記の二つの例において論点は充分に明らかになっている――即ち殺人に対する処罰と交通信号灯の使用はいずれも、地上的な諸価値の中の最高のものである人命の保護を目的としているのである。私の言わんとするのは、法の義務性（obligatoriness）は法が表明している（あるいは表明していない場合もあろう）道徳的義務に由来するばかりでなく、なおまた、もう一つの、これと共存するところの正当化の原理（principle of validation）にも由来するのである、ということである。私は〈実定法〉とか、〈国家法《ナショナル》〉とかの如く、或る一定の国で或る一定の時点で有効である法について論じようとしている。これらの法は、なんらかの人間的権威によってわれわれに対して制定されている法である。それらは、他の無数の規則《ルール》の中から、法実証主義者たちが提示している基準に似たような基準にしたがってわれわれが選び出した規則である。ケルゼンの言うところの〈基礎的規範〉の背後に、またハートの言うところの〈認定の〔究極的〕原則〉の背後にも、或る社会的・政治的現実がひそんでいるのであって、この現実をわれわれは普通の会話の場合に、或る一つの名称〔即ち国家〕で呼んでいる――この名称は、曖昧だと言うならそれも致し方がないが、しかしやはり適切な名称である。われわれが国家《ステート》と呼んでいるものの意味を検討することによって、われわれは、われわれが法と呼んでいるものの意味をより明らかに把握することができるのではないか。政治哲学は法理論を完全なものにするのを助けることができるのではないか？」(ibid.)

言うまでもなく、ダ氏はこの最後の質問に対して肯定をもって答える。だから氏は、〈法とは何か〉という問いを〈国家とは何か〉の問いに答えることによって究極的に答えようと試みるのである。かくてわれわれは本書の書かれる動機を一段とよく理解し、本書によって詳しくは論じられていないが重要な役割を果している法理論的な背景をも知ることができたと思う。

ただ、もう一言つけ加えておきたいことがある。ダ氏が用いている〈政治理論 political theory〉という語の意味である。この著書では著者はこの語について特に定義を与えてはいないが、本書を通読すればその意味は自ら明らかになろう。しかし、ここでその意味をはっきりさせて置くのは無益ではあるまい。わが国には、一般的に政治に関する学問的研究を言い表わすのに〈政治学〉という便利な語があるが、英語ではこのような便利な語はない。politics がこれに当るようだが、この語は政治的行動そのものを言い表わす場合の方が多い。実は英語の文献では political theory が、日本語の〈政治学〉と同じほど普通に使われている。ところが英語ではまた political philosophy と political science――〈政治哲学〉と〈政治科学〉――という語が使われており、ここで著者は political theory を右の二つの語と区別して使っているのである。そして著者は〈政治科学〉を――

ことに限定詞をつけて modern political science（現代政治科学）と呼ぶ場合に一層はっきりするが――政治の研究の領域を経験的・実証的な側面に限るような傾向を表示するのに用いている。こうして、〈政治理論〉と〈政治科学〉とを区別するのであるが、その基本的な理由は、前述したことからもすでに明らかであるように、〈政治理論〉は単に経験的・事実的研究ばかりでなく、価値判断的な次元に立ち入らねばならぬ、とダ氏が考えているからである。したがって著者が〈政治理論〉と〈政治哲学〉とをはっきり区別しないで用いている場合がしばしば見られる。だが著者は〈政治理論〉ないし〈政治哲学〉を純粋な哲学とは区別して考えている――だから彼は右に要約した「二つの問題」と題した論文からの最後の引用文において純粋に倫理学的な問題は「……道徳哲学者にまかせよう」と言っているのである。

ダ氏は〈政治理論〉の本領は、それが〈政治的義務 political obligation〉の問題を論ずることにあるとすることによって、〈政治理論〉の本質的特色を明らかにしていると言ってよかろう。これは、〈法理論〉における〈なぜ法が義務的拘束力を持つか〉の問題と対応するのである。政治的義務という語は本訳書の序論一〇頁に現われ、その後もしばしば用いられているが著者は分り切った用語と思っているらしく、特に詳しい定義的説明をしていない。たしかにこの語は、有名なオックスフォードの哲学者グリーン（一八三六―一八八二）の遺著『政治的義務の原理』T. H. Green, *Lectures on the Principles of Political Obligation* やその他の英語で書かれた政治学的著作においては常用語になっている。もし多少の危険を顧みずにこれを簡単に定義すれば、〈われわれは何故に国家権力に服従しなければならぬ義務があるか〉という問題である。前記のグリーンの著書の「政治的義務の基礎」の冒頭には次のように書いてある。「本講義の主題は、政治的義務の諸原理である。この語は、被治者の主権者に対する義務、市民の国家に対する義務、および一個の政治的上位者によって強制されつつ諸個人が相互に負うところの義務を含むものとする。私の意図するのは、法によって提供される、すなわち、国家が強制する権利・義務の体系によって提供される、道徳的機能あるいは目的を考察し、かくすることによって、法への服従に対して正しい基礎、ないし正当化を発見することである。」(New Impression 1950, Longmans, Green and Co., p. 29.) ダ氏の用いる政治的義務の意味も、大体このグリーンの定義に沿ったものと見てよかろう。かくてダ氏の用いる〈政治理論〉の意味も察知されると思うが、本書で言及されているバーリンの論文「政治理論はまだ存在するか」（みすず書房刊『自由論』2所収）は、この点に関する理解に役立つだろう。

以上によって訳者は、著者が本書において詳しく説いていない彼の基本的な立場や、説明ぬきで用いている基礎概念の若干について簡単に述べたつもりであって、これが読者にとって本書の理解に幾分でも役立てば幸いと思う。要約すれば、ここで著者は以上のような動機から、以上の如き基本的立場に立って、〈国家とは何か〉という問題に政治理論的な解答を与えようとする。まず著者はわれわれが日常的にいだいている国家に関する漠然たる経験――これを著者は〈基礎経験〉と呼ぶ――を前提あるいは出発点とし、探求の旅にのぼる。彼はその行程において、古代のプラトン、アリストテレスから現代のルカーチ、バーリンに至るまでの多くの政治思想家の学説を、その社会的背景と共に検討する。したがって彼の探求方法は歴史的であるが、単に歴史的であるばかりでなく、批判的、理論的である。はじめから価値判断を下すことを避けるように自己を抑制し、あくまで事実的研究の方針を守るが、ついに事実的研究が必然的に達する限界点に至ると、彼は価値判断の立場に立つ。このような探求方法が本書においてどのような成果を挙げ得たかは、もはや訳者は判定を下す僭越を犯したくない、読者の判断にまかせよう。ただ訳者の感想を一言でいうならば、著者の政治思想史に関する造詣と些かのごまかしも許さない真摯な探求態度に敬意を表するほかはない。なお一言つけ加えておきたいのは、本書の方法の基礎には、――本書においてはカントについての言及は極めて少いが――カント的思考方法が横たわっていると思う。訳者は本訳書の校正を行ないながら、たまたまマーフィ氏のカント論 Jeffrie G. Murphy, *Kant: The Philosophy of Right* (Macmillan, 1970) を読み、この感を深くした。

最後に翻訳の方針について一言すると、本書の原文では英語以外の諸著からの引用文は大方英訳されたものが用いられており、訳者はその英訳をそのまま邦訳することにした。中にはどうも適当とは思われない英訳が用いられている場合もあった（たとえばマキアヴェリ『君主論』については十七世紀の余りにも古典的な英訳が用いられている）が、なるべく著者の意志を尊重することにし、それがどうにも不適当と感じられた場合は原文にあたって多少の修正を加えた。また数多く出て来る人名の仮名での表現については、現代日本で普通に行なわれているような例にならった。しかし、中にはどうも何と発音すべきか分らないようなものもあるので、巻末の索引に横文字を添えておいたから御参照を願いたい。なお本書を訳すに際しては成蹊大学教授三宅鴻氏ほか数名の友人に御教示を仰ぎ、出版に関してはみすず書房の加藤敬事氏にお世話になった、ここに記して謝意を表する。更に、本書には多くの参考書があげられており、その邦訳がある場合には訳者はできるだけそれを参考にして、益を受けることが多大であった。それらの訳書を次に列挙し、それぞれの訳者に謝意を表すると共に、読者にとっても便宜となれば、と思う。

邦訳参考書

〔略号〕「大思想」＝河出書房刊『世界の大思想』。「名著」＝中央公論社刊『世界の名著』

プラトン『国家』（山本光雄訳、「大思想」Ⅰ、昭和四〇）
アリストテレス『ニコマコス倫理学』（高田三郎訳、「大思想」2、昭和四一）、『政治学』（山本光雄訳、岩波文庫、昭和三六）
トゥキュディデス『戦史』（久保正彰訳、岩波文庫、昭和四一）
キケロ『法律について』（中村善也訳、「名著」13、昭和四三）
ダンテ『神曲』（平川祐弘訳、河出書房、世界文学全集Ⅲ－3、昭和四一）
マキアヴェリ『君主論』（池田廉訳、「名著」16、昭和四一）『政略論』（永井三明訳、同上）
ベーコン『学問の進歩』（服部英次郎・多田英次訳、「大思想」6、昭和四一）
ホッブズ『リヴァイアサン』（永井道雄・宗片邦義訳、「名著」23、昭和四六）
ロック『市民政府論』（鵜飼信成訳、岩波文庫、昭和四三）、『寛容についての書簡』（生松敬三訳、「名著」27、昭和四三）
モンテスキュー『法の精神』（根岸国孝訳、「大思想」16、昭和四一）、『ペルシア人の手紙』（大岩誠訳、岩波文庫、昭和二六）
ルソー『社会契約論』（桑原武夫・前川貞次郎訳、岩波文庫、昭和二九）、『人間不平等起原論』（本田喜代治・平岡昇訳、岩波文庫、昭和四七年改訳本）
ディドロ『ブーガンヴィル航海記補遺』（浜田泰佑訳、岩波文庫、昭和二八）
カント『啓蒙とは何か』（篠田英雄訳、岩波文庫、昭和二五）
シエイエス『特権論』（大岩誠訳『第三階級とは何か、他三篇』、岩波文庫、昭和二五）
ベンタム『道徳および立法の諸原理序説』（山下重一訳、「名著」38、昭和四二）
バーク『フランス革命についての省察』（水田洋訳、「名著」34、昭和四四）

ヘーゲル『ドイツ憲法論』(金子武蔵訳、ヘーゲル『政治論文集』(上)、岩波文庫、昭和四二)、『法の哲学』(藤野渉・赤沢正敏訳、「名著」35、昭和四二)
ミル『自由論』(塩尻公明・木村健康訳、岩波文庫、昭和四六)
リンカーン『リンカーン演説集』(高木八尺・斎藤光訳、岩波文庫、昭和三二)
マルクス、エンゲルス『ドイツ・イデオロギー』(古在由重訳、岩波文庫、昭和三一)、『共産党宣言』(マルクス＝レーニン主義研究所訳、大月書店国民文庫、昭和二七)
エンゲルス『空想から科学へ』(寺沢恒信訳、大月書店国民文庫、昭和四一年新訳)
マックス・ウェーバー『支配の社会学』(1)(世良晃志郎訳、創文社、昭和三五)、『宗教社会論集』(安藤英治外訳、「大思想」Ⅱ-7、昭和四三)、『政治社会論集』(中村貞二外訳、同上23、昭和四〇)
マイネッケ『近代史における国家理性の理念』(岸田達也訳、「名著」54、昭和四四)
ヴィノグラドフ『中世ヨーロッパにおけるローマ法』(矢田一男外訳、中央大学出版部、昭和四四)
ルカーチ『歴史と階級意識』(城塚登・古田光訳、白水社「ルカーチ著作集」9、昭和四四)
マンハイム『イデオロギーとユートピア』(高橋徹・徳永恂訳、「名著」56、昭和四六)
セイバイン『西洋政治思想史』(Ⅰ)(丸山真男訳、岩波書店、昭和二八)
グラムシ『現代の君主』(石堂清倫・前野良訳、青木文庫、昭和三九)
ウェルドン『政治の論理』(永井陽之助訳、紀伊国屋書店、昭和四三)
マルクーゼ『理性と革命』(桝田啓三郎・中島盛夫・向来道男訳、岩波書店、昭和三六)
リプセット『政治のなかの人間』(内山秀夫訳、東京創元社、昭和三八)
ボットモア『エリートと社会』(綿貫譲治訳、岩波書店、昭和四〇)
バーリン『自由論』2(生松敬三・小川晃一・小池銈訳、みすず書房、昭和四六)

（附記）

この「訳者解説」の校正中に、かねて注文しておいたダントレーヴ氏の新著『民主的社会における服従と抵抗』Alessandro Passerin d'Entrèves, *Obbedienza e resistenza in una società democratica* (Edizioni di Comunità, Milano, 1970) がようやく送られて来た。この論文集をもう少し早く読むことができたならば、もっと手際のよい訳者解説や訳者註を書くことができたろうと残念に思うが、今は後の祭である。

人名索引

〔括弧内の人名綴は原文の通りにした。例えばプラトン(Plato)，アリストテレス (Aristotle) の如し。〕

マ

著者略歴

(Alexander Passerin d'Entrèves, 1902-1985)

1902年北イタリアのトリーノに生れる．トリーノ大学の国際法教授，オックスフォード大学のセレナ講座担当のイタリア学教授を勤め，イエール大学の哲学部および法学院，ハーヴァード大学においても講義．トリーノ大学政治理論教授．1985年没．著書に，『政治思想に対する中世の貢献』(1939)『自然法』(1951〔岩波書店，1952〕，新版1970)『政治思想家としてのダンテ』(1952)『民主的社会における服従と抵抗』(1970) 等がある．

訳者略歴

石上良平〈いしがみ・りょうへい〉1913年に生れる．1936年東京大学経済学部卒．1949年から1967年まで成蹊大学政経学部教授．1982年に没す．著書『英国社会思想史研究』(創文社，1958)『マキアヴェリ』(牧書店，1967)『原敬歿後』(中央公論社，1960) ほか．訳書　ラスキ『ヨーロッパ自由主義の発達』(みすず書房，1951)『国家』(岩波書店，1952) E. H. カー『カール・マルクス』(未來社，1961) プラム『イタリア・ルネサンス』(筑摩書房，1968) ネフ『カーライルとミル』(未來社，1968) ほか．

ダントレーヴ
国家とは何か
政治理論序説
石上良平訳

1972年 9月30日 初 版第1刷発行
2002年 5月22日 新装版第1刷発行
2013年10月25日 新装版第2刷発行

発行所 株式会社 みすず書房
〒113-0033 東京都文京区本郷5丁目 32-21
電話 03-3814-0131(営業) 03-3815-9181(編集)
http://www.msz.co.jp

本文印刷所 三陽社
扉・表紙・カバー印刷所 リヒトプランニング
製本所 青木製本所

ISBN 4-622-05136-2
[こっかとはなにか]